林啓屏 著

儒家思想中的具體性思維

臺灣學生書局印行

儒家思想中的具體性思維

目次

序論   1

第一章：古代中國「語言觀」的一個側面——
以《易・繫辭》論「象」為研究基點---- 11

  一、前言---- 11

  二、理性化世紀的來臨---- 13

  三、〈繫辭〉與「象」---- 27

  四、結論---- 64

第二章：「正統」與「異端」——以清初的經典認
同為例---- 69

  一、前言---- 69

  二、學派發展的真實經驗——闢異端？
爭正統？---- 71

  三、清初的經典認同——三個方向的
觀察---- 95

  四、「一個聖道，各自表述」---- 122

第三章：乾嘉義理學中的「具體實踐」------------- 137

　一、前言-------------------------------------- 137

　二、一個有意義的爭議——「正統」
　　　誰屬？-------------------------------- 140

　三、「多重緊張性」的思想格局------------- 161

　四、結論——一個圓成的可能性----------- 190

第四章：論儒學的「宗教性」------------------------- 201

　一、前言-------------------------------------- 201

　二、「時代意識」與「歷史危機」----------- 204

　三、「宗教」涵義的變化及其相關問題----- 221

　四、儒學「文本」詮釋中的「宗教性」- 234

　五、結論-------------------------------------- 263

第五章：儒家思想中的「一體觀」與現代化的
　　　發展-------------------------------------- 265

　一、前言-------------------------------------- 265

　二、現代化發展及其問題-------------------- 267

　三、儒家思想中的「一體觀」------------- 282

　四、結語——古與今的對話----------------- 295

徵引書目--- 299

序論

　　根據當代的儒學研究，我們可以發現一個相當重要的論述，不斷地出現在許多學者的著作中，此即是以「既內在而又超越」的思想性格視爲是儒學思想重要特徵的說法。[1]至於這個論斷的內涵爲何，牟宗三先生有極爲精簡的說明，他說：[2]

> 天道高高在上，有超越的意義。天道貫注于人身之時，又內在于人而爲人的性，這時天道又是內在的（Immanent）。　因此，我們可以康德喜用的字眼，

[1] 關於「內在超越」問題的討論，學界已有相當多的著作面世。除開較早使用此一名詞的牟宗三、唐君毅之外，近來以此爲問題焦點的論文，亦復不少。舉其大者，杜維明：〈超越而內在──儒家精神方向的特色〉，收入：氏著：《儒學第三期發展的前景問題》（臺北：聯經出版公司，1989年）。劉述先：〈論宗教的超越與內在〉，收入：氏著：《儒家思想意涵之現代闡釋論集》（臺北：中央研究院中國文哲研究所籌備處，2000年）。李明輝：〈儒家思想中的內在性與超越性〉，收入：氏著：《當代儒學之自我轉化》（臺北：中央研究院中國文哲研究所籌備處，1994年）。另外，有關「內在超越」的正反意見之討論，請參：李明輝：〈再論儒家思想中的「內在超越性」問題〉，該文發表於中央研究院第三屆「國際漢學會議」，2000年6月29～7月1日。

[2] 牟宗三：《中國哲學的特質》（臺北：臺灣學生書局，1974年），頁26。

> 說天道一方面是超越的（Transcendent），另一方面
> 又是內在的（Immanent 與 Transcendent 是相反字）。
> 天道既超越又內在，此時可謂兼具宗教與道德的意
> 味，宗教重超越義，而道德重內在義。

　　從牟先生上述的說明來看，所謂「內在又超越」的思想，
當是儒家「天人哲學」的一個論斷。雖然「內在超越」一詞
的使用，實屬近代以來的學者用語。不過，究其實質的思想
內涵，應當與宋明以來大力彰揚的「天道性命」之學，有極
爲密切的關係。

　　對儒學思想史的發展而言，宋代是一個相當重要的關鍵
期。因爲儒家的思想自秦漢之後，雖成爲傳統中國的學術宗
主，但隨著外來思想的挑戰日亟，尤其在「心性論」的理論
層次上，儒家明顯不若當時佛學的深刻，於是其學術上的吸
引力，乃相形失色，甚至到了知識份子捨儒就佛的情況。唐
宋之儒，目睹變局，其心中的焦慮可想而知，於是積宋明二
代儒者的努力，儒學「心性論」的「高明面」，乃在中斷於
孟子後的千年間，再次接續起來。此一高明面的學問，也就
是宋明儒所謂的「天道性命」之學。

　　基本上，宋明儒的「天道性命」之學，當然是承繼孔孟
「心性論」的傳統而來，尤其是發揚了孟子一系的心性觀
點。不過，值得注意的是，在罕言「性與天道」的孔子言論
中，「天」的「超越性」是隱而不彰的，真正浮在檯面上的
問題焦點，仍然是在具體人間世的「生活世界」。即使是從
「盡心知性以知天」的孟子學說中，我們可以認爲儒學的「超

越性」已經有顯題化的趨勢，但我們都不能否認，在孟子的學說裡，論述人倫制度的種種問題依然是孟子著意之所在。是故，宋明儒雖在理論的發展上，沒有違背孔孟所立的「心性論」的理論格局，但就「超越」面向的著重來說，宋明儒學的理論內涵，明顯地有了新的發展。

然而，宋明儒在「超越性」面向的學說拓深工作，一方面為儒學帶來新的生命，另一方面卻也引發日後爭議的開端。因為「儒學的本質為何？」之類的問題，將會在「超越性」成為儒學重點後，不斷地遭受到後來儒者的質疑與挑戰。究其原因，當在於先秦儒學相當強調「實踐」的重要性，不管是在道德修身的層次，或是社會實踐，乃至到政治制度的主張層面上，孔孟並不想真正缺席，此所以孔孟要奔走各國，推行「仁政」、「王道」之說的緣故。至於在「理論拓深」的「立言」工作上，也都是在客觀局勢無法配合，理想無法實踐於世的情形下，才退而與弟子講學論道。所以就先秦孔孟的學說與行事經驗而言，「實踐」層次的「具體性」面向才是他們的重點，是故，像「超越性」之類的高妙言說，自會受到強調實踐的學者之質疑。

事實上，從宋代開始，對於「天道性命」之學的挑戰，便不曾斷絕。例如「永嘉學派」由重事功的脈絡，批評儒者講學求治的理想，殊不可行，[3]甚而推至以三代之「本統」

---

[3] 陳亮於〈壬寅答朱元晦祕書〉中，即云：「……此亦一述朱耳，彼亦一述朱耳，欲以文書盡天下事情，此所以為荊揚之化也。度外之功，豈可以論說而致；百世之法，豈可以轇合而行乎！」請見：陳亮：《陳亮

來取代「性理」之學，[4]這些觀點都可看出「天道性命」之學在當代曾被視爲無益治世的「空說虛論」。其實，「天道性命」之學，未必不論具體實踐的問題，但由於對「天道」的「超越性」說明，是儒學「心性論」在理論發展上的精華，是以許多學者反而忽略宋明儒學亦有強調重視具體實踐層面，於是動輒將「天道性命」之學視爲是違背孔孟傳統的「異說」。有清一代的學者，對於宋明儒學的批判，即是立基於以上的觀點。

其實，宋明儒所強調的「天道性命」之學，不僅重視「超越面向」的「普遍性」、「絕對性」，也一樣重視「內在面向」的「具體性」，誠如杜維明先生指出的：[5]

> 超越要扣緊其內在，其倫理必須拓展到形而上的超越層面才能最後完成。倫理最高的完成是「天人合一」，但它最高的「天」，一定要落實到具體的人倫世界。既要超越出來，又要深入進去，有這樣一個張力，中間的聯繫是不斷的。因此可以出現理學家所謂的「太極」、「天」、「理」等觀念。

集增訂本》（北京：中華書局，1987 年），卷之二十八，〈書〉，頁 333。

[4] 相關討論，請參：牟宗三：《心體與性體（一）》（臺北：正中書局，1989 年），〈第一部綜論〉，頁 225-244。

[5] 杜維明：《儒學第三期發展的前景問題》，頁 180。

李明輝先生也說：[6]

> 並非意謂：儒學只是一套脫離歷史脈絡與社會結構的
> 理論而已，不必涉及實踐。因為儒家思想有一項顯著
> 的特色，即是：它除了超越性之外，同時還具有內在
> 性。當代的儒家學者常將儒家思想底這種特色稱為「
> 超越而內在」或「內在超越性」，以與西方文化（尤
> 其是宗教）中「超越而外在」或「外在超越性」底基
> 本模式相對比。儒家思想之內在性表現於它與現實生
> 活和現實世界之間的本質性聯繫中，因此，它不能只
> 是一套抽象的理論，而必須是一種實踐之學。

上引二位先生之說甚是，因為儒學所建構的這套「既超
越而又內在」的學問，並非只是展現知性的趣味而已，儒者
承擔世運的信念，不可能只在造就一套精美理論，儒者的用
心是在此一具體而不完美的人間世中，充份體盡「天理」的
存在真實性。

不過，這套強調以「既超越而又內在」來作為儒學本質
的理論，並不易為學者察知其間微妙的動態平衡，是以在孰
輕孰重中，常有滑向一邊的情形出現。尤其在這兩端之中「超
越性」的首出主張，常導致「內在性」的緊縮，甚至使得「內
在性」失去獨立自主的空間，淪為可有可無的衍生性主張。

---

6 李明輝：〈導論——當代儒學之自我轉化〉，收入：氏著：《當代儒學
之自我轉化》，頁 11–12。

例如民國以來的儒學論述中，以牟先生爲中心的新儒學，更是常被批評爲在「無限心」的架構中，突顯了「超越性」的面向，相對地卻少了在承擔具體人間世的儒學本義中著墨。[7]所以，晚近以來的學者，乃逐漸意識到論述儒學的「具體性」面向的重要，希望藉由此面向的研究，以補前賢之不足。例如：黃俊傑師在其《孟學思想史論》卷一，即以「具體性思維」來指出孟子思維方式的特徵。其說由孟子所使用的「類推論證」與「歷史論證」的兩個進路切入，說明孟子學說中的「具體性思維」特徵，以及此種思維方式和「超越性」之間的緊張關係。[8]

另外，楊儒賓先生在近年來的力作《儒家身體觀》一書中，則透過「身體」的具體論述，指出思、孟、周、張、陸、王、高、劉系統下的「心性論」，亦必以此一具體的「身體」爲出發點，否則不僅「超越性」層面的探討，將成爲虛說，即使是「工夫論」的討論，亦將流於無根。[9]

因此，綜觀上述的討論，我們可以發現儒學思想中的「具體性」面向之探討，實屬目前儒學研究中的緊要課題之一。

---

[7] 請參：楊儒賓：〈人性、歷史契機與社會實踐──從有限的人性論看牟宗三的社會哲學〉，刊於：《臺灣社會研究季刊》，1988年冬季號，「文化與思想專題」，頁139-179。

[8] 請參：黃俊傑師：《孟學思想史論（卷一）》（臺北：東大圖書公司，1991年），〈第一章　序論：孟子思維方式的特徵〉，頁4-20。

[9] 請參：楊儒賓：《儒家身體觀》（臺北：中央研究院中國文哲研究所籌備處，1996年）。

因為，只有釐清儒學思想中相關的「具體性」問題，才可能對於「儒學本質」的問題，有一更清楚的理解，也才能回答「內在超越性」的深刻內涵，本書的撰寫即是基於這樣的理念而作。基本上，本書的五大章有其各自處理的焦點問題，如「語言觀」、「正統－異端」、「具體實踐」、「宗教性」、「一體觀」等，但是這五大章的論述主軸，卻是以彰顯儒家的「具體性思維」特色為論文的撰寫策略。換句話說，本書的五大問題並不是獨立不相關，而是帶著「具體性」的視角深入儒學思想的底蘊，期盼經由「具體性」面向的分析討論，本書可以在上述的問題脈絡中，對於「儒學的本質為何？」之類的問題，有所回應，並為「內在超越性」的討論，提供一個思考角度。因此，本書照顧的面向雖然不同，但中心主旨卻是環繞著此一「具體性思維」而展開的著作。底下分述本書五大章之概要。

首先，第一章：〈古代中國語言觀的一個側面——以《易・繫辭》論「象」為研究基點〉。本文主要是藉由〈繫辭〉論「象」的相關文獻，指出其中顯現出的「語言觀點」，保留了「軸心文化」前後期的思維特徵，亦即是其間的主要現象是由「主客不分」到「主客對列」再至「以主攝客」或「互為主體性」（inter-subjectivity）。並且指出此種充分顯現「以主攝客」或「互為主體性」的「語言觀」是在「具體情境脈絡」中來進行，而不是一種冥思的「認知」活動。所以由此可知在古代儒家所重視的經籍傳記中，其潛藏的「語言觀點」，亦即是認識世界的觀點上，已經是以「具體性」作為其思維導向。

第二章與第三章雖均涉及清代經學思想轉變的課題，但第二章以清初的「經典認同」為分析對象，著眼於「經典」、「經典詮釋者」、「聖人之道」三者的互動關係。文中我將透過先秦、宋明、清等朝代的「正統」、「異端」之辯，指出清初儒者種種判教活動的主要依據，即是建立在「具體」的「倫」、「制」要求上，是以歷來的儒者雖宣稱他們對於「聖人之道」的理解，都是至真實而無妄，但究其實，則並不相同。也就是說，本文認為清初的儒者之「經典認同」，即是一種突顯「具體實踐」的學問，也是清儒持之以與宋明儒爭「正統」的依據。另外，在第三章〈乾嘉義理學中的「具體實踐」〉，則將焦點置於乾嘉時期（清中葉）的學者的思想上，透過戴震、凌廷堪、阮元等人的學說，指出過去學者視乾嘉時期的儒者，只從事考據訓詁工作的判斷，恐怕並非全合史實。乾嘉時期的學者，對於「五倫」與「以禮代理」的主張，不是僅有「考據訓詁」的趣味而已，其背後所隱涵的意義，正是立基於原始儒家在「具體實踐」面向的理想。是以在這兩篇文章中，我均從「具體實踐」的角度，論述清代初期、中期經學思想轉變的原因及其中的可能內涵。

第四章：〈論儒學的「宗教性」〉。本文主要是從「存在的具體經驗來回證主體感受的真實性」入手，分析「宗教」經驗所呈現出的神秘感受，即是一種「主體」活動的真實經驗，而家思想中的「宗教性」內涵，雖是透過其「道德主體」挺立中的「終極關懷」來彰顯，但此種「道德主體」之所以真實，即是由於「道德情感」與「道德法則」合一在「具體經驗」中，方可證成。任何捨棄「具體情境經驗的臨在感」

均容易割裂「主體」，使之成爲「客體化」的對象，進而喪失其真實性。所以在最容易表現儒家「超越」傾向的「宗教性」觀點上，「具體性思維」依然是其論述的主軸。而且本章的討論，亦是還原於「具體的」清末民初的歷史脈絡中分析，指出儒學「宗教性」議題的意義，除了哲學思想的理論層面外，歷史的時間性面向，亦是重點。

第五章：〈儒家思想中的「一體觀」與現代化的發展〉。本文主要是從「現代化」的發展所帶來的危機，論述儒家思想中的「一體觀」可以爲人類未來的發展，提供一個參照的途徑。其中「一體觀」的思想內涵，主要可從「內在超越的和諧」與「自我認同的實踐」兩個面向切入，透過這兩個面向的分析，我們可以明確地發現所謂「天地萬物一體」或「成己成物」的儒家主張中，其實正蘊涵著「主體真實性」的「先行預設」，而此種「主體真實性」當然不能離開「具體的存在經驗」。是以「內在超越的和諧」與「自我認同的實踐」的說法，亦非架空地理想主張，而是在具體的「生活世界」裡，展現儒家智慧的博厚高明。

最後，這五篇文章曾在不同的學術會議中宣讀，或已刊於學術期刊，試說明如下：

第一章：〈古代中國語言觀的一個側面——以《易・繫辭》論「象」爲研究基點〉，曾於 1999 年 9 月在臺灣大學主辦的「中國經典詮釋傳統研討會」中宣讀，並刊於：《中國哲學》第二十二輯《經學今詮初編》（瀋陽：遼寧教育出版社，2000 年 6 月）。亦收入李明輝主編《中國經典詮釋傳統（二）：儒學篇》（臺北：喜瑪拉雅研究基金會，2002 年）。

　　第二章：〈「正統」與「異端」——以清初的經典認同為例〉，曾於 2001 年 2 月 14 日在上海和平飯店，由臺灣大學主辦，復旦大學、華東師範大學合辦的「中國經典詮釋傳統研討會」中宣讀。並收入《古史考》第七冊，本文為 NSC89-2411-H-260-016 專題研究計畫之相關成果。

　　第三章：〈乾嘉義理學中的「具體實踐」〉，曾於 2000 年 12 月 16 日在中研院中國文哲研究所所舉辦的「乾嘉學者之義理學——第四次研討會」中，以〈乾嘉義理學的一個思考側面——兼論「具體實踐」的重要性〉為題，在會中宣讀。並收入：林慶彰、張壽安主編：《乾嘉學者的義理學》（臺北：中研院中國文哲研究所，2003 年）。

　　第四章：〈論儒學的「宗教性」〉，曾於 2000 年 3 月以〈論儒學詮釋中的「宗教性」〉為題，在臺灣大學主辦的「中國經典詮釋傳統研討會」中宣讀。

　　第五章：〈儒家思想中的「一體觀」與現代化的發展〉，曾於 2000 年 9 月 17 日，在法鼓人文社會學院主辦，國立臺灣大學合辦的「兩岸青年學者論壇——中華傳統文化的現代價值研討會」中宣讀，並收入於法鼓人文社會學院所出版的專書。

　　以上五篇文章雖已發表，然其中亦存在一些錯誤與疏漏，是以此次出版乃將一些行文字句稍作更動，並修正其中的錯誤與缺漏，希望能更精確地呈現出儒家思想中的具體性思維。

第一章

古代中國「語言觀」的一個側面

——以《易·繫辭》論「象」為研究基點

一、前言

　　「語言」作為一個人類相互溝通及自我表現的「中介者」而言，其重要性自不待言。而且由於我們對於「語言」本身的認識究竟採取了什麼樣的態度，通常也反映了我們認識世界的方式，所以在中西哲學史的發展過程中，便引起許多哲人的爭議與研究。[1]然而，值得我們注意的是，「語言」在「中

---

[1] 「言意問題」或「名實問題」一直是中國哲學史發展過程中，非常重要的一環，此事自無庸置疑，所以從先秦到魏晉時代，論著之夥，佔據了中國哲學史非常重要的一頁。至於在西方的學術發展上，「語言」更是重要的對象，從希臘時代將「語言」視為和「理性」、「邏各斯」（logos）為同一開始，「語言」便是討論西方哲學不可缺少的要素。而且甚至在各時期的哲學中心議題不同，「語言」的討論，也有所改變。例如希臘時期，以本體論為其課題，則「語言」對於存在物的表達問題，成為討論的重點。中世紀的討論又由於殊相與共相的重視，唯名論與實在論成

介者」的角色下，「語言」可能是被探取「功能」的角度來加以認識。此時，「語言」與其承載的意義之關係，就並非是「語言」自身的自我開展問題，它只是做為傳遞意義的橋樑而已。如此一來，「語言」將只剩下「替代品」的價值而已，進而淪為意義表達的「工具」。事實上，中國思想發展史上的「語言」觀點，便常以此為出發點。例如「言不盡意」的主張，或是以為「語言」只是在社會脈絡下的一種安頓秩序的手段，這些都說明將「語言」視為「工具」的取向，是古代中國思想界常見的觀點。[2]但是，「語言」在古代哲人的心靈裡，難道只有如上述般的價值與意義嗎？會不會在不同的認識世界的脈絡下，「語言」會具有「工具」以外的性質呢？

　　基於上述的問題，本文將以《周易・繫辭》論「象」的相關文字，作為分析的重點，並指出古代中國另一種有別於「工具」的語言主張。首先，我將由古代中國所經歷的「哲學突破」論起，說明突破之後的世界觀下的「語言」觀點的特徵，進而對照出突破之前的「語言」觀點的可能走向。其

為爭議的焦點。乃至近代，以知識論為核心的時代意識，又促使哲學家著眼於認識的來源和語言意義的來源。所以異時異代的人類心靈，無不以探討「語言」而為其認識存在的重點。詳細論述，請參徐友漁等著：《語言與哲學──當代英美與德法傳統比較研究》(北京：生活・讀書・新知三聯書店，1996 年)，尤其是第一章的討論，頁 1-32。

[2] 這種視「語言」為社會秩序維護工具的想法，表現在荀子的論說中，隨處可得。此外，法家亦有如此的見解。

次，我將從〈繫辭〉中論「象」的主張，勾勒一個有別於「工具」的語言世界，並說明造成這種語言觀點的可能原因。最後，我將以「一度和諧」與「二度和諧」的現象，分析「象」在「哲學突破」前後的意義變化，進而說明其中可能的詮釋內涵。

二、理性化世紀的來臨

　　著名的西方思想家雅斯培（Karl Jaspers）對於古代史的發展狀況，曾提出一個相當著名的說法——「樞軸時代」（Axial age）。[3] 基本上，雅斯培認為人類歷史的發展在公元前八百年到二百年間，出現了一個與前此的文明思維有極為不同的時代，他認為世界上有幾個區域的人類文明，已經開始意識到整體的存在與自身，以及自身的限度之種種問題。人類甚至由此而進一步地探詢根本性的問題，於是人們意識到思想成為它自己的對象的這件事。[4] 雅斯培的說法，其實是點出了人類歷史發展中的理性化之階段。事實上，美國的

---

[3] 雅斯培（Karl Jaspers）在 *The Origin and Goal of History* 一書中對「軸心時代」（Axial age）有非常詳細的討論。請參雅斯培著，魏楚雄、俞新天譯：《歷史的起源與目標》（北京：華夏出版社，1989年），第一章：軸心期，頁 7-29。另外，許倬雲先生針對雅斯培的「軸心時代」理論有進一步的探討，請見許倬雲：〈論雅斯培樞軸時代的背景〉，收入：《中央研究院歷史語言研究所集刊》第五十五本第一分（臺北：中央研究院，1984年3月），頁 33-50。
[4] 同上註，頁 9。

社會學家派深思（T.Parsons）對於此一時期的觀察，則提出了「哲學突破」（Philosophical breakthrough）的主張。[5]綜觀兩位先生所提的想法，都共同指出一個相同的現象，此即在公元前一千年內，人類開始反省了宇宙本質的問題，並且力圖擺脫原始時代的思維方式，而以理性的認識方式解開存在領域的謎團。[6]

　　當然，上述的幾大區域之哲學突破，亦各因其相關條件而有發展上的差異，其中有關中國的部份，派思深以為表現

---

[5] 派深思（Talcott Parsons）的這個說法和韋伯（Max Weber）的社會學研究，關係密切。在 1964 年的韋伯：*The Sociology of Religion* 一書英譯本之導論（派深思為此書英譯本所寫的導論），即已提出。另外在 1977 年的 *The Evolution of Societies* 亦有說明。請參派深思著、章英華譯：《社會的演化》（臺北：遠流圖書事業股份有限公司，1991年），第四章、歷史帝國，頁 89-122。

[6] 余英時便以這樣的觀點，討論了中國古代「士」階層興起的相關問題。余英時：《中國知識階層史論》（臺北：聯經出版事業公司，1984 年），頁 32。其實這種思維方式的改變，東西方皆然，而且並不是一次的突破便停止了，在日後的許多哲學思潮的出現，也常常是伴隨思維方式的轉變而來。石里克（Moritz Schlick）在〈哲學的轉變〉一文，便曾將西方思潮從認識論轉向語言問題的歷史，作過極為敏銳的觀察。且指出這種轉變，並不單只是方法的轉變，而是其邏輯的本質問題。請參洪謙主編：《邏輯經驗主義》（北京：商務印書館，1982 年），頁 7-9。事實上，值得我們參考的正是從希臘哲學之重視本體問題到日後的認識論，與語言問題的轉變。人們理性思考存在的本質與意識，從未間斷過，只是表現形式不同而已。

得最爲溫和。余英時則指出這種溫和的突破方式，與「王官之學」的重新思考有密切的關係，[7]並由此以論「士」階層的興起。余先生的觀察相當值得重視，因爲中國的溫和突破方式，表現了與前此的思維型態的關係之改變，應非是驟變的樣態，所以其保留的古傳統，應該仍是有跡可尋。事實上，張光直從人類學的眼光所觀察到的此時之中國變化，更有助於我們說明此種突破所可能改變的內容是什麼，張先生云：[8]

---

[7] 古代中國的思想家常以「託古」的方式，表現他們對於現實界的許多主張，或許這也是中國的哲學突破表現得較爲溫和的緣故。同上註，余英時：《中國知識階層史論》，頁 32-35。

[8] 張光直的觀察雖非著眼於哲學突破的文明型態之哲學說明，但他的說法卻提供了一個溫和突破的理解進路，值得我們參考。張光直：〈中國古代史在世界史上的重要性〉，《考古學專題六講》（臺北：稻鄉出版社，1988 年），頁 13-14。其實，在 1972 年美國的人文藝術及科學學院學報 *Daedalus* 的系列論文發表後，「軸心」文化的特徵，指向超越感的出現爲本期的主要特色。可是，其後學者又發現除了猶太教、基督教的傳統之外，與其他幾大區域的文化特徵卻有扦格之處。所以 1982 年在德國的一個有關韋伯的學術研討會上，便提出修正的看法。鄂爾堪納（Elkana）更提出一個「二序思維」（second-order thinking）的主張，強調此期的文化特色，乃在於對思想本身的重新反省才是特色。其中中國區域的思想反省，即是集中在「人」本身的反省上，此說與張光直近年來的研究不謀而合，相當值得重視。請參杜維明：《現代精神與儒家傳統》（北京：生活·讀書·新知三聯書店，1997 年），頁 32-37。

> 經過巫術進行天地人神的溝通是中國古代文明的重
> 要特徵；溝通手段的獨占是中國古代階級社會的一個
> 主要現象；促成階級社會中溝通手段獨占的是政治因
> 素，即人與人關係的變化；中國古代由野蠻時代進入
> 文明時代過程中主要的變化是人與人之間關係的變
> 化，而人與自然的關係變化，即技術上的變化，則是
> 次要的；從史前到文明的過渡中，中國社會的主要的
> 成份有多方面的，重要的連續性。

這是一個很有意義的提法，因為我們並不否認在「道術
將為天下裂」來臨之後的世代，有產生了新的自覺意識，人
與人的關係產生變化，但我們也不因此而忽略了古文化傳統
的遺留，仍然在後世起著作用。如此，中國的突破方式，表
現在人與自然的關係上，並非主要的。也因此之故，古典時
代的天人哲學（亦即人與自然的哲學），[9]表現為張光直所言
的連續性。換言之，在古代中國人的看法中，人和原始社會
中視人為與自然同體的想法，雖有變化，但並未改變人與自
然是處在一種和諧關係的狀態中。只是值得我們注意的是，

---

[9] 張亨師便曾將「天人合一」的哲學問題分為：（A）天－自然與人的關
係；（B）天－帝神與人的關係；（C）天－道與人的關係。這三種類型雖
有其特殊內涵的意義，但若從歷史的發展角度來看，（C）型的發展應是
較為後起，正符合於哲學突破之後的思維特徵。請參氏著：〈「天人合一」
觀的原始及其轉化〉，收入沈清松編：《中國人的價值觀──人文學觀點》
（臺北：桂冠圖書股份有限公司，1983 年），頁 68。

此種突破及遺留，究竟表現在那一方面？或是其影響的程度有多少等等問題。而且在本文的討論中，我們更關心這種有突破、也有連續的特殊發展，在「語言」觀點的形成過程，究竟扮演了多少決定性的角色。因為只有釐清此一面向的內涵，古代中國的「語言」現象的解釋，才能朗現。

其實，先民對於「語言」的思考在所謂的「哲學突破」之前，恐怕並非如同後世「工具」觀點下的看法，而應該具有「神聖性」的性質，正如羅素（B.Russell）在《人類的知識》一書所提的：「語言也像呼吸、血液、性別和閃電等其他帶有神祕性質的事物，從人類能夠記錄思想開始，人們就一直用迷信的眼光來看待它。」[10]羅素的說法表明「語言」在初民的認識中應該分享著那不可測、不可知的偉大力量的性質，這樣的觀點在許多宗教的經驗中，迄今仍然保留著。[11]唐君毅論述古代中國思想的「語言」觀時，也注意到這種「語言」型態，其言：[12]

---

[10] 羅素著、張金言譯：《人類的知識》（北京：商務印書館，1983 年），頁 68。

[11] 杜普瑞（Louis Dupré）更指出「宗教語言」的特色，乃是在於「宗教語言反映說者與所說之物的關連要遠較一般語言更為密切。它異於科學及日常語言，所指涉的不是某一客體，而是某一更根本的實在界，其中主觀與客觀合而為一。不僅如此，它所指涉的實在界是超越的。」此一「超越的」的說明，即是那神聖不可測知的偉大力量的描述。杜普瑞著、傅佩榮譯：《人的宗教向度》（臺北：幼獅文化事業公司，1986 年），頁 197。

[12] 唐君毅：《中國哲學原論──導論篇》（臺北：臺灣學生書局，1984

> 然人類之原始，尚有一種對客觀事物之語言，即咒
> 語。如咒彼「土反其宅，永歸其壑，昆蟲無作，草木
> 歸其澤。」之類。此乃一方依於人之主觀之情志願
> 欲，一方又視彼自然之物，亦能知人意，或有神能使
> 之知人意，乃視人之語意，亦能對之有所命，如其對
> 他人之能有所命然。

　　當然，唐先生所談的「咒語」問題，未必即是本文所論
的另一種「語言」觀。因為原始語言的神聖性或神秘性的表
現形式是紛然而多端的，其主要特徵（主體與客體無分）只
要能被彰顯出來，均可屬於原始語言，而未必以咒語的表現
方式方可算是。

　　經由上述的說明，我們可以發現在古代中國的「語言」
主張，應該存在著一種頗為特殊的「語言」型態。不過，這
種特殊的「語言」型態是否真如唐君毅所言「語言崇拜」的
宗教意涵而已呢？其中是否有更多未被抉發的意義呢？以
及在哲學突破的理性化浪潮中，這類型的語言觀以何種方式
保存於後世？或是變形？或是徹底地被拋棄？這些都值得
我們深加研究。

　　當然，從我們將「語言」作為一種「達意」的工具時，
便已預設了一個認知主體與認知對象的分別，因為意之被達

年），頁 204。其實，這種對自然之物行使語言，呼喚其名的作法，在
中國日後的「百物圖」仍保留此種古老的習慣。

必先經由我們的感覺能力，行使接物的工作，收攝於主體的統合之後，再命之以某名、或出之以某言，「意」才有被「達」的可能。然則，即使樂觀如上述，我們都不免於在這個主客相對的架構中，一一遺漏所感知與欲表達的諸般面向。推究其因，乃是由於對列格局的樹立即是分化的開始，從感覺、知覺到形成意識，自我與對象便處在不斷的「能所」分裂過程中，從整全的狀態分裂爲殊多是這種「認知」現象所不可避的問題。而更令人沮喪的是，即使心靈有可能捕捉到所感所知的整全狀態，一旦要形諸語言，命之以名稱時，「意翻空而易奇，言徵實而難巧」(《文心雕龍・神思篇》)[13]的困境，常使表達者「半折心始」。這些困頓都指出了「整全狀態」的感知與表達，如果從對列分化角度切入，則被扭曲的或被分裂的圖象，恐怕離其自身是越來越遠。

　　然而剛從充滿神祕性、神聖性的原始思維狀態中，突破而來的「樞軸文明」，其與「整全狀態」的關係，應該如同莊子所觀察到的現象一樣，〈天下〉云：[14]

---

[13] 〈神思篇〉所言本是針對文學的創作過程而發，但所觸及的「思」、「意」、「言」的斷層困擾，正與本文所論，有相互啟發之處。請參拙著：〈論「言」、「文」、「辭」研究先秦文學觀念的合法性〉，收入《國立臺灣大學文史哲學報》第三十八期（臺北：臺灣大學文學院，1990 年），頁 64-65。

[14] 郭慶藩輯：《莊子集釋》（臺北：華正書局，1980 年），〈天下〉，頁 1069。

天下大亂，賢聖不明，道德不一，天下多得一察焉以自好，譬如耳目鼻口，皆有所明，不能相通。猶百家眾技也，皆有所長，時有所用。雖然，不該不遍，一曲之士也。判天地之美，析萬物之理，察古人之全，寡能備於天地之美，稱神明之容。是故內聖外王之道，闇而不明，鬱而不發，天下之人各為其所欲焉以自為方。悲夫，百家往而不反，必不合矣！後世之學者，不幸不見天地之純，古人之大體，道術將為天下裂。

莊子這段極為深刻的言論，相當程度地道出原始狀態下「一度和諧」的整全，在古典中國分裂的過程，或許在大家「多得一察焉以自好」的「進步」裡，卻埋下與「整全」疏離的種子，美好的黃金古代，於焉消失，「整全」離人們越來越遠。甚而在分化的過程中，種種的對立，帶來了衝突，也帶來了是非，莊子在〈齊物論〉所言及的一段文字，貼切地說明了此種分裂所帶來的是非紛紜的景況，其言：[15]

古之人，其知有所至矣。惡乎至？有以為未始有物者，至矣，盡矣，不可以加矣。其次以為有物矣，而未始有封也。其次以為有封焉，而未始有是非也。是非之彰也，道之所以虧也。

---

15 同上註，〈齊物論〉，頁 74。

同篇又云：[16]

> 夫道未始有封，言未始有常，為是而有畛也：有左、
> 有右、有倫、有義、有分、有辯、有競、有爭，此之
> 謂八德。

「道」之有封，「言」之有常，正是處在分裂狀態下的人間世，分裂代表的即為種種界域的區劃，如斯則「和諧」的破裂，勢不可免，人間是非當然成為無止息的發展。

以之來反省「語言」的態度，不正是如此嗎？先秦諸子處在這種溫和的哲學突破浪潮下，以人為本位，理性地思考存有的種種問題，正是從「王官之學」轉為「私人興學」階段的重要文化特徵。在一片以「禮文」為中心的人文世紀之來臨，帶有神祕性質的主張，即使不在拒斥之列，相信也不會是提倡鼓吹的重點，這點可以從孔子對於鬼神的態度獲得印證。[17] 所以，強調「語言崇拜」而帶有神祕性質的「語言」

---

[16] 同上註，頁83。

[17] 孔子對於鬼神的態度是將宗教性的活動轉化為對人生負責的方向。例如在《論語・八佾》中，孔子便嘗言：「王孫賈問曰：『與其媚於奧，寧媚於灶，何謂也？』子曰：『不然；獲罪於天，無所禱也。』」這段話相當程度表現出孔子重視「人」的主體角色。當然，孔子也並沒有因此反對宗教活動，只是以其道德性的人文活動轉化而已。所以，吳康便以為孔子的宗教思想乃是「蓋從道德觀念設想有聰明正直之鬼神，臨於其上，乃虔敬而祭之，此乃植基於道德之宗教行為，非有迷信徼福之意存於其間也。」此說也點出孔子並未橫斷古老原始傳統的宗教行為，只是

主張，不管是以何種方式被人們所使用，恐非先秦思想中的主流。然而，果如前述，突破時代的來臨是一個從整全到分裂的過程，則「語言」從原始崇拜渾全狀態的分裂出來，在先秦諸子的思想中應該仍有跡可尋，亦即先秦諸子雖然意識到「語言崇拜」下的渾全未必能為我們所真實掌握，但渴求回到整全狀態的記憶遺留，卻促使諸子們要建構另一個「二度和諧」的來臨。這樣的說解也許可以顯現出古代中國的哲人們，在歷經哲學突破的洗禮下，雖然與原始和諧狀態有了斷裂，但這種斷裂並不是不可彌補的狀態。所以先秦思想家在討論到「語言」不容易表達那整全的存在時，雖意識到其間或有不能窮盡的困局，然而努力修補這個存有的斷層之理想，卻未曾稍歇。這或許正如張光直所言古代中國文明的變化在「人與自然」（即是「人與整全」）的關係上，僅是次要的，且只是技術上的改變而已。而派深思所說的溫和突破，或者在上述的現象中，也可說明一二。

當然，另一方面先秦思想家從這個未分化的渾然大體中，被拋擲到此一主客對列的世界，其與終極存有間的斷層，表現在「語言」的主張上，自不免將「語言」貶落到僅有「工具」的價值而已，甚至是一種很差勁的「工具」。[18]楊

加以轉化，使之理性化而已。請見吳康：〈孔子之宗教思想〉，收入《孔子思想研究論集（二）》（臺北：黎明文化事業公司，1983 年），頁296-267。

[18] 莊子在〈齊物論〉的討論中，一再地指出一般語言的是非可否，其實都是相待而成，而且在意涵不易確定的情形下，作為「溝通」的工具，

儒賓在討論莊子「卮言」的一篇文章中，甚至歸納出有三種實在訊息的傳達是「語言」恐難勝任的任務，其言：[19]

> 在主客冥契，純然太一的境界中，語言沾不上邊；在氣化流行，有精微變化，而無法以理智對象化或明確化（articulate）的氛圍中，一般的語言也無從使得上力；即使在日常的經驗世界中，語言對於實在的貢獻，恐怕仍是扭曲多於呈現。

楊儒賓的說法頗能指出先秦思想從神聖宇宙人格分化到主客對列的世界中，對「語言」思考的態度。雖然後來莊子透過「語默」的方式，[20]或更進一步以「環中」的方式，[21]傳達「語言」與那渾全的最終極實在的緊密關係，但這都不

恐怕是無法獲致共識的。事實上，這樣的提問，在今日哲學界的討論中，並非罕見。例如 "other minds" 問題的討論，正反映了西方哲學界也思考到溝通的客觀性問題。請參 Jonathan Dancy："Foundationalism and Other Minds"，in *Introduction to the Contemporary Epistemology*（New York，1985），pp. 66-84。

[19] 楊儒賓：〈卮言論：論莊子如何使用語言表達思想〉，收入《漢學研究》第 10 卷第 2 期，（臺北：國家圖書館，1992 年 12 月），頁 127-128。

[20] 同上註，頁 130。

[21] 王夫之在《莊子解》一書中，特別強調莊子以「環中」是莊學的根本象徵。楊儒賓透過王夫之的這個觀察，分析了莊子書中的十一種隱喻，都有超越對待的渾圓象徵，並進而以之索解莊子的「語言」觀，相當值得注意。同上註，頁 133-138。

能否認「語言」已從那個古老的原始「一度和諧」之中分裂出來的事實。在這種情形的發展下，先秦思想家在「語言」的主張上，自然不認為「語言」具有自然的神聖性質，甚而視之為工具的看法，也就不難理解。試觀強調思辨推理，重視「辟、侔、援、推」的墨子，在〈小取〉中提到：[22]

> 夫辯者，將以明是非之分，審治亂之紀，明同異之處，察名實之理，處利害，決嫌疑焉，摹略萬物之然，論求群言之比，以名舉實，以辭抒意，以說出故，以類取，以類予。

墨子的這段話認為「語言」的功能，應著重在「名」能擬實的主張，於是語言亦是進行分殊事項的指涉符應之工具而已，難怪張岱年以為「論求群言之比」只是一種形式或邏輯的探討。[23]

再者，儒家的另一大思想家荀子，亦以「語言」作為安頓社會秩序的工具，而有別於古來的原始習慣，〈正名〉：[24]

---

[22] 孫詒讓：《墨子閒詁》（臺北：華正書局，1987 年），〈小取〉，頁 379。其中值得注意的是「焉」字，孫詒讓以為焉字屬下讀，但張岱年認為「焉」字應連上「決嫌疑」讀，其說可採。張岱年：〈墨子的救世精神與 "摹物論言" 之學〉，收入張知寒主編：《墨子研究論叢（一）》（濟南：山東大學出版社，1991 年），頁 52。

[23] 同上註，張岱年：〈論墨子的救世精神與 "摹物論言" 之學〉。

[24] 梁啟雄：《荀子簡釋》（臺北：木鐸出版社，1983 年），頁 312。

> 故知者為之分別制名以指實，上以明貴賤，下以辨同
> 異。貴賤明，同異別；如是，則志無不喻之患，事無
> 困廢之禍，此所為有名也。

這種的語言觀是以實用的角度出發，認為「語言」在社
會秩序的建構上，具有積極的意義。基於此，他理想中的語
言更不可能有如同前述的神秘超驗性質，這或許與他的經驗
性格有關。[25]是故張亨師便指出荀子的這個主張，代表著「語
言」與「實在」沒有必然的聯繫關係。[26]所以在〈正名〉中，
荀子便進一步指出：「名無固宜，約之以命，約定俗成謂之
宜，異於約則謂之不宜。名無固實，約之以命實，約定俗成
謂之實名。」[27]他以為語言只是約定俗成的工具，並不是具
有何種先天性質的超越性。如此立說，語言當然不可能指涉
或開展那個渾然的整全狀態，而入於一一對應的殊多狀態。

其次，先秦法家人物亦是由功能的視野論述「語言」。
法家的學說重點，本意是在富國強兵上，其處理問題的態度
便是以「功利」為導向。所以在循名責實的主張下，不管是

---

[25] 徐復觀對於荀子的「經驗性格」有深入的觀察，可參考氏著：《中國
人性論史》（先秦篇）（臺北：臺灣商務印書館，1987 年），第九章，〈從
心善向心知──荀子經驗主義的人性論〉，頁 223-262。

[26] 張亨師：〈先秦思想中兩種對語言的省察〉，收入氏著：《思文之際論
集──儒道思想的現代詮釋》（臺北：允晨文化，1997 年），頁 24。

[27] 梁啟雄：《荀子簡釋》，頁 314-315。

支配臣下，考核臣下的言行或是法令的推動，都強烈地要求「語言」是統治的工具，所以商鞅要談「壹言」以建立「君尊臣卑」的局面，[28]韓非則不僅要求「其言談者必軌於法」（《韓非子·五蠹》）[29]，更要求「因任而授官，循名而責實」（《韓非子·定法》）的統治技術，[30]如此看來，法家的「語言」觀離開整全的原始和諧是越來越遠了。

因此，綜觀以上的幾個先秦思想家派對於「語言」的主張，雖然因各自的學術基底有別而有不同的看法，但將「語言」視爲「工具」的共同想法，倒是殊途同歸。由此可知哲學突破所帶來的理性化浪潮，使得知識份子務實許多，客觀經驗的世界圖象雖未必一時爲人所全盤接受，但宇宙人的性格已逐漸在分化之中，則爲不爭的事實。如斯以往，則原始的語言圖象，當不再在爲人們所措意。

然而，先秦思想家如果像派深思所言僅是一種溫和的突破，則其與傳統的關係，或許將如前述所言──傳統的突破並非絕然的斷裂關係，知識份子所保留的殘餘宇宙人性格，

---

[28] 商鞅在〈壹言〉中所論，無非是以立法的角度，使人民不貳，如此則君道方能不卑。於是〈壹言〉的目的，便是在於立齊壹的法令，使人民不惑，以利統治而已。請參蔣禮鴻撰：《商君書錐指》（北京：中華書局，1996 年），〈壹言〉，頁 59-63。

[29] 陳奇猷校注：《韓非子集釋》（臺北：河洛圖書出版社，1974 年），〈五蠹〉，頁 1067。法家這種將「言」規軌於「法」的觀點，正是最爲「工具化」的「語言觀」了。

[30] 同上註，〈定法〉，頁 906。

仍將發揮一定的影響，所以回歸原始的「一度和諧」之努力與冀盼，應當可以造就了「二度和諧」的可能，莊子便是著名的一例。[31]即便是強調道德主體心性的孟子在論及「知言養氣」一段，亦不免讓人發現其殘存的宇宙人性格。[32]因此，探討這種前理性化的語言觀及其於理性化之後的變化，就成為一項很有意義的工作，所以本文便將以《周易・繫辭》中論「象」的文字，分析古代中國的象徵語言觀。希望透過原始思維的角度與理性化的視野，論述「一度和諧」與「二度和諧」在詮釋意義上的轉變。

三、〈繫辭〉與「象」

作為解釋卜筮之書——《易經》的作品而言，《易傳》與《易經》的關係是極為密切的。尤其是《易傳》以其深蘊的哲理內涵，將《易經》從卜筮的原始宗教位階，提昇到處

---

[31] 莊子冀求回歸渾全的狀態的理想，從其解消人間種種對立項的努力中，便可得知。其中，「語言」也是回歸的對象之一，所以，在〈齊物論〉中大量地討論相關的論題。

[32] 我在一篇討論孟子的文章中，也曾指出孟子哲學中有超經驗的性格，此種學說性格影響到他對於「語言」的主張。尤其是他論述「知言養氣」的相關論說裡，我們可以發現到他的「語言」觀點，也是在「氣」論的角度上，來進行思考的工作，所以孟子的「語言」觀點，也不能全以「工具」的角度視之。請參拙著：〈孟子思想中道德與文學的關係〉，收入李明輝主編：《孟子思想的哲學探討》（臺北：中央研究院中國文哲研究所籌備處，1995 年），頁 309-322，

理「自然事象」與「自覺活動」的哲學智慧地位，使得歷來研究《易經》的學者，無不藉其視野以窺「絜靜精微」的《易經》，但也由於此種豐富的哲理內涵，反倒使得研究者對於《易傳》義理的評判，出現差異。本文一開始，並不擬對此可能的差異定下「是否」的評判，我倒想藉著這種可能的差異見解，說明《易傳》在哲學突破階段出現的意義，並進而說明「象」在此段變化歷程中的義涵。

基本上，有關《易傳》性質的討論，論者從未忽視其與卜筮之間的關係。不過，由於對其與孔門之學的關係為何？學者間有著不同的判斷，於是對於《易傳》中所包涵的卜筮性質，就有了不同態度的判別。首先，勞思光的意見相當程度地反映了一個立場。他認為《易傳》所論是偏於「客體性」發言，因此與強調「主體性」的孔孟「心性論」是不同的兩種類型，不可混同。[33]所以對於《易傳》在其後的中國思想界所起之作用，較採貶義。如勞先生云：[34]

> 漢儒卑陋，只知講一種「宇宙論中心之哲學」……，
> 故易傳及禮記中所含之某些形上學觀念，並未在漢儒
> 學說中迅速發生影響。此種觀念發揮影響，實以北宋
> 時為最盛。蓋自宋至明，中國思想家欲脫離漢儒傳統

---

[33] 勞思光認為「價值問題」或「成德問題」乃根源於「主體性」的能力，而不能從「客體性」來獲得解決。勞思光：《新編中國哲學史（二）》（臺北：三民書局，1996年），頁103。

[34] 同上註，頁104-105。

而逐步求「價值根源之內在化」；宋明理學即此「內在化過程」之表現。而在最早作脫離「宇宙論中心之哲學」之努力時，自然第一步走向「形上學與宇宙論之混合階段」；其次走入「純形上學」之階段，然後方轉向「心性論之重振」。由此，北宋之周張，代表第一階段。此階段之理論，即與易傳及中庸接近；伊川及明道之學則代表純形上學或第二階段，亦仍以此種資料為重，朱熹承之。陸九淵在南宋時立說，則已開第三階段，其後明之王陽明承之，則漸歸於「心性論」。此一發展過程中易傳之地位自開始時便極重要，其後雖與當時之思想方向漸不一致，然宋明儒者用語中，經常涉及易傳及中庸之詞語；蓋此類用語被儒者採用，已成習慣。而易傳及禮記中學庸二篇之地位，一直未被嚴格評定。於是，由戰國至秦漢之儒者所建立之形上學觀念，對後世之影響，乃有時超過孔孟之說。而其結果，則使後人誤解孔孟，並誤解儒學之基本立場。此則是學者應加深思之問題。

　　勞先生之說雖承認《易傳》之巨大影響，但由於勞先生認為「主體哲學」才是真正的孔孟儒學，是以《易傳》在客體性哲學的巨大影響力，也就是其巨大的毛病。

　　採取另外一種立場者，則認為《易傳》正是儒者「天道性命」的進一步發展，持此說者，可以牟宗三為代表。基本上，牟先生認為《易傳》雖是一種宇宙論式的進路，且是繞

到外面而立論，但講到最至極仍會與孔孟相合，[35]是故《易傳》乃是就天命之實體下貫于個體而具于個體即是性，[36]此說仍為價值成德之學，非為單純宇宙論而已，因此他說：[37]

> 宋明儒之將論孟中庸易傳通而一之，其主要目的是在豁醒先秦儒家之「成德之教」，是要說明吾人之自覺的道德實踐所以可能之超越的根據。此超越根據直接地是吾人之性體，同時即通「於穆不已」之實體而為一，由之以開道德行為之純亦不已，以洞澈宇宙生化之不息。性體無外，宇宙秩序即是道德秩序，道德秩序即是宇宙秩序。

---

[35] 對於《易傳》的「宇宙論的進路」(Cosmological approach)，勞與牟兩位先生並無差異，可是以此為起點而論及「心性主體」時，兩人顯有不同看法。牟先生認為《易傳》、《中庸》論「性命」是包含著「創造性的真幾」(即屬於「價值概念」)與「結構之性」兩個面向，而且依《易經·乾象》：「乾道變化，各正性命」、〈繫辭傳〉：「一陰一陽之謂道，繼之者善也，成之者性也」來看，牟先生顯然認為這條「宇宙論的進路」並不會違背孔孟原義。所以他說：「這一老傳統中的『性』皆不可說成材質主義的氣命之性。此即是儒家從天道說下來的『道德理想主義』之色彩，這色彩決不可隨便抹掉。儒家的尊嚴以及其所以為正宗處，完全靠傳統中的『客觀性原則』來提挈，來綱維。當然孔孟別開生面，由仁智聖及性善開出『主觀性原則』，其價值尤大，它可以定住那老傳統中的綱維於不墜，不至墜落而為『氣命』」。請參牟宗三：《中國哲學的特質》(臺北：臺灣學生書局，1984 年)，頁 59-66，尤其是頁 65 的說明。
[36] 牟宗三：《心體與性體（一）》(臺北：正中書局，1989 年)，頁 32。
[37] 同上註，頁 37。

　　牟先生的說法正與勞思光有極大的差別。勞先生反對宇宙論式的進路可以解決成德的價值問題，牟先生則以爲可以，甚至相當贊許《易傳》所顯發出來的「圓教」的性格。當然，二人的主張自有其學術判斷的洞見。然而，值得我們注意的是，他們所論的《易傳》，大抵來看，哲學意味高於占卜意味甚多。推究其因，我們正可由此顯發《易傳》出現於「哲學突破」時代的重要歷史意義。

　　「哲學突破」之於知識份子，其重大的意義當在「理性」地看待存有界，是以像《易經》等類具有原始思維的「文本」，詮釋者詮釋時的「世界圖象」，相信一定是經過轉化之後，方才進行文本的判讀活動。《易傳》即是其中的顯例。這也就是爲什麼許多學者，會注意到《易傳》具有高度的哲理內涵（不管所採取的態度爲何）。但是，一個「世界圖象」的轉化，雖有可能一百八十度地大轉，然而相對於古代中國是一種「溫和」式地突破方式，我們相信《易傳》所具有的原始思維，亦不應被全然更改。這點除了從後來的解釋者之論說，獲得一些後見之明的補證外，我認爲這與《易傳》並不是憑空自立一套新說有關。因爲《易傳》既然是解釋《易經》的詮釋作品，則不管其作者有再多的新意，他仍必須遵守「文本」的脈絡，否則造成「過度詮釋」（over-interpretation）的結果，「文本」的文獻意義將被架空，因此，我相信即使《易傳》作者真是有所爲而作，[38] 他也不可能完全毀壞原始文本

---

[38] 相對於《易經》本文的神秘作用，《易傳》的說解展現出人文的關懷。所以由此，當可發現《易傳》的作者，可能是在自覺的狀態下，進行對

的脈絡。順是以解,《易傳》與卜筮的關係,當不因哲學突破所帶來的變化而有所消解,反而可能在理性化的衝擊下,卜筮原有的原始思維方式,卻轉換爲另一種符合理性化論述的方式,出現在學術舞臺,持續影響著後代思想。這正可從牟、勞二氏同中有異、異中有同的觀點中,獲得印證。[39]因此,本文的探討將隨時注意這種原始思維的特質。

由於《易經》是卜筮之書,因此釋易是不能脫離卜筮的活動。卜是以龜甲或牛骨,鑽鑿之後予以烤灼,使其產生裂紋,並就裂紋以斷吉凶。筮則以著策,按一定規則,進行吉凶判定的活動。此即《左傳・僖公十五年》所言:「龜,象也;筮,數也」。當然上述的卜筮活動起於何時,實難考定,但就出土資料,則新石器代已有了這樣的行爲。[40]因此經由長時期的積累,卜筮並行的活動逐漸發展出以奇偶符號爲主的占卜活動,並形成後來所謂的八卦等,進而由重卦的作用有了六十四卦以及對爻產生注意,最後則出現解釋卦爻的卦爻辭。

《易經》的解釋工作。

[39] 此中所論的同異即是二人均認為《易傳》有「宇宙論」的趣味,以及均關乎「價值問題」,不過二人在判定符不符合孔孟原義上,則又有差異的評價。但不管二人之說的同異程度多大,他們所分析出的《易傳》理論趣味,都與《易經》時代,有了不同。

[40] 張政烺以為卜所用的烏龜殼或牛肩胛骨早在新石器時代便已出現,但多數是出現在殷周兩代。見張政烺:〈帛書六十四卦跋〉,《文物》(1984年第三期),頁 9。

　　所以經由上述，我們可以得知卜筮活動中最重要的事，當屬卦爻的判讀，而卦爻辭則是判讀的基本依據。是以胡適就以為《易經》有三個最主要的基本觀念，即「易」、「象」、「辭」。[41]尤其是其中的「象」，可謂是能掌握了「象」的詮解，就能窺破世事變化的韻律。[42]因此從《易傳》的作者以下，歷來的思想家或注疏家，不斷地針對「象」提出各種說明，進而有些解《易》的人，以為解《易》必須走上「象位」的道路才能契合《易》旨。其實我們若從《左傳》等古籍的說載，可以知道有時象位示吉，但若無德以配，則仍然未被解為吉[43]。因此「象位」與「義理」二路詮解進路，早在春秋時代便已出現。但不管其解《易》的方式是以「象位」或「義理」為主，要進行一場完整的卜筮活動解讀，「象」的可能指涉之釋讀是無可避免的。而且由於卜筮活動主要的目的，乃是要透過占卜所得的卦爻辭以釋占者的心中疑惑，因此對於可稱為「象」的卦爻能否傳達意義，就成為歷來思想

[41] 參見胡適：《中國古代哲學史》（臺北：臺灣商務印書館，1975 年），頁 73-87。

[42] 尚秉和就非常清楚地指出《易經》一書，應以「象」為本。請見尚秉和：〈左傳、國語易象釋〉，收入黃壽祺、張善文編：《周易研究論文集》第二輯（北京：北京師範大學出版社，1989 年），頁 111。

[43] 根據《左傳‧昭公十二年》的記載，有南蒯想行叛變之事，卜之得卦，以為「黃裳元吉」，但子服景伯卻以為：「……忠信之事則可，不然必敗……，且夫易，不可以占險……雖吉，未也。」正是說明「德」之於卜卦是為決定吉凶的判準。見楊伯峻：《春秋左傳注》（臺北：源流出版社，1982 年），頁 1336-1338。

家們思索的重點。本文即在這個問題脈絡底下，想要對《易·繫辭》論「象」的相關文字，作一些討論，希望能經由以下的討論，澄清《易傳》的論「象」雖有其理性化的新創意義，但仍有古老原始文化的精神作用於其中。

　　基本上，若說卦爻是象徵，應該是可以成立的。因爲先民將人生的種種歸納爲奇偶符號，並以六十四卦、三百八十四爻作爲人生萬象的代表。因此若說卦爻是完全定指某一事或某一物，則人生萬象何止三百八十四爻所能盡。是以卦爻必須是一象徵，如是方能曲盡人情。而解釋象徵的卦爻辭便應是一種象徵性的語言了。但由於卦爻與卦爻辭的使用，是一體兩面的，因此在底下的討論便不再加以分別。不過，在開展以下的討論前，有關上文所用的「象徵」一詞，有必要先進一步檢討其相關意涵。因爲這個「象徵」的使用，對於以下的分析有相當的指標作用。

　　事實上，象徵或象徵式的語言，都涉及到「以彼代此」的作法，雖然這個說法看似僅有修辭的意味而已，但我們若注意到「此」常常是指主觀心靈的內在層面，則「彼」的代表性問題，就成爲一個不得不重新思考的嚴肅議題。[44]佛洛姆（E·Fromm）就曾對這個問題加以分析，他認爲應該分爲「慣例的」（conventional）、「偶發的」（accidental）、「普遍的」三種象徵。其中第一種的象徵，象徵與被象徵者之間沒

---

[44] 因為「象徵」常是以外在客觀的某些物象，作為自己主觀情緒或心靈的描摹，這種「代表」的關係，究竟是隨機或有意的選擇，常會影響到我們對「象徵」與「被象徵」的看法。

有「內在」（intrinsic）關係，如「桌子」此一聲音代表可以置放物品的東西，而聲音與指涉物之間不須有必然的聯結關係。[45]這個說法與荀子談「約定俗成」的命名方式相當接近。至於第二種象徵，佛洛姆認為其中是以使用象徵者的角度出發，所以具有高度的私人性，如因著個人心境的不同，我們可以隨手摘取外界的任何事物來代表內心的感受，因此是屬偶發的隨機使用。不過，佛洛姆將神話置於此類象徵中，是否得當，恐會引發爭議。[46]最後第三種象徵則與前二種的最大區別，在於此種象徵與代表物間具有內在的關係，如在不同時空下的人們，對於水、火等外在事物所能引起的內心反映，有著共同的感受，因此這是人類共同的語言。[47]其實，佛洛姆所言的第三種象徵的主要特質，便是預設了主客合一的思考架構，因為外在客觀的物理世界，既然可以反映全體人類的心靈結構，或共同的記憶，則內外之間不應只是一種機械的對應關係而已，毋寧說這樣的象徵背後，恐怕尚有許多我們仍未抉發，或是已經遺忘了的能力，[48]這即是本文所

---

[45] 佛洛姆著、葉頌壽譯：《被遺忘的語言——夢的精神分析》（臺北：志文出版社，1988 年），頁 19-20。

[46] 同上註，頁 20-22。因為神話所表現出的象徵內涵是否適宜用「私人性」的角度來理解，我相信如果從人類的經驗來看，包括洪水神話或創世神所顯出的普同性，則佛洛姆的這種分法，應該值得商榷。尤其他在行文中有時也將神話置入第三種象徵。因此值得再加思考。

[47] 同上註，頁 22-24。

[48] 關於這點，從許多人類學的觀察報告中，我們可以發現在原始思維之中，應該存有一種不分主客的思維方式。列維‧布留爾（Levy-Burhl）

要注意焦點。所以以下的討論我將針對《易傳》中的「象」，進行意義的梳理工作。

由於卦爻之創本就是為解決人生萬象而來，因此認為卦爻可以象徵人生萬象的想法應該是早已有之，但此一提法卻是延宕到《易傳》時代，才有比較明確的提出。《易·繫辭上十二》云：[49]

> 子曰：書不盡言，言不盡意。然則聖人之意，其不可見乎？子曰：聖人立象以盡意，設卦以盡情偽，繫辭焉以盡其言，變而通之以盡利。鼓之舞之以盡神。乾坤其易之縕邪？

基本上這一段文字包括有兩個極複雜的問題，即語言與意義的關係為何？「象」與意義的關係為何？而在這兩個問題內，又各自觸及其他幾個問題，底下試為之分析。

首先對於語言與意義關係的討論，是古代思想家經常思索的一個論題，誠如上節所論，大致傾向語言無法傳達意義（此處的「意義」可指那最終的道體，也可指具體指涉物的實在），如老子以為「道可道，非常道。」或如莊子以為「可以言論者，物之粗也。」(〈秋水〉)、「今且言於此，不知其

就稱之為「前邏輯」（prélogique）的思維方式（或稱為「原邏輯」），這是很值得重視的一個觀察。請參見列維·布留爾著、丁由譯：《原始思維》（北京：商務印書館，1997年），頁99-130。

[49] 朱熹：《周易本義》（臺北：學海書局，1983年），頁104。

與是類乎？類與不類，相與爲類，則與被無以異矣。」（〈齊物論〉），或是荀子認爲語言與具體指涉物的關係是不定性的，故言：「名無固宜，約之以命，約定俗成謂之宜，異於約則謂之不宜。名無固實，約之以命實，約定俗成謂之實名。」（〈正名〉）基本上，上述的這些意見或認爲語言是無法指涉那個最終的道體，或認爲連具體物的意義都無法被完整把握，是以認爲語言只是某種表明（甚或是形容性的）的工具而已，我們不能在工具上求目的。

不過，〈繫辭傳〉的作者雖然注意到「言不盡意」的論點。但值得注意的是〈繫辭傳〉的作者卻面臨到其他幾位思想家所不必直接面對的尷尬問題。即若「意義」或「道體」或「最終的實在」是無法解釋與顯示，則整套卜筮的思維型態將成爲一最大的心理騙局。[50]因爲「意義」、「道體」若是無法被掌握的，則宣稱能「通神明之德，類萬物之情」的八

---

[50] 基本上，古人在進行卜筮的行為時，並不認為自己的卜筮結果是隨意而虛假，他們相信透過儀式，心靈的淨化、情境的詢問，大化的消息應該是「如實地」洩露給卜筮者。因此，不宜只視之為民俗的心理治療工具。事實上，這個問題若須提問，也許應是以占卜的意義為何？進行思考，較有獲得理論的內涵之可能。勞思光就曾對占卜行為所必須預設的「決定論」與「自由意志」之關係，進行分析。他指出占卜會涉及「價值」與「成敗」兩面，而《易傳》卻未提供理論說明，恐會引致「理分實現的衝突」，而為《易傳》一大挑戰。當然我並不否認勞先生的質疑。但從《易經》的文本內容，乃至古人的許多占卜經驗，我認為卜筮的思維型態，對古人而言，視之為迷信或騙局，恐怕也是過當的評價。勞思光之說，請參氏著：《新編中國哲學史（二）》，同註33，頁92-100。

卦,豈不只是給面臨難以抉擇之人一些虛妄的安慰劑而已。因此〈繫辭傳〉的作者必須說明「道體」、「意義」是可以被把握的,以及從何可被把握?此即〈繫辭傳〉所言「立象以盡意」所能克竟其功。而且,在此〈繫辭傳〉的作者,也必須是真誠地相信「象」是可以盡意的,否則這依然是一個騙局。而從《易傳》的許多篇章看來,我們也確實可以看到《易傳》的作者對於占筮的有效性是絕對的肯定。[51]可是雖然我們能相信「象」是可以盡意的,我們卻依然要問「象」爲什麼能盡意?以及這樣的「象」,究竟還蘊涵了什麼樣的意義?尤其是在朱子也說:「言之所傳者淺,象之能示者深」的情形下。[52]

其實若想解決此一問題,我們可能就必須分別「外延真理」與「內容真理」。根據牟宗三先生的說法,他以爲「凡是不繫屬於主體(subject)而可以客觀地肯斷(objectively asserted)的那一種真理,通通是外延真理。」[53]此種外延的

---

[51] 其實,從反面的角度來看,如果卜者不相信此種卜筮的有效性,則所有的卜筮行爲都將成爲不可理解。因此,相信其有效性,當然是先決條件。另外,《周禮·春官·占人》:「凡卜筮既事,則繫幣以比其命,歲終,則計其占之中否」,點出古典時代在每年歲末會將一年內的占筮結果作統計,如果沒有一定的證驗之可能,我相信這一套方法不可能流傳如此之久。孫詒讓:《周禮正義》(北京:中華書局,1987年),第七冊,頁1963。

[52] 朱熹:《周易本義》(臺北:學海書局,1983年),頁104。

[53] 牟宗三:〈兩種真理以及其普遍性之不同〉,《中國哲學十九講》(臺北:臺灣學生書局,1983年),頁21。

真理具有明確的指涉的對象，因此只要運用邏輯分析的語言，就能使意義被傳達。但除此之外，尚有一種「繫屬於主體，繫屬於主觀態度上的一些話。」[54]這種主要依著我們存在的實感所引出的「真實」，無法依著邏輯分析性的語言加以表達。也因此故，牟先生借引唐君毅的說法，分別語言除有「科學語言」、「情感語言」之外，尚可有一種「啟發語言」。[55]此種啟發性的語言，具有指示與點明的功能，可以使「內容真理」豁然開朗。因此牟先生認為《易·繫辭》中的「立象以盡意」其實就是：[56]

> 然則其盡也，非一一恰當相應之盡，非指實（指物）之盡，非名實相應之盡，非可道之盡，乃不可道之盡。不可道之盡，乃啟發暗示之盡，指點之盡也。

其意即指出此所能盡之意，乃是「內容真理」，因此無法使用指涉對象明確的分析性語言來表達，尤其是此種「內容真理」的普遍性乃是一種有「彈性」的「具體的普遍性」，[57]因此其與語言的對應關係必須定在具體而特殊的情境脈絡

---

[54] 同前註。

[55] 牟宗三：〈兩種真理以及其普遍性之不同〉，《中國哲學十九講》，頁28。

[56] 牟宗三：《才性與玄理》（臺北：臺灣學生書局，1983年），頁252。

[57] 這種具體的普遍性是「在一個具體的強度裡隨時呈現，並且有不同程度的呈現，它是在動態的彈性狀態中呈現。它不是一現永現，不是一成

中，才能被理解。是以強調指向關係明確，一成永成的語言，
勢必無法表達「內容真理」的意蘊。也因此故，《易·繫辭》
以爲所能盡之意，必須是以啓發性、暗示性的語言來表達方
可。而且，值得我們注意的是，此種啓發性的語言絕不可能
以明確的、可控制的，如科學性的「定模的」語言表達，[58]因
此，此種啓發性語言，就必須是以「象徵性」的語言來表達，
因爲象徵語言的解悟是離不開具體的情境脈絡，只有在具體
而特殊的情境脈絡中，「隨著此種情境脈絡之變化，而相對
地尋出有效的象徵語言（艾略特所謂的『相關客體』），以引
出人在此具體脈絡中的因應。此一行爲中，沒有所欲傳達的
內容，固然任何事物皆無從表現，但沒有象徵的語言，任何
事物也都無從表現出來。所以，象與意可說是一同呈現。」
[59]在此情況下，象的本身就不再只是傳達的工具而已，而是
在此種一體交流的情境，工具本身即是目的的顯現，工具即
目的。因此，此時情況下的象顯然是可以盡意的。更進一步
地說，此時的「象」（即卦爻所據以爲象的外在的客觀世界）
與我們內心世界本就不是分立的，而是一種連續的存在；因
此兩者之間的關係是一種互爲滲透的關係。推衍開來，即以
爲外在的客觀世界現象是可以表徵我們內心世界的經驗，尤

永成。所以它是具體的，絕不是抽象的」。牟宗三：〈兩種真理以及其
普遍性之不同〉，《中國哲學十九講》，頁 32-36。尤其是頁 36。
[58] 見楊儒賓：《中國古代天人鬼神交通之四種類型及其意義》（臺北：
國立臺灣大學中文研究所博士論文，1986 年），頁 15。
[59] 同上註，頁 16。

其是當我們主觀能動的心靈力量滲入外在的世界時，外在客觀的世界正好像有生命似地與我們相交感，以致兩者相互解讀，由是完成了意義的展現與接收（同時進行）的完成，是以象是能盡意的。

　　但上述的這些說法，卻使我們產生一懷疑，即「象」究竟是一種什麼性質的存在，以致使它能適時適切地傳達意義。難道只因「象」（象徵外在客觀世界的符號）與內在的心靈世界是連續的，就保證它能傳達意義，若如是則象與內在心靈世界的關係又是什麼？

　　針對上述的問題，也許我們可以從《易・繫辭》中，獲得一些解答：[60]

　　　　天尊地卑，乾坤定矣。……在天成象，在地成形，變化見矣。（《易・繫辭上一》）

　　　　易與天地準，故能彌綸天地之道。（《易・繫辭上四》）

　　　　聖人有以見天下之賾，而擬諸其形容，象其物宜，是故謂之象。聖人有以見天下之動，而觀其會通，以行其典禮。繫辭焉以斷其吉凶，是故謂之爻。言天下之至賾而不可惡也，言天下之至動而不可亂也。擬之而

---

[60] 本文有關〈繫辭〉之分章依朱熹作法，見朱熹：《周易本義》，頁 92、95、97、103、103、106、107。

後言，議之而後動，擬議以成其變化。（《易·繫辭上八》）

是故闔戶謂之坤，闢戶謂之乾；一闔一闢謂之變，往來不窮謂之通，見乃謂之象，形乃謂之器。（《易·繫辭上十一》）

是故法象莫大乎天地，變通莫大乎四時，縣象著明莫大乎日月。……是故天生神物，聖人則之；天地變化，聖人效之。天垂象，見吉凶，聖人象之；河生圖，洛出書，聖人則之。（《易·繫辭上十一》）

古者包犧氏之王天下也，仰則觀象於天，俯則觀法於地；觀鳥獸之文，與地之宜；近取諸身，遠取諸物。於是始作八卦，以通神明之德，以萬物之情。（《易·繫辭下二》）

是故易者，象也。象也者，像也。（《易·繫辭下三》）

　　基本上，上引的資料包括有幾層意涵。首先由「象」之成立之由，乃是從天地的自然現象而來，故「象」是模擬外在客觀世界的形象，作為曲盡意義的憑藉。但此種模擬自外在客觀世界的形象（包括解釋這些象的象徵語言──卦爻辭），如何能享有此種能傳達意義媒介的特殊地位呢？如果

不是這些外在的客觀世界本身也分享有終極道體的神聖性，則這些模擬自外在客觀世界的象，應該是不能盡意的。然而，理論上應該如此，但事實上《易・繫辭》的作者，是否也作如是觀呢？且讓我們再從上述的資料中，索尋蛛絲馬跡。

其實上述的資料中，除透露出象是取象於外在的客觀世界外，它還涉及到一個現象，即「象」是與「變化」連繫在一起的，因此《易傳》的作者必然是認爲只有「象」才能曲盡這時時刻刻都在生成變化的世界之本質，所以〈繫辭上一〉要說：「在天成象，在地成形，變化見矣。」但我們必須注意這裡的「象」可不能將之理解爲「一個象只能確指某一個概念」，因爲若如此，則此「象」之見變化，其意含便是以爲「任何一項殊多，我們均可爲其找到一項符應的象。」如是則此處能盡的意，就變成是外延的真理，反而失去了彈性，也失去變化的形上意義。事實上，這樣的區分是相當要緊的。因爲如果「象」與「變化」的關係只是著眼於殊多的符應而已，則《易傳》希望以之點明「道」、「器」的形上聯繫，便將落空。其實，這樣的問題在王弼的《周易略例》中，便試圖提出「形上的實現之理」與「殊多的形構之理」的思考，如其於〈明象〉中論及易卦之義時，亦必分成二層以論之，其云：[61]

---

[61] 樓宇烈校釋：《老子周易王弼注校釋》（臺北：華正書局，1983 年），頁 591。

> 夫眾不能治眾，治眾者，至寡也；夫動不能制動，制
> 天下之動者，貞夫一者也。故眾之所以得咸存者，主
> 必致一也；動之所以得咸運者，原必无二也。物无妄
> 然，必由其理。統之有宗，會之有元，故繁而不亂，
> 眾而不惑。故六爻相錯，可舉一以明也，剛柔相乘，
> 可以立主以定也。

事實上，上引的〈明象〉文字，正包含了兩個層面的觀
點，其中從眾寡以下到統宗會元的討論裡，可以發現內含根
源、普遍的意義，而「一」與「六」爻之關係則應歸入一一
具體世界對象的對應上，所以前者所言以「形上的實現之理」
作解爲宜，而後者則以「殊多的形構之理」釋之方允。[62]是
故「象」的討論，若釋爲殊多的對立，則其「變化」的意味，
將大打折扣，如此，則無法論及「天下之至賾」與「天下之
至動」。

而在此處的「變化」既然不是經驗世界的殊相變化，則
其意當是指陳證成變化背後的那個神奇妙用的作用，其意味
是形上的。或者，更確切地說：「變化」是「道」的一種展
現，所以「乾道變化，各正性命。」（《乾・彖傳》），[63]〈繫
辭上十二〉也說：[64]

---

[62] 莊耀郎：《王弼玄學》（臺北：國立臺灣師範大學國文研究所博士論文，
1991 年），頁 291-294。

[63] 朱熹：《周易本義》，頁 3。

[64] 同上註，頁 104。

> 形而上者謂之道，形而下者謂之器，忠而裁之謂之
> 變。

因為有「道」的神奇妙用作用，一切混沌未開的現象，才能逐一地各安其位，而其間的一切「變動不居，周流六虛」也正顯示出道體的作用樣態是「唯變所適」。另外《易·繫辭上十一》的一段話，也更適切地說明道體的變化與象的關係：[65]

> 是故闔戶謂之坤，闢戶謂之乾，一闔一闢謂之變，往
> 來不窮謂之通，見乃謂之象，形乃謂之器，制而用之
> 謂之法，利用出入，民咸用之謂之神。

因此，更進一步地說，我們可以知道所有自道體所分化出來的經驗界殊多，其之所以能存有乃在於有「道」的作用。所以這些殊多必然是與「道」同質的。也只有這些殊多是與「道」同質的，則取象於由道所分化出的殊多才能也具有「道體」的意味，以及分享了「道」的神聖性。

復次，《易傳》的作者，除了從「象」與「變化」的角度觀察出象所享有的道體特質外，在別的地方也提及「象」即「易」，直接說明「象」本身不能純粹只以表達道體的工具之視之而已，所以指出「象」本身就是「易」。而「易」

---

[65] 同上註，頁 103。

在《易傳》的作者眼中，實即是「道體」，如：[66]

> 易與天地準，故能彌綸天地之道。(〈繫辭上四〉)

> 生生之謂易，成象之謂乾，效法之謂坤。(〈繫辭上五〉)

> 天地設位而易行乎其中，成性存存，道義之門。(〈繫辭上七〉)

> 易無思也，無為也。寂然不動，感而遂通天下之故，非天下之至神，其孰能與於此。(〈繫辭上十〉)

是故，「象」本身所表現的就是道體，無「象」不足以知「道體」的朗現；同樣地，若無「道體」作用於「象」中，則「象」亦只是定著符應的外延真理的形式而已。

所以從種種的討論都可發現「象」是從「道體」所分化出來的殊多，而此殊多的洩露下，終極道體的意義是可以被掌握與體悟的。但除此之外，我們還可注意一件事，即「指稱關係明確的語言，所能掌握的意思較淺（外延真理）；而語言性質模糊的象徵語言，反能傳遞較多或較深的真理（內容真理）。」之說法，其實尚涉及到一個重要的問題——整體與部份的關係。因為前者基本上是屬於經驗，其符應的關

---

[66] 同上註，頁 95、96、97、101。

係乃是殊多對殊多，部份應部份，所以其所傳遞的消息，自然層級較低較淺。而後者則不然，因爲雖然此處所取的象，不可避免地必須由外在的客觀世界現象的殊多中得來，但由於當我們面對它時，我們肯斷其與神聖道體的關係，因此此時的殊多就脫離一般意義的殊多，而是在殊多中包涵整體，在整體中包涵殊多，甚至均可說殊多就是整體了。由是此殊多的「象」才能傳達那整體的意義，而不再固著分別義了。另外，我們尚須分辨一事，此即每一個有神聖義的殊多本身即是整體，但客觀事實上「象」亦有許多不同的殊多。因此每一個殊多之視爲整體並不應化納於其他的殊多之中，所以每一個殊多（整體）是一種位格的存在。雖然每一個殊多均是一有獨立性的整體，但其與其他殊多之間的關係卻是聯繫性的，是在相互牽動之下，相互完成那最高境界的道體，是以由「乾道變化」可以「各正性命」，也可以由「曲成萬物而不遺」去感知那最高境的「神無方而易無體」。

從前面的討論，我們對於「立象以盡意」的說法，就能理解其旨要了。因爲一般語言所處理的只是部份與部份的名實相盡之工作，其對道體意義的披露是無法勝任的，而《易傳》的作者，其以爲「象」能盡「意」，此意是具有形上意味的意義，所以以經驗世界的部份是無法捕捉其意義了。而「象」則是由神聖道體所分化出的一種具有位格的殊多（整體），其與道同質，是以能洩露道體消息，故雖有各個不同獨立性的殊多，但此殊多與殊多之間的關係並不雜亂。因此透過人內在主觀能動的心靈力量，進入感知「象」的情境中，宇宙的意義實與人相交感、相呼應，最後宇宙的消息必然能

被捕捉，而且是可由各種不同的殊多之中切入而不相妨。

　　但即便我們明白了「立象盡意」的「象」有神聖存有義，以及此「意」非「外延」對應的內容，是以「象」是可以盡意的。我們仍然不禁要問：人在具體的情境脈絡，是依靠什麼樣狀態，才能使我們主觀能動的心靈力量，進入「象」中，並能無誤地瞭解其意義呢？因為，我們不能只是宣示地告訴人們，「象」可以披露道體消息而已，我們更應告訴人們「如何」明瞭或掌握「象」所要指出的消息。

　　其實上述的問題，換個方式講，其焦點是在於「盡是如何盡？」上，牟宗三先生曾對此有一精闢的說法，我們試引其言：[67]

> 此中所言之盡，有解悟的盡，有是踐履的盡。繫辭傳所言，是踐履的盡。有時即在踐履中有解悟。……有時即在解悟中有踐履。……總之，此中所言之盡，大體是解悟與踐履交融而進者。解悟是在踐履中解悟，踐履是在解悟中踐履。如繫辭傳所言，字面上純屬解悟者，然無居人之踐履，亦不能有此窮神知化之解悟。

　　此言甚是，尤其是點出「踐履」，更是說明其中所蘊的工夫意味。但是這樣的意見依然未觸及到工夫踐履到什麼樣的狀態下，才能使人即解悟即踐履。關於這樣的問題，我認

---

[67] 牟宗三：《才性與玄理》，頁 249。

為此時依理性化的角度而言,宣稱再多的知性的說明對於求
占心切的疑者而言,是不切實際的。有相當多的經驗告訴我
們,此時求占者的心理並不需要理性的說明,他毋寧需要某
些非關理性,但甚能發揮實際效用的動作或儀式。換言之,
強調哲學突破之後所帶來的理性化解釋,並不能安頓一般大
眾的脆弱心靈(容或此種方式對於強調以「人」為主的高級
知識份子有效),大眾所需的應該是具體而有效的積極作
法,而非「謀事在人,成事在天」的消極作用(雖然這種態
度作為符合知識份子的口味)。所以我認為若從《易傳》本
身來看,我們可以從《易·繫辭上十一》的一句話索解起,
應當比較能符合《易經》的原始精神,並且清楚地展現《易
傳》的特質,此即「鼓之舞之以盡神」。

朱子在解釋「鼓之舞之以盡神」時,其意見相當值得注
意,其說對我們明白「鼓之舞之以盡神」與工夫修養的狀態,
有相當的助益,其言:[68]

> 未占得則有所疑,既占則無所疑,自然使人手腳輕手
> 快,行得順便。

---

[68] 黎靖德編:《朱子語類》(臺北:華世出版社,1987 年),第五冊,頁
1931。

又言：[69]

> 巫，其舞之盡神者。「巫」，從「工」，兩邊「人」字
> 是取象其舞。巫者託神，如舞雩之類，皆須舞。蓋以
> 通暢其和氣，達於神明。

　　朱子上述二說，一說似指占卜活動後，因無所疑慮而產
生的一種愉悅的心理狀態，乃為「鼓舞盡神」；一說則以巫
之通神明時能「通暢和氣」的境界來說明「鼓舞盡神」。基
本上將二說結合，我們不免感到疑惑，難道朱子解釋「鼓舞
盡神」一語時，亦發現應就原始思維狀態的交感來作解不
可，否則會有一間之隔的缺憾？[70]當然，也有學者不從此一

---

[69] 同上註，頁 1933。

[70] 事實上，朱子對於《易經》的看法非常清楚其卜筮之性質，所以在《周
易本義》一開卷，便提出〈筮儀〉的相關內容。另外，在《朱子語類》
中，他更明白地指出：「易本卜筮之書，後人以為止於卜筮。至王弼用
老莊解，後人便只以為理，而不以為卜筮，亦非。想當初伏羲畫卦之時，
只是陽為吉，陰為凶，無文字。某不敢說，竊意如此。後文王見其不可
曉，故為之作〈彖辭〉；或占得爻處不可曉，故周公為之作〈爻辭〉；又
不可曉，故孔子為之作〈十翼〉，皆解當初之意。今人不看卦爻，而看
〈繫辭〉，是猶不看〈刑統〉，而看〈刑統〉之〈序例〉也，安能曉！今
人須以卜筮之書看之，方得；不然，不可看《易》」。在這段話中，我們
可以發現，朱子不斷地強調以卜筮視《易》才是最佳的詮解進路，所以
朱子在解「鼓舞盡神」一句，以巫術角度釋之，不也是很自然的事。朱
熹：《朱子語類》，第四冊，同上註，頁 1622。

角度來討論，如徐志銳就說及〈繫辭上十三〉的這段文字，可釋為：[71]

> 正因為語言、文字不能完全表達人的思想，"聖人"確定用形象的東西來表達他的思想，設計出卦來反映他認識的虛虛實實，再在卦下加上文字說明以起到文字表達語言的應有作用。有了這種具體形式和文字說明就完整了，就可以反映變通不窮之理足以盡其利，從而使百姓去疑惑受鼓舞不倦于事業。這就盡到了陰陽變化不測的"神"即客觀規律所能盡到的作用。

以上說明看來言之成理，但如果我們不排斥《易經》是具有反映原始思維的作品的話，則解釋他的《易傳》雖可從人文化的角度修飾其原始性格，但論述的方面，應不致違逆其原有的意旨，尤其是古代中國人的文明發展型態不是採取驟變的態度以行之。其實，這種可能存留古文化性格的論述，在強調「天理人欲」的宋代思想家中，亦非單只朱子一人，如張載亦云：[72]

> 天下之動，神鼓之也，神則主乎動，故天下之動，皆神之為也。辭不鼓舞則不足以盡神，辭謂易之辭也。

---

[71] 徐志銳：《周易大傳新注》（濟南：齊魯書社，1989年），頁443。

[72] 張載：《張載集》（臺北：漢京文化事業有限公司，1983年），〈橫渠易說〉，頁205。

> 於象固有此意矣，又繫之以辭，因而駕說，使人向
> 之，極盡動之義也。歌舞為巫風，言鼓舞以盡神者，
> 與巫之為人无心若風狂然，主於動而已。故以好歌舞
> 為巫風，猶之如巫也。巫主於動，以至於鼓舞之極
> 也，故曰盡神。

　　張載用「猶」字說明，當然有比況之意，但如果說他們
沒有注意到巫術文化的占筮活動的交感之可能，恐怕又非事
實。因此，底下我將就巫術文化的交感原理嘗試作解。

　　依人類學對古代文化的研究，「巫術」的存在不僅是由
來已久，並且可能代表著與一般思維方式不同的一種思維型
態。因為一般被認為正常的思維方式，其主要特徵乃是：思
考理則受時、空、地等客觀因素的限制，遵守邏輯原則推論
的因果關係。而可見的巫術活動的記載，則說明這是一種不
受時、空所限制，且在活動的過程中，參與者是一種「如實」
地「感知」其真實性的一種思維方式。因此，可知這兩種思
維方式有極大的差別。不過，值得注意的是列維‧布留爾的
研究，顯現出他認為原始人並沒有分別存在物或客體的能
力，原始人表現出來的思考焦點是通過「神秘屬性」的聯繫，
而與外界有了溝通。[73]所以外界的被感知，有時候並不需要
預設所有感知主體均有感知的一致性，而這點正是如萊布尼
茲（Leibniz）等人所認為可以區分「實在的現象和想像的現

---

[73] 請參見列維‧布留爾著、丁由譯：《原始思維》（北京：商務印書館，
1997 年），頁 30。

象」的手段，並不必然爲原始人的知覺所必備。[74]於是原始思維表現出來的特色，便是不合邏輯的思維方式。他將之稱爲「前邏輯」或「原邏輯」的思維方式。[75]但是，這樣的說法未必會爲所有學者接受，包括邁爾斯（J.L.Myres）和戈登衛爾（A.A.Goldenweiser）都提出了反對的意見。他們認爲不能貿然接受原始人是沒有理性的說法。[76]其後，馬凌諾斯基（Bronislaw Malinowski）則針對這兩種意見進行分析。他認爲從東新畿內亞、美拉尼西亞、巴布亞美拉尼西亞的部落田野工作中，發現這些原始部落雖然事事均相信巫術的力量，但他們並非如布留爾所言的原始人只相信這些神秘力量而已。他們仍然有著一些「有限的」對自然的「知識」，這些有限的「知識」其實是透過經驗而在理性的力量下形成的。所以，原始人應該還有理性的思維，並非全然「野性」。[77]當然，馬凌諾斯基也並沒有忽視作爲原始思維最大特徵的內容，此即布留爾所大力主張的。因此，我們或可說原始人的思維，應該存有兩套的感知方式。

　　從上述的說法我們可知人類除了有一種概念化，範疇化的思維方式外，應該也有一種能不受時空因素所限的感知能力，而且此種感知活動所運用的語言，正是很難有明確指涉

---

[74] 同上註，頁 53。

[75] 同上註，頁 99-120。

[76] 馬凌諾斯基著、朱岑樓譯：《巫術、科學與宗教》（臺北：協志工業叢書出版股份有限公司，1984 年），頁 9。

[77] 同上註，頁 9-17。

的「象徵式」語言。然而如同上述的人類學者之研究，雖已說明了原始思維與一般思維的不同，但他們的研究大抵是一種現象的描述，至於此種原始思維的感知究竟有何更細緻的討論，則尚未見到。因此，底下我將從佛洛姆與榮格的解析中，提供另一個思考進路。

事實上，佛洛姆的觀點早在榮格（C.G.Jung）的著作中，便已見到相似的看法，甚至佛洛姆也意識到兩者之間的差異，如其云：[78]

> 我同意在夢中，我們往往比清醒生活中聰慧，且心思更精緻。楊格（即榮格）以超越我們人類的啟示來源底假設，來解釋這個現象，而我卻相信我們在睡夢中所思考的，乃是我們自己的思想，這就是何以構成我們的清醒生活內所發生的影響，在許多方面，會對我們的智慧及道德有不良影響的事實之極佳理由。

從這段佛洛姆的自述來看，我們看到了精神分析學者的兩種不同類型。佛洛姆以著一種較為重視以「人」為本位的立場，解釋夢境所蘊涵的理性層面，而榮格則是以近乎巫術或原始宗教的象徵視角，分析夢境的內涵。[79]其實，以本文

---

[78] 佛洛姆著、葉頌壽譯：《被遺忘的語言——夢的精神分析》，頁 93。

[79] 誠如葉頌壽在《夢的精神分析》之譯序所言，佛洛姆肯定了人本倫理的價值，人之所以為人的尊嚴與意義，以及人性的愛及創造的重要及可能。同上註，頁 7。

的立場而言，榮格的分析以及其據以分析的原理之假設，恐怕對於本文的啓發，具有更大影響力。

　　榮格在解釋許多事件時，慣常以其某些超越的甚或是神秘地體驗方式來作爲詮解途徑，其中一個引起頗多爭議的觀念便是「同時性」（Synchronicity）概念。提出這個說法當然與同一個時間呈現有關，但此說尚不能貼切而完整地涵蓋「同時性」一詞。[80]我想要理解「同時性」一詞，必須與「因果原理」作對比，方可能窮其意蘊。如同佛洛姆所言，受時空範疇所限制的思維方式，是以「因果關係」爲基底，舖構其認識世界的藍圖。然而，人類在夢境中所顯發之不爲時空所限的思維方式，究竟只是一種無意義的投射動作，或是有意義的巧合，卻不能不令人深思。而更進一步地說，巫術中所表現的許多不符合「因果律」，但卻極可驗證的作爲，難道除了迷信或巧合之外，便不能再作其他的解釋了嗎？因此，表現出不同於「因果律」的夢境思考或巫術作爲，應該是開啓人類可能的另一類思維方式的鑰匙。所以榮格提出了「同時性」的概念，而這種違背西方哲學發展的思考進路也爲榮格帶來了許多批評。不過，值得注意的是「同時性」概念所描述的狀態，不僅在於時空範疇的擊破，甚至也是「主體」、「客體」的打破。

---

[80] 榮格認爲「同時性」（Synchronicity）雖與同時呈現（simultaneity）有關，但以「有意義的巧合」（Meaningful coincidence）更爲貼切。請參榮格原著、楊儒賓譯：《東洋冥想的心理學——從易經到禪》（臺北：商鼎文化出版社，1993年），〈論同時性〉，頁250。

　　由於榮格受到人類學家列維・布留爾的影響，他注意到原始人在身份的認同（identify）上，表現出一種極為特殊的方式，楊儒賓歸納榮格的說法後，提出如下的解釋：[81]

> 依他的設想，原始宗教一些帶有能量或人格性的概念，比如說「瑪挪」（Mana）、氣、靈魂、鬼神等等概念，很可能一開始即與人類的精神是同質的。由於主、客觀的分別尚未明顯興起，或者尚未頑固的固定下來，所以初民看到的自然都是種精神化、魔力化、流動化的自然。在流動化的自然觀之基礎上，人不穩定的精神不由自己地會投射（或許該說「流出」）到外界，而與外界「同化」。

　　此一說法相當程度地說明榮格對於「主客」不分的原始思維之理解。是以榮格在建立了「非因果性」、「主客合一」的理論基架後，其「同時性」的概念，也就愈發清晰了。

　　另外，佛洛姆在研究夢的現象時，也曾得有如下的說法：[82]他以為睡眠時的夢比清醒時的理智分析，有時更能捕捉到事件表象背後的意義。而所以能作到這點，乃是因為白天的「噪音」（即理智的、分析的意見）消失，取而代之的是一個自由的心靈國度。這種自由的心靈國度，可以使我們

---

[81]　請參楊儒賓：〈榮格的同時性原理與《易經》的感通觀念〉，國科會研究成果、計畫編號：NSC083-0301-H003-026，頁6。

[82]　佛洛姆著、葉頌壽譯：《被遺忘的語言——夢的精神分析》，頁30-49。

自己孤獨地、真實地面對自己，因此便能使我們產生一種洞識力，洞識許多表象背後的意義。

　　歸結上述榮格與佛洛姆的說法，使我們得到一些啟示，此即邏輯的、分析的、有序的受因果律支配的思考習慣，正是阻擋我們運用如巫術般的感知能力的最大因素。因此，若要人能恢復此自由的心靈，拾回感知的原始智慧，則人必須要藉著擺脫一般受時空限制的思考習慣，方有可能，而這種思維型態的原理即是以打破時空、打破主客體之分的「同時性」原理來加以進行。

　　而從《易經》與《易傳》的內容來看，我們可以發現，這些作者必然是瞭解到且肯定人類有一種可突破時空限制的心靈力量，因此點出運用邏輯分析的語言是無法直指「道體」（言不盡意），必須是以「象徵式」的語言，方能傳達。而且分享有道體本質的「象」（包括象徵式的語言），如果沒有人類感知心靈力量的涉入，它仍是無法自感自知，因為完成一項意義的傳達活動，必須同時包含展現與接收。其實，關於這個說法，榮格在提出其「同時性」原理的主張時，便已注意到東方哲學的此部「變化之書」──《易經》，與其說法的緊密關係，而有進一步的想法，他在〈易與中國精神〉一文中，便強烈地主張《易經》作為一部堪稱運用「同時性」原理的傑作而言，要克服展現與接收可能的落差，必須注意「現成情境」的重要性。亦即是占卜者在占卜的情境中，第一次所撞擊的意義之展現與接收是最可靠的，[83]如同《易經・

---

[83]　請參榮格原著、楊儒賓譯：《東洋冥想的心理學──從易經到禪》（臺

蒙卦》所言：「初筮告，再三瀆，瀆則不告」。[84]至此，楊儒賓認爲榮格已道出了其「同時性」原理的根據了。[85]因爲當意義的展現與接近，必須從「現成情境」中取得，而不是靠因果的推算時，此種「現成情境」似乎便帶有一種「神秘」而「主觀」的詮解方式了。然而構成「現成情境」的主觀心靈世界與外在的物理世界，如何能構成撞擊意義的不斷之鎖鍊呢？恐怕相當難以令人瞭解，所以楊儒賓認爲這裡榮格只能從其「心如無意識」（psychoid unconscious）的主張裡，進一步推出其限制性的概念——「同體世界」（unus mundus）。[86]事實上，不管此一概念究竟游盪於「關係的關係」或「關係的超越依據」的那一端，我們都發現其特質正符合《易經》所述的「感通」原理。[87]而得以解決占卜者如何在「現成情

北：商鼎文化出版社，1993 年），〈易與中國精神〉，頁 222、228，尤其是頁 222 的說明。

[84] 朱熹：《周易本義》，頁 13。

[85] 請參楊儒賓：〈榮格的同時性原理與《易經》的感通觀念〉，國科會研究成果、計畫編號：NSC083-0301-H003-026，頁 11-13。

[86] 同上註，頁 13-14。

[87] 「同體世界」在榮格的使用中，雖不強調其形上實體的走向，而認爲應是「事物間」的關係之描寫，是以採取的立場應爲「多元的機體」觀念。不過，榮格這個立場恐怕並不易持守，因爲若無一個超越的根據，榮格實在很難將之提高到限制性的概念層次。然而，在《易傳》中的「感通」原理，卻反而適合榮格「同體世界」的主張。因爲，世界的實相在《易傳》的理解中乃是透過陰陽二氣通貫於物理世界與心理世界。在這種通貫的連續中，人只要能究極其本來的本質，則物理的客觀世界亦會

境」中，無誤地呈現與接收「意義」的流動。因為在「同體世界」的原則下，占卜者以著體現自我的工夫之深淺，參與客觀世界的深層結構，並於此無誤地與大化進行意義之交流。[88]當然，在我們如此樂觀地表述的時候，如同前文所引述在夢中常會「有靈光一現」的原始智慧的恢復，但是人卻不能常常在等待夢帶來感知的洞識力。是以如何召喚屬於我們內心底層的洞識力，就成為這些古代「聖人」的最大負擔。

關於這問題的解決關鍵，我想就在於如何找到一個有效的方法擺脫「噪音」的影響，以進入可以運用原始智慧的狀態（例如：民之精爽不貳者）。因此，在這層意義下，後世所提工夫修養雖然已相當程度地脫離原始方式，但其精神的胚胎，卻是始自遠古的遠源。不過，暫且不論後世的工夫論與原始思維方式的關係如何，在此巫術的活動，該如何使我們能「精爽不貳」呢？我想《易・繫辭上十一》的「鼓之舞之以盡神」也許透露此層消息。前述「鼓舞盡神」的理解，除有人文理性的切入視角外，原始巫術的特質亦不應忽視，此乃因為古代的巫術活動通常伴隨有舞蹈的動作以及音樂的合奏，而其所以需要音樂與舞蹈，正是為了要使巫者（溝通者）能在具體的情境中，透過曲調與動作的「掩護」，擺脫現實世界的糾葛，進入一種「恍兮惚兮」、「惚兮恍兮」的

與之產生共鳴，而有呼應。所以榮格的「同體世界」與《易傳》的「感通」原理，有著異曲同工之妙。詳細論述，請參楊儒賓之說，同上註，頁 14-16。

[88] 同上註，頁 16。

超時空的「忘我」之境。此時與之交感的是至真實的存在，而不是受時空限制下對超時空的「好像」存在。到這時正可說是「至神無物」、「神而明之」的境界，一切物我的藩籬，主客的對立，在此均被擊破，所以「不疾而速，不行而至。」因此，在此狀態下（一體交流），「象」是可以盡意的，因為展現與接收都能同時進行。

不過，若依照上述的解釋，則我們將會遇到一個問題要先澄清，此即《易傳》作者心目中的占卜活動是否就與古代巫術活動的儀式相同呢？其間是否已經存在著不同的發展了呢？這是我們必須解決的關鍵問題。

首先，從《易傳》的原文看來，雖然我們不能說占卜活動前，必須舉行一些帶有舞蹈與音樂的巫術儀式，但我們卻可以發現在〈繫辭上十一〉有一段與巫術儀式頗接近的話，其言：「是以明於天之道，而察於民之故，是興神物以前民用，聖人以此齋戒以神明其德夫。」[89]其中神物是指著龜，因此這段話隱涵著占卜活動中必須有「齋戒」的活動相伴隨，如是才能「神明其德」。但此處的「齋戒」是否是某一具體的儀式性行為，《易傳》顯然未加說明，是以我們不能驟下斷言，以為占卜活動前必須有巫術儀式。不過，若從新出土的戰國竹簡文字來考察，我們可以發現祭祀占卜之前，必須進行「齋戒」的儀式活動，恐怕是存在於古史的。在望山一號墓的簡文中，我們看到：[90]

---

[89] 朱熹：《周易本義》，頁 102。

[90] 請見北京大學中文系、湖北省文物考古研究所編：《望山楚簡》（北京：

遹（歸）玉束大王。己巳內齋。（106）
□ 祭橐甲戌。己巳內齋。（137）
□ 日所可吕（以）齋 □（154）
□□ 己巳。甲子昏：（之日）內齋。（155）
辛未昏：（之日）埜齋 □ （155）

這些簡文所記的「內齋」與「野齋」，恐怕正是《禮記・祭義》中的「致齋」與「散齋」。[91]《禮記・祭義》云：[92]

致齊於內，散齊於外。齊之日，思其居處，思其笑語，思其志意，思其所樂，思其所嗜。齊三日乃見其所為者。

這段記載姑不論其內外所指何地，我們卻可注意到參與祭祀前的「洗心」之工作，是有明確的規範。而且在祭者所

中華書局，1995 年），頁 77、80、81。

[91] 商承祚就是採取這種主張。請見氏著：《戰國楚竹簡匯編》（濟南：齊魯書社，1995 年），頁 234-236。

[92] 孫希旦對於這段文字的解釋，相當程度地點出古代行使交感能力的先行準備。他說：「愚謂致齊於內，專其內之所思也，散齊於外，防其外之所感也。所樂、所樂為之事。所嗜、所嗜飲食之物也。齊三日，必見所為齊者，由其專精之至也」，這樣的說明的確觸及交感活動必須在「情境」中，進行撞擊意義之可能，展現與接收，方有可能完成。請見孫希旦：《禮記集解》（北京：中華書局，1989 年），冊下，頁 1208-1209。

思的五件事項裡，我們應可發現這正如巫者要進行交感的冥合狀態前，應先置自己於「如實」的具體情境中，並且在不斷地反復「思」的活動中，解開了受因果律、受主客分離所宰制的思維型態，進入另一個「共時」的「同體世界」中，藉以撞擊可能交感消息的洩露，完成占卜的活動。雖然《易傳》作者是否真有主張如何具體的儀式行為，我們不得而知，可是從「齋戒」看來，至少《易傳》的作者顯然點出「心靈的修養」是「神明其德」的基本要件，因為正如來知德的《周易來注》所言：[93]

> 齋戒者，敬也。蓍龜之德，無思無為，寂然不動，感而遂通天下之故，乃天下之至神者。故曰神明。聖人不興起而敬之，百姓褻而弗用，安知其神明。聖人敬之，則蓍龜之德本神明，而聖人有以神明其德矣。

因此，我們可以說在《易傳》作者的眼中，要達到解悟蓍龜卦象的意蘊，是必須有一種心靈修養工夫的準備。當然此種心靈的修養工夫，在理性化後的知識份子圈中，或可能是從內在工夫的向外開展，而有別於巫術活動中依恃外在事物的幫助才能召喚自由心靈的作法。但，我們反而可以說在這層意義下，《易傳》已從巫術活動的範圍，向人類內在心靈的主體深入，由是也脫離了宗教迷信的階段，邁入主體工

---

[93] 見來知德：《周易來注》（臺北：成文出版社），收入《無求備齋易經集成》第六十五本，卷之十三，頁 124。

夫養成的人文世界，換言之，在原始巫術所強調無分別的主客意識，到人文化、理性化之後，並沒有消逝於歷史的舞臺，相反地以「以主攝客」的方式，展現出「二度和諧」的「人」與「自然」之關係，而持續地發酵於其後的思想界。這種以「人」為主，但並不斷裂相關客體的發展，當可稱之為「溫和地」哲學突破。是以占卜活動與古代的巫術活動開始有了差距（此是就《易傳》而言），而不可混同。但不可諱言的，巫祝卜史的工作，其實都與早期的巫術信仰有關，尤其是在此我們看到《易傳》作者所肯定的「感通」能力，與巫術信仰中以為人有突破時空的限制，而與天地交通（窺知、感應大化之消息）的能力，正是有發展的臍帶關係，因此前文所論巫術活動所開展的自由心靈之說，對於明白《易傳》所說的「感通」能力，是有相當程度的說明性的。

最後，《易傳》的作者雖然強調內在心靈的修養工夫，如「洗心退藏於密」、「齋戒以神明其德」對於解悟蓍龜卦象的重要，但是《易傳》的作者也強調，時時把握學習的機會（「觀象玩辭」、「觀變玩占」），使能累積與開拓對過去的知識成就或外在空間的知識世界之理解（「方以知」、「知以藏往」）。並將此兩種能力相互融合，相互完成，以致造成一種「無有遠近幽深」的境界，而能「遂知來物」。這誠如楊儒賓所言「要不離此世，進入萬事中，讓心靈一方面透過學習記憶的過程，累藏應解的潛存資產；一方面又當保持靈敏，清明在躬，隨時接受來自大化流行的氣機之鼓動，帶引潛存

的資產，撞擊占卜時獨特的情境，以解開其間的密碼。」[94]

所以，根據上文的論述，我們實可肯定占卜活動發展到《易傳》的時代時，已經與巫術信仰依恃外力來進行解悟活動的方式有所不同，而是發展成正視客觀知識能力之學習與心靈修養工夫培養的並重、配合。並以爲對大化消息的解悟，是立於「一般性的思維型態」上，做既超越又內斂的工夫修養，以求開展一自由無限的感應世界，使萬事萬物與我之間的溝通，是當下即悟，當體即明。這也就是說，要體悟表象背後意蘊的過程，是不能離開具體的情境脈絡，捨此一途則無任何解悟的可能性。因此「感通」能力的突破時空之限制，實是立於時空限制的具體情境中，開發、展現出來的一種超越時空觀，而非割離具體情境，作一純粹冥思的活動。

四、結論

作爲一部古代中國的重要經典而言，《易經》實有不刊之地位。尤其是歷代以來的思想家，取資於《易經》者殆不可勝數。因此，對於《易經》的解釋便成爲研究中國思想不可或缺的一環。不過，正由於《易經》的經典地位，是古代中國哲人心靈的源頭活水，於是在「詮釋者」不斷地參與「文本」的意義建構之時，我們發現「文本」的意義內涵也在「詮釋者」的「生活世界」[95]中，擴大了其可能觸及的層面。而

---

[94] 見楊儒賓：《中國古代天人鬼神交通之四種類型及其意義》（臺北：國立臺灣大學中文研究所博士論文，1986 年），頁 21。

[95] 舒茲（Alfred Schutz）在討論到意義的了解時，曾指出「生活世界」

其中最值得觀察的，正是今日所知解釋《易經》的最早作品
——《易傳》。

　　誠如上文的討論，我們如果承認《易經》作爲一個被解
釋的「文本」而言，其性質自應將焦點集中於卜筮的性質上。
這其中所反映出來的思想特色，即在於此時的「天人」關係
正處在「一度和諧」的狀態中（或是稱之爲「原始和諧」），
「人」與「天」（自然）並未區分爲主客對列的世界架構。
但是隨著理性化認識世界的腳步越來越近，「人」與「天」
的分化也在加快速度中。「人」逐漸失去了與渾全之間的和
諧，這或許即是「哲學突破」的另一層意義。不過，誠如派
深思所言中國文明表現出一種溫和的突破型態，因此，以之
推論《易經》的被詮釋，未必會全然割裂其與原始和諧的臍
帶，應是合理地假設。《易傳》的出現證實了我們這樣的假
設。

　　就前兩節的分析來看，我們可以清楚地發現雖然《易傳》
具有高度哲理內涵，但《易傳》並沒有完全切斷卜筮性質中
的某些特色，而保留了其「原始和諧」的「連續性」。然而，
分化世界的形成已是一道不可逆的時代潮流，《易傳》所面
臨的「生活世界」也不再是那「葛天氏」之民的「樂園」。《易
傳》的詮解策略當然必須有所改變，這即是我們在其中讀到
「成德」之學當有超越根據的原因。不過，《易傳》亦同樣

是其中相當重要的基礎。請參舒茲：〈現象學與社會科學〉一文，收入
氏著、盧嵐蘭譯：《舒茲論文集——社會現實的問題》（臺北：桂冠圖書
公司，1992 年），第一冊，頁 141-162。

保存原始文化的精神。從其論「象」的相關文字，我們也發現《易傳》的作者雖有新的問題視野，但是《易經》的「文本脈絡」，在某種程度下也制約了《易傳》的解釋格局，使《易傳》不致產生「過度詮釋」的危險。而這樣守住的文本脈絡，我認為即是表現在「回歸渾全」的主張上。基本上，《易傳》論「象」著眼於其與「道體」的「同一性」，這點表現在原始文化中即是「天人」關係的一度和諧。但是，此時的《易傳》作者卻是已經歷了「部份對部份」、「部份對整全」等的「主客」對列過程，而非「主客」不分的原始和諧，是以此時的「回歸渾全」與原始的一度和諧已經有了意義內涵的轉變。這種轉變即顯露出「境界」的差別，可名之為「二度和諧」。有趣的是「一度和諧」與「二度和諧」同樣是在「文本」的「召喚」結構中，配合詮釋者的「生活世界」，構成了一道綿密的「詮釋之網」。二者雖有境界之差別，但表現在「詮釋循環」的趣味上，[96]卻並無差別。

　　最後，從上述的討論中，我們發現《易傳》的論「象」有幾層的詮釋內涵，頗值參考：一、就作為《易經》的詮釋

---

[96] 其實，從二十世紀以來所發展的詮釋學觀點，對於文本（text）的解釋已不再主張唯一解釋的想法，學界漸漸發現文本一旦被創造出來，其與詮釋者便會形成一種「詮釋循環」的可能。如此一來，作者的可能原意相對於文本而言，也是諸多解釋的一種。其而在解構主義盛行的今日，米歇・傅柯（Michel Foucault）根本就對「作者觀」提出嚴重的挑戰。請參見米歇・傅柯著、王德威譯：《知識的考掘》（臺北：麥田出版社，1993年），頁32。

作品而言，《易傳》論「象」不可違背其詮解的「文本脈絡」，
此即傳統所言：「傳不破經，注不破傳，疏不破注」的精神；
二、就作爲自成一個意義系統而言，《易傳》論「象」可以
有其自己的新創內涵，而非只能遵照原有的意義脈絡，事實
上，要完全貼合原義，在解釋策略上，恐怕除了重抄一遍外，
別無他途；三、不管是《易經》或《易傳》其詮釋「象」的
時候，都不能離此在世存有的「生活世界」，而有了詮釋的
「境域之融合」，[97]以是「文本」的「召喚」結構，終於合法
地參與詮釋者的主體性之建構，進而構成一張「詮釋之網」。

---

[97] 姚斯曾提出一個很有意思的說法——「境域的融合」（fusion of
horizon），他認為作者與讀者的時代因素對於「文本」的詮釋，將造成
一些影響。由是「文本」與「讀者」之間是有重新創造意義的可能。姚
斯（H. R. Jauss）：〈文學史作為向文學理論的挑戰〉，見氏著、周寧與金
元浦譯：《接受美學與接受理論》（瀋陽：遼寧人民出版社，1987 年），
頁 35-40。當然「境域的融合」之概念，並非是姚斯的獨佔品，而應為
「公共論域」，這是今天詮釋者所普遍認識的事實。

第二章

「正統」與「異端」

——以清初的經典認同為例

一、前言

　　「正統」與「異端」這一組對反的概念，具有高度抽象的形式意義，因而論者可以將之置入許多不同的具體脈絡裡，來加以論略，進而從中獲取意義。例如，在「宗教」的發展上，「正統」與「異端」的對立，常常是構成「宗教史」的重要部分。不管是東方或西方，我們都可以看到被稱為「異端」的「異教徒」，幾乎在信仰的過程裡，都面對了悲慘的遭遇；又或者在「政權」更替的歷史中，中國史家筆落「正統」以評價朝代之更迭，其詞懇切，其旨悲遠，於是寄寓在「統紀」背後的書寫目的，則是知識份子以筆治世的書生理想；至於像「學說流派」的產生及流衍，更是在相互爭取學派發言權的正當性中，競爭者率以「正統」自居，而以「異端」屬之他人。因此，可以說「正統」與「異端」這一組對反的概念，以其鮮明的形式對立架構，提供了需求者最大的

運用空間。不過，如果仔細觀察這一組概念被運用的情形，我們可以發現其中實隱含著一套共同的論述，亦即是對於「真理」的可能討論，只能是「信仰」，而不能是一種「客觀知識」的言說，是以所呈顯出的特色，就是「絕對性」與「排他性」。

以之來檢視清初的儒學發展，我們正可注意到「清儒」與「宋明儒」在「爭正統」的學術活動中，其實是一種「信仰」與「信仰」之間的競爭，而非客觀的學術問題。而且，由於他們所根據的「經典」，均屬兩漢以來所被認可的「儒門經典」，那爲何在「經典」的詮釋上會產生如此巨大的落差？這些落差所代表的意義是什麼？本文即是基於上述的「問題意識」而撰寫。並且，希望在釐清此一問題的同時，也能由其中窺探一些屬於具有中國特色的詮釋內涵。

以下本文將就三個方向，進行分析。首先，以「學派發展的真實經驗」，論述儒學在先秦、宋明、清等朝代的「正統」「異端」之辯，並說明其判教的手段，乃透過「經典認同」的質疑而完成。其次，則以清初的「經典認同」爲例，依「傳經譜系」的重建，「經典文本」的辨僞，「經典義理」的批評，具體地說明「清儒」對「宋明儒」爭取儒門「正統」的過程。最後，則由「一個聖道，各自表述」，指出隱藏在儒者詮釋經典背後的「先行理解」，即是他們所信仰的「聖道」圖像，並據此說明儒者詮釋經典的「絕對性」與「排他性」，乃是構成中國經典詮釋的一項特質。

二、學派發展的真實經驗——

鬧異端？爭正統？

　　基本上，從構成中國文化精神的三大主流來看，儒家學問以關懷現實的具體人間世的傾向，主張了「化成世界」的觀點，而與佛家之「捨離世界」、道家之「觀賞世界」的態度，形成強烈的對比。[1]這種「化成世界」的觀點，實則預設了一個可以被實踐以及必然能實踐的「聖人之道」，作為「藍本」。例如儒者動輒以「堯舜」、以「三代以來」作為現實世界的參照項及目標，即是這種心態表現在學說中的具體論證要素。[2]但如果我們暫且擱置上述觀點中，可能會有「設

---

[1] 此處所區分的「三個世界觀」，是依「主體」所發的態度而定。勞思光先生云：「蓋主體性本意味『主體自由』，儒學就事以實現理，化成中透露健動不息之自由；佛教教義則發般若以撤消萬有，捨離中透露靜斂無漏之自由；老子則由觀『反』而駐於近乎捨離之境界；其所透出之主體自由雖亦近乎靜斂，但反射經驗界中，欲生出一支配經驗界之力量。」其中，莊子又接續老子一系之觀點，往「觀賞世界」、強調「情意我」之方向而發展。請參：勞思光：《新編中國哲學史（一）》（臺北：三民書局，1997 年），頁 243、278。

[2] 黃俊傑師曾指出儒家人物通過「歷史敘述」，從中索求永恆之「道」或「理」，不過他也指出「被敘述的歷史事實（reality）與儒家敘述者的思考邏輯之間如果不是互相矛盾，至少呈現巨大的落差而使兩者有其緊張性」。而此種緊張性的產生與儒者對於古之「道」的信仰有關。因此，論述美好的「古代」，只是為了彰顯今日的「不道」，黃先生將此種論述的方式，稱之為「反事實思考方式」（counterfactual mode of

計論」與「反事實思考」的傾向，我們將可發現，儒家學問似乎帶有些許的「樂觀主義」。不過，這並非意味著儒家過份地天真，以致一廂情願地相信不費吹灰之力，「聖人之道」即能實踐於此世之中。他們反而是深體其間的困難，因而發出「道不行，乘桴於海」（《論語・公冶長》）的慨嘆。進而瞭解客觀的現實限制，對於實現「道」的障滯作用。是以「子曰：道之將行也與，命也；道之將廢也與，命也；公伯寮其如命何？」（《論語・憲問》）。然而，是否因此儒家就倒向了「命定論」的主張裡，其實也不然。因為他們雖然意識到客觀限制對於「道」之能行與否，具有決定性的作用，可是他們也意識到「道」之「應行」乃為「人」的是非抉擇。[3]「人」不可輕易丟失其「行道」的責任。於是，儘管「人間正道是滄桑」，儒者也會在「義所當為」的信念中，「知其不可為而為之」。

　　誠如前述所指出的，儒家一方面相信「道」終將有實踐的一天，但另一方面，他們也意識到人間的諸種客觀限制是

---

thinking）。另外，陳弱水先生也認為儒家動輒以古聖王為理想，來論述「政治力量」與「社會秩序」的關係之思考方式，乃是「涵有某種特殊方式的『設計論』傾向」。黃俊傑先生之說，請見：氏著：〈儒家論述中的歷史敘述與普遍理則〉，《臺大歷史學報》第 25 期（臺北：國立臺灣大學歷史系，2000 年 6 月），頁 7-9，尤其請注意頁 8。陳弱水先生之說，請見：氏著：〈「內聖外王」觀念的原始糾結與儒家政治思想的根本疑難〉，《史學評論》第三期（臺北：華世出版社，1981 年 3 月），頁 102-104。

[3] 請參勞思光：《新編中國哲學史（一）》，頁 137。

「道」難以實現的主要原因,因此,在「知其不可爲而爲之」的果敢之中,其行動並非是一種無意識的盲動。他們亦當會設法掃除阻礙「行道」的各種因素,以營造一有利「道行」的環境。關於這一點,我們從先秦以來的儒者行誼,或諫諍當道,或以身殉道等的表現,即可明白儒者的「用心」了。而值得我們注意的是,「闢異端」之說即是儒者「行道」的重要工作之一。甚至有時會成爲最主要的一項工作。揆度其因,當與儒者自認爲是繼「聖人之道」的佈教者有關。因爲,聖人所傳之道,既然爲儒者所特別獨享,且必須持之以踐履於世,則任何違逆「聖人之道」的言說與理論,必將是「害道」的因素之一了。而作爲佈教者的儒家人物,若不能執行此一廓清的工作,豈不有愧於「聖人」之教嗎?是以「闢異端」乃成爲儒者的一項緊要任務了。孔子在《論語・爲政》即提出:[4]

攻乎異端,斯害也已

孔子在這一段極精簡的言論中,只指出了「異端」有害的說法,但並未明指「異端」爲何?也未指出所「害」爲何?但在《孟子・滕文公下》的一段長文,便明確地解答了孔子所未明白說出的對象了,由於這段文字與本文論述,極爲相

---

[4] 劉寶楠撰,高流水點校:《論語正義》(北京:中華書局,1998 年),〈爲政・16〉,頁58。

關，特引錄如下：[5]

> 公都子曰：「外人皆稱夫子好辯，敢問何也？」孟子
> 曰：「我豈好辯哉？予不得已也。天下之生久矣，一
> 治一亂。當堯之時，水逆行，氾濫於中國，蛇龍居
> 之，民無所定；下者為巢，上者為營窟。《書》
> 曰：『洚水警余。』洚水者，洪水也。使禹治之。禹
> 掘地而注之海，驅蛇龍而放之菹；水由地中行，江、
> 淮、河、漢是也。險阻既遠，鳥獸之害人者消，然後
> 人得平土而居之。堯舜既沒，聖人之道衰，暴君代
> 作，壞宮室以為汙池，民無所安息；棄田以為園囿，
> 使民不得衣食。邪說暴行又作，園囿、汙池、沛澤多
> 而禽獸至。及紂之身，天下又大亂。周公相武王伐
> 紂，伐奄三年討其君，驅飛廉於海隅而戮之，滅國者
> 五十，驅虎、豹、犀、象而遠之，天下大悅。《書》
> 曰：『丕顯哉！文王謨！丕承者，武王烈！佑啟我後
> 人，咸以正無缺。』世衰道微，邪說暴行作，臣弒其
> 君者有之，子弒其父者有之。孔子懼，作《春秋》，
> 《春秋》，天子之事也；是故孔子曰：『知我者其惟
> 《春秋》乎！罪我者其惟《春秋》乎！』聖王不作，
> 諸侯放恣，處士橫議，楊朱、墨翟之言盈天下。天下
> 之言不歸楊，則歸墨。楊氏為我，是無君也；墨氏兼

---

[5] 焦循撰，沈文倬點校：《孟子正義》（臺北：文津出版社，1988 年），
〈滕文公下・9〉，頁 446-461。

愛，是無父也。無父無君，是禽獸也。公明儀曰：
『庖有肥肉，廄有肥馬；民有飢色，野有餓莩，此率
獸而食人也。』楊墨之道不息，孔子之道不著，是邪
說誣民，充塞仁義也。仁義充塞，則率獸食人，人將
相食。吾為此懼，閑先聖之道，距楊墨，放淫辭，邪
說者不得作。作於其心，害於其事；作於其事，害於
其政。聖人復起，不易吾言矣。昔者禹抑洪水而天下
平，周公兼夷狄，驅猛獸而百姓寧，孔子成《春秋》
而亂臣賊子懼。《詩》云：『戎狄是膺，荊舒是懲，則
莫我敢承』，無父無君，是周公所膺也。我亦欲正人
心，息邪說，距詖行，放淫辭，以承三聖者；豈好辯
哉？予不得已也。能言距楊墨者，聖人之徒也。」

　　在這段文字中，我們可以很明顯地看到，孟子是以繼前
賢往聖的自我期許，來爲其「好辯」找到一個合法性的理由。
值得注意的是，孟子所歷數的聖人事業，除了孔子外，其他
的人物大抵是從「王者」業的事功入手，以論述其所謂的「先
聖之道」。因此，與孔子的「立言」層次，似乎大不相同，
然則孟子何能將其打倂歸一，統而述之呢？要釐清此一問
題，也許我們從「儒學」成爲一個「學派」的角度著眼，或
可論略其間之義涵。

　　首先，儒家從孔子之後，形成一個相當可觀的「學派」
是無庸置疑的，不管孔子是否有意識地要形成一個學說宗
派，都不影響其後的發展是走向「學派」之途。而走上「學
派」之途後，儒家理想中的「典範人物」，自始即以古代聖

王「堯舜」爲依歸。這當與儒學積極用世的性格有關，是以古史相傳中的人間帝王，乃被儒家人物加以美化與歌頌。取之與先秦其他家派相較，諸子們對於「堯舜」的形象雖有一定的評價，然大抵不若儒家的評價之高。而且值得注意的是，堯舜在先秦諸子的眼中，是以其在政治文化上的功績而著稱，由是則堯舜具體的外王事功，乃成爲歷代儒者永恆的矩範。

其次，「堯舜」等的「典範人物」之表現爲外王事功，自有其客觀條件的時機問題，可是成爲「學派」的儒者，雖然也想努力地開創有利的局勢，但畢竟「莫之爲而爲者，天也。莫之致而至者，命也」(《孟子·萬章上》)。孔孟一生的奔波並不能在具體的事功中，顯現其效。於是退而與弟子講學，乃不約而同地成爲孔孟的共同歸宿。此一歸宿則直接促使儒學「學派」之發展成爲必然之途。

所以，以之檢視〈滕文公下〉的文字，我們不難發現當客觀的時機是「世衰道微、邪說暴行作」的時候，孔孟只能採取作《春秋》或「閑先聖之道，距楊墨，放淫辭」等的消極應世之道，來加以繼承先聖的志業，而非是更爲具體的用世作爲。不過，據此而論，我們卻可明白孔孟相信只要是可能違反「堯舜」等先聖之道的言論，必然會在「作於其心，害於其事；作於其事，害於其政」的情形下，毀壞人間世的「倫」、「制」。因此，不得不將之視爲「異端」而加以攻伐。而被視爲「異端」的學說，即是流行於當時的「楊朱墨翟」之說。事實上，從孟子批評他們的言論會有導向「無父無君」的可能，便可充分說明孟子評論一個學說是否爲「異端」的

主要依據，恐怕正是著落在「倫」、「制」等的外王事業上了。

　　然而，有趣的是，儒家關除「異端」的任務，並未因為孔孟的努力，便宣告結束。自漢代之後，居於宗主地位的儒學，卻無時不在與「異端」的奮鬥中，過了時日。相對於孔孟與「楊墨」之爭「君」、「父」的「權分」責任，[6]宋儒所面對的「異端」挑戰，卻是源自「佛」教在學說內涵的深刻，以及其「捨離世界觀」所可能帶來的思想危害，啟動了儒者「護教」的心靈。其實，早在唐代韓愈便已發其端緒，在〈與孟尚書書〉一文中，韓愈辭旨懇切，力闢「異端」之害，以匡正聖道，其言：[7]

　　　　向無孟氏，則皆服左衽而言侏離矣。故愈嘗推尊孟氏以為功不在禹下者，為此也。漢氏已來，群儒區區修補，百孔千瘡，隨亂隨失，其危如一髮引千鈞，綿綿延延，寖以微滅。於是時也，而唱釋老於其間，鼓天下之眾而從之。嗚呼！其亦不仁甚矣！釋老之害，過於楊墨，韓愈之賢，不及孟子，孟子不能救之於未亡之前，而韓愈乃欲全之於已壞之後。嗚呼！其亦不量其力且見其身之危，莫之救以死也。雖然，使其道由

---

[6] 孟子之責楊墨為「無父無君」，正反襯出孟子繼承了孔子「君君、臣臣、父父、子子」的「權分哲學」立場。請參勞思光：《新編中國哲學史（一）》，頁 123-125。

[7] 姚鼐輯，王文濡校註：《大字本評註古文辭類纂》（臺北：華正書局，1982 年），卷二十八〈書說類・五〉，頁 787。

愈而粗傳，雖滅死，萬萬無恨。天地鬼神，臨之在
上，質之在旁，又安得因一催折，自毀其道以從於邪
也。籍湜輩雖屢指教，不知果能不叛去否？辱吾兄眷
厚，而不獲承命，惟增慚懼，死罪死罪，愈再拜。

韓愈自況於孟子闢楊墨的志業，也想以斥佛老爲其終身
的目標。不過，韓愈終究是長於文辭之業，思想的辨析非其
所擅，所論也僅止於常識的判斷，是以闢佛老的志業，不得
不待之宋儒的努力。

佛教自隋唐之後，大盛於中土，尤其在天臺、華嚴、禪
三宗立後，更是擄獲了當時中國知識份子的心靈。但以其「因
緣」教法的原則，世界爲幻的判準，大異於儒者成德之教的
「化成世界」，於是儒者再起「闢異端」的運動。細審宋明
儒者闢佛之說甚夥，但舉明道、朱子、象山、陽明爲例以明
之。伊川曾於〈明道先生行狀〉中指出：[8]

謂孟子沒而聖學不傳，以興起斯文爲己任。其言曰：
「道之不明，異端害之也。昔之害近而易知，今之害
深而難辨。昔之惑人也，乘其迷暗；今之入人也，因
其高明。自謂能窮神知化，而不足以開物成務。言爲
無不周遍，實則外於倫理；窮深極微，而不可以入
堯、舜之道。天下之學，非淺陋固滯，則必入於此。

---

[8] 程顥、程頤撰：《二程集》（臺北：漢京文化事業股份有限公司，1983
年），〈河南程氏文集卷第十一〉，頁638。

自道之不明也，邪誕妖異之說競起，塗生民之耳目，溺天下於汙濁；雖高才明智，膠於見聞，醉生夢死，不自覺也。是皆正路之蓁蕪，聖門之蔽塞，闢之而後可以入道。」

此段伊川引明道語的內容，正是承自孔孟「攻異端」、「闢邪說」的傳統而來。當然，明道此時的批判深度已與韓愈時代不可同日而語了。明道很清楚地依儒學之道德實體，直探佛教緣起性空之教義，其批判的力道，也才不致落空。[9]在《河南程氏遺書卷第一》〈端伯傳師說〉中，明道與韓持國的對話即充分展現其論點：[10]

---

[9] 牟宗三先生云：「明道即根據此道體性體之天理實體直下從體上判儒佛。此天理實體是能起道德創造、宇宙生化之創造真幾，亦是貞定萬事萬物使萬事萬物有真實存在之自性原則。此是支撐萬物挺立宇宙之剛骨。自此立定，自不能贊成『緣起性空』之如幻如化。」其說相當清楚地說明明道的判儒佛，乃是從「體」上言，是以其批判才是直指問題之核心；而與之前的韓愈、李翱等人的層次有了不同。詳細論證，請參：牟宗三：《心體與性體（一）》（臺北：正中書局，1989 年），〈第一部：綜論〉，頁 75-78。另外，朱子很早就看到退之的問題，所以他說：「韓退之、歐楊永叔所謂扶持正學，不雜釋老者也。然到得緊要處，更處置不行，更說不去。便說得來也拙，不分曉。緣他不曾去窮理，只是學作文，所以如此。」請見：黎靖德編，王星賢點校：《朱子語類》（臺北：華世出版社，1987 年），第八冊，頁 3276。

[10] 程顥、程頤撰：《二程集》，〈河南程氏遺書卷第一〉，頁 1。

伯淳先生嘗語韓持國曰：「如說妄說幻為不好底性，則請別尋一箇好底性來，換了此不好底性著。道即性也。若道外尋性，性外求道，便不是。聖賢論天德，蓋謂自家元是天然完全自足之物，若無所污壞，即當直而行之；若小有污壞，即敬以治之，使復如舊，所以能使如舊者，蓋為自家本質元是完足之物。若合修治而修治之，是義也；若不消修治而不修治，亦是義也；故常簡易明白而易行。禪學者總是強生事。至如山河大地之說，是他山河大地，又干你何事？至如孔子，道如日星之明，猶患門人未能盡曉，故曰『予欲無言』。如顏子，則便默識，其他未免疑問，故曰：『小子何述』，又曰『天何言哉？四時行焉，百物生焉』，可謂明白矣。若能於此言上看得破，便信是會禪，也非是未尋得，蓋實是無去處說，此理本無二故也。」

此中論「直而行之」「敬以治之」，即是從「敬以直內」入手，透過反身而誠的工夫，使道德意識的顯發透指道德實體的真實，以破除佛學之「因緣」說。一如論者所指出的，明道在言說中或許亦未能窮盡佛學旨意的幽微處，但他在大根底的把握上，並無漏失，故其判儒佛乃成為日後宋明儒批佛之軌範。[11]

---

[11] 牟宗三先生說：「而明道此判別則直從『秉彝』之『殄滅不得』以及

　　此外，被目爲「別子爲宗」的宋代理學大師──朱熹，亦曾就佛老之學危害聖人之道的傳佈，提出批判。在《朱子語類》中，載記了幾段極有意思的評論，其言：[12]

> 問：「程子曰：『佛氏之言近理，所以害甚於楊墨。』看來爲我疑於義，兼愛疑於仁，其禍已不勝言。佛氏如何又卻甚焉？」曰：「楊墨只是硬恁地做。佛氏最有精微動得人處，本朝許多極好人無不陷焉。」如李文靖王文正謝上蔡楊龜山游先生諸人。

又云：[13]

> 「攻乎異端」章。曰：「楊氏爲我，『拔一毛而利天下不爲』；墨氏兼愛，至不知有父。如此等事，世人見他無道理，自不去學他。只如墨者夷之厚葬，自打不過，緣無道裡，自是行不得。若佛氏則近理，所以惑人。此事難說，觀其書可見。」

『敬以直內，義以方外』之道德意識與道德意識中之道德實體來照察出佛教之緣起性空、苦業生死之說爲不澈，此皆大界限不謬者也。明道之判別尤爲後來之規範，大抵不出其範圍。」請見：牟宗三：《心體與性體（二）》（臺北：正中書局，1985 年），〈第三部 ·分論二　明道、伊川與胡五峰〉，頁 90。

[12] 黎靖德編，王星賢點校：《朱子語類》第二册，頁 587。

[13] 同上註。

　　比觀程子與朱子的論述，我們當可發現一個有趣的事
實，此即「楊墨」作為先秦儒者眼中的「異端」而言，其弊
在於「倫」、「制」的破壞，但其理尚難與儒家成德之學爭鋒。
是以「楊墨」之言雖然盈天下，但以較深刻的學理來加以批
判，其功當可立見效驗。我們試觀自漢以後，儒學定為一尊，
應非一時一代之努力，所能臻此境地。而孟子之闢異端之
學，當是促成儒學由先秦入漢的關鍵時刻間，尚能保有一爭
長短的學術本錢的原因之一，因為孟子在「心性論」理論層
次的精深，突顯了楊墨之說的不足。可是到了宋代的「異端」
──「佛」氏之學，其言論受到帝王信任的程度，已非白馬
東來之際所能比擬，故呈現出君臨天下的氣勢；再者，其論
說又經東漢末年以來的「格義」與「立宗樹教」之創新，[14]而
顯理深而思精。因此，擺在宋明儒眼前的維護聖人之教的任
務，則欲發顯得艱困而難成，甚至在一念之間就可能被「異
端」吸引過去。朱子在〈戰國漢唐諸子〉的討論中，即指出
這樣的可能性，他說：[15]

---

[14] 「格義」的發展，其實是一件很重要的事。倘使佛學沒有經過「借用」
傳統中國學術詞彙的階段，則能否由此而開發出一套新的且符合中國人
思維方式的「佛學」體系，相信是未定之天的。是以，當其經過與中國
傳統學術詞彙的相摩相盪，新的契機才有可能出現。
[15] 黎靖德編，王星賢點校：《朱子語類》第八冊，卷第一百三十七，〈戰
國漢唐諸子〉，頁 3274。

及唐中宗時有六祖禪學，專就身上做工夫，直要求心見性。士大夫才有向裏者，無不歸他去。韓公當初若早有向裡底工夫，亦早落在中去了。

其說雖是假設韓愈事，但現實的情況則是儒者倒戈之實。因此，宋儒最大的挑戰，恐怕就是重建儒家「心性論」的深度，以便能與佛氏之言爭長短、爭千秋了。緣此之故，我們看到宋儒轉向以「內聖之學」爲主要的討論重點，實在是不得不爾的發展。當然，從宋明儒的著作中，也可以發現他們的努力沒有白費，「談心論性」的孟學傳統，配合上《大學》、《中庸》的翼輔，儒家「心性論」的再建構，拉回了知識份子的自信心。自此之後，佛學的挑戰雖然不曾間斷，但對儒者而言，「闢異端」的階段任務，已然完成。

另外，在學說立場上與程朱針鋒相對的陸王，也有相當的「闢佛」之說，但是在態度上，似乎不若程朱在言詞上表現得那麼激切，甚至象山不用「異端」之名，套用在「佛老」之上，在〈與薛象先書〉中，即說：「尚同一說，最爲淺陋，天下之理，但論是非，豈當論同異。況異端之說，出於孔子，今人鹵莽，專指佛老爲異端。不知孔子時固未見佛老，雖有老子，其說亦未甚彰著。夫子之惡鄉原論，孟中皆見之，獨未見排其老氏，則所謂異端，非指佛老明矣。」[16]象山此說看似爲佛老之被視爲異端叫屈，毋怪時人批評他近禪。然而

---

[16] 陸九淵撰，王宗沐編，楊家駱主編：《陸象山全集》（臺北：世界書局，據明嘉靖江西刊本校印，1990 年），卷十三〈書〉，〈與薛象先〉，頁 113。

象山持守儒釋之分的立場，未必減少朱子幾分，在〈與王順伯書〉中，我們即可看到他鮮明的儒家立場，他說：[17]

> 某嘗以義利二字判儒釋，又曰公私，其實即義利也。儒者以人生天地之間，靈於萬物，貴於萬物，與天地並而為三極。天有天道，地有地道，人有人道，人而不盡人道，不足與天地並。人有五官，官有其事，於是有是非得失，於有教有學；其教之所從立者如此，故曰義曰公。釋氏以人生天地間，有生死、輪迴、有煩惱，以為甚苦，而求所以免之。其有得道明悟者，則知本無生死、本無輪迴、本無煩惱，故其言曰「生死事大」；如兄所謂菩薩發心者，亦只為此一大事。其教之所從立者如此，故曰利曰私。惟義惟公故經世，惟利惟私故出世。儒者雖至於無聲無臭，無方無體，皆主於經世。釋氏雖盡未來際普度之，皆主於出世。今習釋氏者，皆人也。彼既為人，亦安能盡棄吾儒之仁義。彼雖出家，亦上報四恩，日用之間，此理之根諸於心而不可泯滅者，彼固或存之也。

在這段文字中，象山以著肯定「此世」的儒家基本立場，強調「經世」，並判之曰「公」，至於釋氏的立場，則從其「出世」角度，評之為「私」。由此可知，象山其實相當明白地堅持儒佛之不同。

---

[17] 同上註，卷二〈書〉，〈與王順伯〉，頁 11。

繼承象山學方向的王陽明，同樣受人批評近禪，但一如象山之分判儒佛，陽明也是相當清楚其間之分際，雖然他亦曾與佛、道之士往來，但是並沒有撼動其儒者嚮往「聖學」的理想，也沒有改變其「淑世濟民」的「入世」的立場。在〈重修山陰縣學記〉中，陽明說：[18]

> 嗚呼！心學何由而復明乎？夫禪之學與聖人之學，皆求盡其心也，亦相去毫釐耳。聖人之求盡其心也，以天地萬物為一體也。吾之父子親矣，而天下有未親者焉，吾心未盡也；吾之君臣義矣，而天下有未義者焉，吾心未盡也；吾之夫婦別矣，長幼序矣，朋友信矣，而天下有未別、未序、未信焉，吾心未盡也。吾之一家飽暖逸樂矣，而天下有未飽暖逸樂者焉，其能以親乎？義乎？別、序、信乎？吾心未盡也；故於是有紀綱政事之設焉，有禮樂教化之施焉，凡以裁成輔相、成己成物，而求盡吾心焉耳。心盡而家以齊，國以治，天下以平。故聖人之學不出乎盡心。禪之學非不以心為說，然其意以為是達道也者，固吾之心也，吾惟不昧吾心於其中則亦已矣，而亦豈必屑屑於其外；其外有未當也，則亦豈必屑屑於其中。斯亦其所謂盡心者矣，而不知已陷於自私自利之偏。是以外人

---

[18] 王陽明著，吳光、錢明、董平、姚延福編校：《王陽明全集》（上海：上海古籍出版社，1992 年），卷七〈文錄四　序　記　說〉，〈重修山陰縣學記〉，頁 257。

> 倫，遺事物，以之獨善或能之，而要之不可以治家國
> 天下。蓋聖人之學無人己，無內外，一天地萬物以為
> 心；而禪之學起於自私自利，而未免於內外之分；斯
> 其所以為異也。今之為心性之學者，而果外人倫，遺
> 事物，則誠所謂禪矣；使其未嘗外人倫，遺事物，而
> 專以存心養性為事，則固聖門精一之學也，而可謂之
> 禪乎哉！

　　陽明也是從「公私」的角度，批評釋氏之「心」學，無法真正體貼「天地萬物一體」、「成己成物」的終極關懷，是以終究只是背離世界，外於人倫的「異」學，而非落實於人世間的聖人之學。因此，我們可以看到既或對於儒門義理型態的理解，各有主張，但是程朱陸王之合力拒斥釋氏之言的立場，並無二致。

　　不過，歷史的軌跡，有時卻是相當地弔詭，宋明儒之努力與異端奮鬥的成果，帶來了儒學在宋明兩代的高度發展，其功應如孟子一般。可是時移清季，「闢異端」的宋明儒學，卻反被清儒打為「異端」，這令人不得不驚訝於歷史的演變，是如此地不可思議，也叫終身以恢復「聖學」為職志的宋明儒者，情可以堪。其實，早在宋代，朱子便曾注意到論述「異端」時，如果從「理」上言，則「楊墨佛老」未必可將「異端」之名，概括承受。其言：[19]

---

[19] 黎靖德編，王星賢點校：《朱子語類》，頁586。

攻者，是講習之謂，非攻擊之攻。這處須看他如何是
異端，如何是正道。異端不是天生出來。天下只是這
一個箇道理，緣人心不正，則流於邪說。習於彼，必
害於此；既入於邪，必害於正。異端不止是楊墨佛
老，這箇是異端之大者。

　　所以在宋代儒者的眼中，「異端」本非單指某些特定對
象的名詞，舉「楊墨佛老」只因其乃「異端」中之大者，只
不過諷刺的是朱子的這個較為彈性的看法，不只不幸而言
中，更且在清儒的批評下，宋明儒者反倒戴上了「異端」的
帽子。而且清儒的批判之猛烈，不下於宋明儒之排佛老的言
論，甚至有過之而無不及。檢討這種奇怪的發展，我們除了
可從一些歷史的外緣問題來加以說明外，我認為清儒要從宋
明儒手上，爭取儒門「正統」的同室操戈，恐怕才是其中最
深沈的一項主因。

　　事實上，「爭正統」的行為，在一個「學派」的發展過
程中，本來就是一件相當常見且不可避免的事。而且值得注
意的是，此種「爭正統」所帶來的衝突，往往比外來學派之
挑戰，更顯得激烈，其影響也更為深遠，也因其可能的影響
甚大，是以衝突中的雙方，乃以最嚴厲的方式，互斥對方為
「異端」。《莊子・天下》的一段文字，就很適切地說明了學
派內部的同室操戈之情況，其云：「相里勤之弟子五侯之徒，
南方之墨者苦獲、已齒，鄧陵子之屬，俱誦《墨經》，而倍
譎不同，相謂別墨；以堅白同異之辯相訾，以觭偶不仵之辭
相應；以巨子為聖人，皆願為之尸，冀得為其後世，至今不

決。」[20]其中所謂的「相謂別墨」，即是互指對方爲非正統之意。而有趣的是，他們所據以爲判教的經典，還是同一部。因此，在經典詮釋有各自體會的情形下，分出一個「正統」的統緒，應當是學派中常有的事。只不過，此一「砲口向內」的爭正統過程所付出的代價，也常常是相對地慘烈。

　　當然，清儒之與宋明儒爭儒門之「正統」，自是有其亡國經驗的切膚之痛，是以其批評常常是從痛切的情緒中，反映到文字上的激烈，這在清初儒者的文章中，隨處可得，且不難理解其因。可是到了清中葉後，學者的批評力道不僅沒因時間的淘洗而減弱，反而更加地強烈，這就不得不讓我們從「爭正統」的「學派」發展來加以思考了。底下即試以顧炎武、顏元、凌廷堪、阮元等人的批評，說明此間之發展概況。

　　基本上，宋明儒學的發展以「程朱」、「陸王」爲兩大主軸，雖然其間互有隱顯，然兩輪發展的態勢，不因任何一派的勝出而有改變。只是兩代之學由陽明之後，陸王學在當代的儒門之中，取得了優勢的地位。然而，福兮禍之所倚，成爲學壇祭酒的王學，在明亡的歷史經驗裡，被知識份子視爲是最大的主因，其中尤以「四無」教法，所引發的「空談心

---

[20] 事實上，像墨者此種有類於準宗教團體式的學派，強調是否是「正統」，對於掌握該學派有絕對的關係，是以「相謂別墨」的產生，一點也不令人感到意外。莊子文，見郭慶藩輯：《莊子集釋》卷十下，〈天下〉，頁 1079。

性」,更是爲人所訾議。[21]一時之間,所有批判的矛頭,直指王學而來。甚至連程朱之學亦不免遭波及。於是乃形成「清儒」對「宋明儒」全面挑戰的新局面。清初顧炎武的批評,其實已隱然爲中葉時期的學者,開出一條力斥宋明儒學的道路。在〈朱子晚年定論〉中,顧炎武嚴厲批評王學末流,甚至直斥陽明乃是背後之禍源。[22]

關於清初批判王學末流的文字,實是不勝枚舉,如顧炎武上述觀點者,不在少數。但這些評論仍只將焦點鎖定在陽明學上,至於顏元,則已擴及到針對全面宋明儒學的批判,在〈存人編卷二·喚迷途·第四喚〉中,顏元就說:[23]

---

[21] 有關「四無」教法一事,從「天泉橋」師生問答之後,直接討論的文獻甚多,大抵可看出陽明對於汝中所提的教法許以為「利根之人」的教法,但卻要汝中不可輕易示人。但陽明去世後,汝中並未遵照師說所囑,仍然大肆宣傳其說,以致引來日後的諸多責難。其中,以東林學派人士的攻詰最力。如顧憲成即云:「所謂無善無惡,離有而無邪?即有而無邪?離有而無,于善且薄之而不屑矣·何等超卓!即有而無,于惡且任之而不礙矣,何等脫灑!是故一則可以抬高地步,為談玄說妙者樹標榜,一則可以放鬆地方,為恣情肆欲者決堤防。宜乎君子小人咸樂其便,而相與靡然趨之也。」請見:顧憲成撰,馮從吾校對:《小心齋劄記》(臺北:廣文書局,1975 年),頁 84。

[22] 顧炎武著,徐文珊點校:《原抄本顧亭林日知錄》(臺北:文史哲出版社,1979 年),卷二十,〈朱子晚年定論〉,頁 538-539。

[23] 顏元著,王星賢、張芥塵、郭征點校:《顏元集》(北京:中華書局,1987 年),〈存人編〉卷二,頁 136。

三代後，唐之昌黎，宋之程、朱，明之陽明，皆稱吾儒大君子，然皆有與賊通氣處，有被賊瞞過處，有夷、蹠結社處，有逗遛玩寇處，今略摘一二，與天下共商之；非過刻也，恐佛氏借口，與儒之佞佛者倚以自解也。……周子《太極圖說》已多了無極二字。極乃房上脊檁，是最上之稱，又加以太字，是就無可名處強指之矣，又何所謂無極乎？至其言性，又不合加一惡字，故程、朱由此皆誤言氣質有惡，又言氣質為吾性害，是即為六賊之意浸過儒道分界矣。朱子盡力與象山辯無極二字，是即為佛之空，老之無隱蔽矣。至程子作詩，說「道通天地有形外，思入風雲變態中」，又云「隔斷紅塵三十里，白雲紅葉兩悠悠」。朱子動輒說氣質雜惡，動輒說法門。陽明近禪處尤多。習俗移人，賢者不免。所謂與賊通氣者，此也。

　　姑且不論顏元對於宋明儒的學問，是否有的當的理解，從其一竿子打翻一船人的作法，我們應可嗅出清與宋明兩個階段的儒者，其壁壘分明的發展，已是不可避免的趨勢。[24]
　　上述清初的二家之說，言雖激切，但是在亡國經驗的痛苦情緒中，心理因素壓過理智的認知判斷，是以其批宋明儒的言論，雖或不無所見，然大抵在「理」上的論說，顯得較為浮泛。因此，引動一時風潮的動力，未必在儒門的判教上，

---

[24] 清初儒者對於宋明儒的批評，確實是帶有相當的情緒，是以就理論層次而言，清儒與宋明儒的辯論，實是兩條平行線。

能夠克竟其功。可是乾嘉之後學者與宋明儒爭「正統」的言論，逐漸增強，於是「異端」之名，便著落在「宋明儒」之上了。舉其著者戴震，凌廷堪、阮元咸有是論。在《孟子字義疏證》卷上，「理」字條下，戴震即云：[25]

> 宋儒出入於老釋，故雜乎老釋之言以為言。……人知老、莊、釋氏異於聖人，聞其無欲之說，猶未之信也；於宋儒，則信以為同於聖人；理欲之分，人人能言之。……嗚呼！雜乎老釋之言以為言，甚禍甚於申韓如是也！

同條又云：[26]

> 程子朱子就老、莊、釋氏所指著，轉其說以言天理，非援儒入釋，誤以釋氏之言雜入於儒者；陸子靜王文

---

[25] 戴震：《戴震全集（第一冊）》（北京：清華大學出版社，1991年），《孟子字義疏證卷上》「理」，頁161。

[26] 同上註，頁166。同條又云：「陸子靜王文成諸人同於老、莊、釋氏而改其毀訾仁義者，以為自然全乎仁義，巧於伸其說者也。程子朱子尊理而以為天與我，猶荀子尊禮義以為聖人與我。謂理為形氣所污壞，是聖人而下形氣皆大不美，即荀子性惡之說也；而其所謂理，別為湊泊附著之一物，猶老、莊、釋氏所謂『真宰』、『真空』之湊泊附著於形體也。理既完全自足，難于言學以明理，故不得不分理氣為二本而咎形氣。蓋其說雜糅傳合而成，令學者眩惑其中，雖《六經》、孔孟之言俱在，咸習非勝是，不復求通。嗚呼，吾何敢默而息乎！」，頁167。

　　成諸人就老、莊、釋氏所指著，即以理實之，是乃援
儒以入於釋者也。

　　從這兩條文獻看來，戴震與顏元一樣，對於宋明二代流
行的儒者之論，均視爲離聖人之教日遠，或是襲聖人之外
衣，而內以「異端」之實。當然，關於戴震反對宋明儒的言
論，已非初期言說的浮泛。他其實已經有一套「哲學立場」
來反對，[27]所以其批評的深度，背後有完整的理論系統來支
撐，斷非心理情緒的反彈而已。另外，嘉道之後的學者也持
續此一批判宋明儒的事業。例如凌廷堪在〈復禮〉下，就說：
[28]

　　　後儒熟聞夫釋氏之言心言性，極其幽深微眇也，往往
　　　怖之，愧聖人之道以為弗如。於是竊取其理事之說而
　　　小變之，以鑿聖人之遺言。曰：「吾聖人固已有此幽
　　　深微眇之一境也。」復從而闢之曰：「彼之以心為
　　　性，不如我之以理為性也。」嗚呼！以是為尊聖人之
　　　道，而不知適所以小聖人也。以是為闢異端，而不知
　　　陰入於異端也。誠如是也，吾聖人之於彼教，僅如彼
　　　教性相之不同而已矣，烏足大異乎彼教哉，儒釋之互
　　　援，實始於此。

---

[27] 有關戴震批評宋明儒之說的理論架構，請參本書第三章：〈第三章：
乾嘉義理學中的「具體實踐」〉。
[28] 凌廷堪著，王文錦點校：《校禮堂文集》（北京：中華書局，1998 年），
卷四〈復禮下〉，頁 31。

在〈好惡說〉下，更將宋明儒視同禪學。他說：[29]

> 鄙儒執洛閩以與金谿爭，或與陽明爭，各立門戶，交
> 詬不已。其於聖學，何嘗風馬牛乎？明以來，講學之
> 途徑雖多，總之不出新安、姚江二派，蓋聖學為禪學
> 所亂，將千年矣。

所以凌延堪乃挺身而出，以闢異端之學。他說：「今試
為指出之，亦不敢有功於聖學，聊以扞禦異端，不使侵我六
經而已」。[30]

阮元則繼承清初批判王學的立場，在〈孟子論仁論〉中
直言「陽明宗旨，直是禪學」[31]，又云：[32]

> 由釋而禪，其樞紐又在達摩、慧能之間。後儒不溯而
> 察之，所以象山、陽明、白沙受蓮社、少林之給而不
> 悟矣。

從上引次仲、芸臺之論，我們更是清楚地看到「清儒」
與「宋明儒」已然分成兩大集團，此種趨勢也就是開啓了嘉、

---

[29] 同上註，卷十六，〈好惡說下〉，頁143。

[30] 同上註。

[31] 阮元撰，鄧經元點校：《揅經室集》（北京：中華書局，1993年），〈一
集卷九〉，〈孟子論仁論〉，頁203。

[32] 同上註，頁204。

道之後，「宋學」與「漢學」之爭的序幕。錢賓四先生在《中國近三百年學術史》的〈自序〉中言：「嘉道之際，在上之壓力已衰，而在下之衰運亦見。漢學家正統如阮伯元焦里堂凌次仲皆途窮將變之候也。」[33]誠哉斯言。

因此，綜觀從先秦以迄明清的儒學發展史，我們可以發現此一「學派」的歷史，充滿著與「異端」爭勝的經驗，而且不止是與外家學說理論競爭，更且是自家人「同室操戈」的「爭正統」，以致互指爲「異端」之學的情事，也是所在多有。不過本文所關心的焦點，並非集中在於何時、何地、或何人取得了「正統」的優勢地位。本文關心的焦點，卻是在於此種競爭過程中，他們對於學派的「認同」問題。因爲學派的「認同」感受，是一個學派得以生成發展的基本動力，失去「認同感」，則學派作爲一個具有凝聚力的團體，亦將瓦解。然而，有了凝聚力，相對地也將產生「排他性」的可能。於是要求「凝聚力」，則「統屬」的模式必將隨之而來，所以有「正統」問題；而有了「排他性」，則在「非我族類，其心必異」的共同體式思維模式下，「異端」於焉產生。兩者相倚而生，「彼出於是，是亦因彼」。而且，值得我們再深入探究的是，清儒在此一判「正統」「異端」過程中的手段，即是透過「經典」的「認同」，以完成其分判的任務。此中所涉之問題，饒富「詮釋」趣味。再者，清儒對於「正統」與「異端」的分判行動，也是經過長時期的醞釀，才有可能

---

[33] 錢穆：《中國近三百年學術史》（北京：中華書局，1989 年），〈自序〉，頁 2。

在中葉之後，形成學群的集體意識，斷非憑空飛來。所以有關清初的討論，更顯得重要。因此，爲清楚剖析「正統」與「異端」背後可能蘊涵的詮釋意義，本文乃將以清初的「經典認同」爲例，試著梳理其間的問題與內涵。

三、清初的經典認同──三個方向的觀察

誠如前一節的討論所指出的事實，清儒與宋明儒爭勝的行動，要到中葉以後，才真正形構出鮮明的對立態勢。可是這個態勢的完成，其實有賴於初期儒者的作爲。因此，討論清初的判教活動，乃事屬必要。此所以本節要探討清初的「經典認同」之因。關於本節「經典認同」的分析，我將以「傳經譜系」的重構，說明清儒要針對韓愈以來，尤其是大成於宋明的「道統系譜」，加以對抗；以「經典文本」的辨僞工作，指出清儒要摧陷宋明儒「正統形象」的策略；最後，以「經典義理」的詮釋差異，釐清清儒在理論上的判教基準。

首先，就「傳經譜系」的問題而言：韓愈在〈原道〉篇中，首揭「道統」之傳的譜系，其言：[34]

> 曰：斯道也，何道也？曰：斯吾所謂道也，非向所謂老與佛之道也。堯以是傳之舜，舜以是傳之禹，禹以是傳之湯，湯以是傳之文武周公，文武周公傳之孔子，孔子傳之孟軻，軻之死不得其傳焉。

---

[34] 姚鼐輯，王文濡校註：《大字本評註古文辭類纂》卷二〈論辯類〉，頁62。

在這段話中，韓愈勾勒了一個清楚的傳道譜系，此即「堯、舜、禹、湯、文、武、周公、孔子、孟子」的系譜。其實韓愈之所以要提出一套傳道的系譜以對抗佛教，未必只是一個孤明獨發的偶然事件，像「古文家」李華在〈贈禮部尚書清河孝公崔沔集序〉中，雖是論文章之作，但卻也觸及到類似的問題。[35]因此，我們可以說此種強調「道統」的主張，在時人的心中，恐怕或多或少都會引發一些作用。余英時先生就認為這可能與「禪宗」也有一個「傳道系譜」的啓發有關。[36]其說是否中肯，自是另外一回事。事實上，也因

---

[35] 李華於〈贈禮部尚書清河孝公崔沔集序〉云：「文章本乎作者，而哀樂繫乎時，本乎作者，六經之志也。繫乎時者，樂文武而哀幽厲也，立身揚名，有國有家，化人成俗，安危存亡，於是乎觀之。宜於志者曰言，飾而成之曰文。有德之文信，無德之文詐。……夫子之文章，偃商傳焉，偃商歿而孔伋孟軻作，蓋六經之遺也。屈平宋玉，哀而傷，靡而不返，六經之道遯矣。」李華的這段文字，從文章創作的角度，說明了六經之旨的遯沒，自孟子後而絕。其說與韓退之的立場相近，此或為時人之共識。請見：董浩編，陸心源補輯拾遺：《全唐文及拾遺》（臺北：大化書局，1987 年），卷三一五，頁 1432。

[36] 余英時先生本陳寅恪先生之說，認為表面上韓退之的「道統說」是受《孟子》之啟發，但禪宗「教外別傳」的歷史，恐怕才是啟發的主因。另外，余英時又借退之的〈師說〉以論退之的「師弟」關係、「道之所存，師之所存」的想法，也與禪宗有緊密關係。其說頗可參考。請見：余英時：《中國近世宗教倫理與商人精神》，收入：氏著：《中國思想傳統的現代詮釋》（臺北：聯經出版事業公司，1987 年），頁 296-300。不

韓愈的提倡之後，儒者乃發覺原來在自家的學問中，也可找到一個與佛氏相抗衡的系譜，倒是可以肯定的事。這個發現，毋寧在某種程度上，加強了儒者對抗佛教的信心。

不過，問題也就出在這個系譜上，因為從此一系譜來看，孟子之後，儒學好像就已經中斷，不復存在了，一直要等到韓愈發現這個墜緒之後，儒學才相當詭異地復甦起來。可是揆諸史實，自漢之後，儒生與經生常常是構成當代知識份子的主要部分，如果將這些歷史上，曾經自許為儒門之徒的學者，一律判出儒門，則其引來的爭議，相信絕不會是春風拂面般的輕鬆。[37] 當然，宋明儒對於韓愈的這個發現，卻

過，陳榮捷先生對於將儒家「道統」說的出現，與禪宗之傳作聯想的作法，並不以為然，在《朱學論集》一書中，就嘗撰文，論述其非。其說乃著眼於儒門之哲學性的發展要求來看，並指出「理」即其要求之中心觀念，由此他論斷「進一步言之，即道統之觀念，乃起自新儒學發展之哲學性內在需要。于此吾人可知新儒學之整個觀念，乃建立在理之觀念上。程頤建基其本人哲學在理之上，朱子則致力奠定其整個新儒學系統在理之上。」其說頗能從一理論內部的要求，推導出學者表現於外在行為的言說抉擇上。請見：陳榮捷著：〈朱熹集新儒學之大成〉，收入：氏著：《朱學論集》（臺北：臺灣臺灣學生書局，1988 年），頁 14-18，尤其頁 17。

[37] 事實上，自退之提出此套「道統說」，且為宋明儒所接受而發揚之後，其引發的爭議，歷代不絕。即使以今天而言，新儒家對於「道統」的理解，雖與之前的作法有所不同，但強調以對於「心性」理解的程度，以作為得見「道統」與否的判斷，頗近於陸王一系的主張。余英時就曾批評此種作法「假途於超理性的證悟，而不是哲學論證」，請見：余英時：

是全盤地接受，並深加發揚，尤其是從「內聖外王」的方向，給予理論意味的推衍，更是令此一系譜，取得「正統」儒學的形象。

　　然而這套以「內聖之學」爲鵠的的「道統之傳」，在王學末流被叱爲「玄虛而蕩」、「情識而肆」的晚明時期，逐漸受到篤實的學者所不滿，於是另起「傳經譜系」以抗「傳道譜系」的作法，乃成爲學者護持儒門的辦法之一。萬曆年間，朱睦㮮作《授經圖》，就有如此之用心。在這部列出《易》、《書》、《詩》、《春秋》、《禮》的傳經表中，僅及於漢人，其目的正是要以之補孟子後而不傳的儒學之系譜。朱睦㮮的作法，清人李錫齡爲其〈授經圖總目〉作說明時，即明確地點出，他說：[38]

　　　　（朱睦㮮）少從睢陽許先遊，三月而盡其學。年二
　　　　十，通五經。起萬卷堂，讀書其中，嘗謂本朝經學，

〈錢穆與新儒家〉，收入：氏著：《猶記風吹水上鱗》（臺北：三民書局，1991 年），頁 70-81。其後，李明輝先生則又撰〈當代新儒家的道統論〉一文，反駁余英時的觀點，收入：氏著：《當代儒學之自我轉化》（臺北：中央研究院中國文哲研究所籌備處，1994 年），頁 149-173。另外，鄭家棟先生也撰有〈當代新儒家的道統論〉一文，取徑略異上述二說。請見：氏著：《當代新儒學史論》（南寧：廣西教育出版社，1997 年），頁 12-52。其實，相關的討論文章不止於此。因此，此一議題的討論，其後續的爭議，恐會因觀察的研究視角之不同，而延續下去。

[38] 請見：朱睦㮮：《授經圖》（臺北：新文豐出版公司），《叢書集成新編》，第十冊，頁 622。

> 一稟宋儒，古人經解，殘闕放失，乃訪求海內通儒，
> 繕寫藏弆，晚年遂著是編，名之曰授經圖。……宗正
> 是編，因章氏山堂考索中舊圖，重加釐正，師友淵
> 源，燦如星掌，大旨慮漢學之失傳，故所述列傳，至
> 漢而止。

朱睦㮮的這種作法，到了清初，也影響了當時的學者從考定「經學源流」入手，以重構所謂的「傳經系譜」。例如曾被黃宗羲責備過的萬斯同，[39]即曾撰有《儒林宗派》一書，詳述「諸儒授受源流」，而其時間即從孔子以迄明末。這部書以史表的方式為主，從「至聖孔子」的「聖門學派」開始，或依時代、或依學派、或列附錄的作法，[40]將千年來的儒學流別，很清楚地勾勒出來。《四庫全書提要》即盛讚此書：[41]

---

[39] 在李塨的《萬季野小傳》中，曾記載黃宗羲與萬斯同的一段故事。其云：「余少從遊黃梨洲，聞四明有潘先生者曰：『朱子道、陸子禪』，怪之，往詰其說，有據。同學因轟言予畔黃先生，先生亦怒。予謝曰：『請以往不談學，專窮經史』。」

[40] 方祖猷曾歸納其體例有五個特徵：1. 以朝代為次，分卷立表。2. 每一個朝代，根據該朝學術思想特點，分別幾個重要學派，再次以其間之重要人物與師承傳授表。3. 重要朝代，又設《諸儒博考》一目，將上無師承、後無弟子，或無法可考者，歸入此目。4. 對不屬儒學，或認為其學不純，或影響很小的，則列於《附錄》一目。5. 按學術發展史的具體情況，《宗派》以漢、宋、明三朝為重點。請見：方祖猷：《清初浙東學派論叢》（臺北：萬卷樓圖書有限公司，1996 年），頁 390-393。

[41] 請見：萬斯同：《儒林宗派》（臺北：新文豐出版公司，《叢書集成續

自《伊雒淵源錄》出,《宋史》遂以道學儒林分為二
傳,非惟文章之士,記誦之才,不得列之於儒,即自
漢以來傳先聖之遺經者,亦幾幾乎不得列於儒。講學
者遞相標榜,務自尊大。明以來談道統者,揚已凌
人,互相排軋,卒釀門戶之禍,流毒無窮,斯同目擊
其弊,因著此書。斷自孔子以下,杜僭王之失,以正
綱常,凡漢後唐前傳經之儒,一一具列。除排擠之
私,以消朋黨,其持論獨為平允。

　　細玩《提要》的說法,應可發現清初學者力復「傳經系
譜」的用心,即在於「除排擠之私,以消朋黨」上,而所排
所消者,便是宋明儒以「道學」把持下的儒門。

　　另外,持相同見解的清初學者,即有費密著《弘道書》。
[42]該書充分表現出清初儒者基於亡國經驗,而渴求「經世」
的基本心態。所以全書的立論,與清初其他學者一樣,也是
「重事功」,「論實學」的方向。[43]在這部書中,有〈統典論〉
一篇,將「道統」與「道脈」二分,一屬政治上的帝王,一

編》影印四明叢書約園刊本,第十五冊),《四庫全書提要》,頁 646。

[42] 費密此書幾乎是以「道」「統」的概念所組成,舉其大者有〈統典論〉、
〈天子統道表一〉、〈道脈譜論〉、〈先王傳道述〉、〈先王傳道表一〉、〈聖
門傳道述〉、〈聖門傳道表一〉、〈黃卷道統正系圖〉等。

[43] 請參:李紀祥:《明末清初儒學之發展》(臺北:文津出版社,1992
年),第五章〈外王經世(下):費密與顏元〉,頁 191。

歸成德之儒者，他認為「合歷代帝王公卿稱曰道統，庶可也。無帝王則不可謂之統矣。」[44]此說與韓愈之後的「道統」說，大異其趣。又云：[45]

> 故上之道在先王立典政以為治，其統則朝廷，歷代帝王因之，公卿將相輔焉；下之道在聖門相授受而為脈，其傳則膠序，後世師儒弟子守之，前言往行存焉。苟無帝王受天明命宰育萬彙，有磨礪一世之大權，優善懲惡，公卿行之以動蕩九服，取儒生空辭虛說，欲以行教化而淳風俗，必不能矣。王天下者之於道，本也。公卿行焉，師儒言焉，支也。

此說強調「王統」才是傳「道」之本，與孔孟之君臣傳統有相當程度的悖離，[46]但費密或許因於求治心切，反而混淆儒門義理之層次，宜乎遭受後人批評。[47]不過，也從這裡我們反而看到了清儒與宋明儒所看到儒學圖像，有多麼地不

---

[44] 費密：《弘道書》（臺北：新文豐出版公司，《叢書集成續編》影印怡蘭堂刊本，第一百五十四冊），〈統典論〉，頁 149 上欄。

[45] 同上註，頁 148 下欄。

[46] 孔孟強調君臣以「義」和，並認為在「道尊於勢」的理想下，常常出現「以德抗位」的作法。舉其著者，孟子在〈萬章下〉所言魯繆公與子思的故事，即可明證與費密之說有極大不同。同註 5，〈萬章下〉，頁 721。

[47] 例如鄭宗義就認為費密之說有「滑落到現實功利一邊的危險」。請見：鄭宗義：《明清儒學轉型探析》（香港：中文大學出版社，2000 年），頁 167。

一樣，也許費密未必如清初其他名家的影響力之大，但其思維方式，卻反映出當代的某種共同基調—從宋明儒手上爭「正統」，在〈聖門定旨兩變序記〉中，其言：[48]

> 又曰：三代而後，儒者之用，何寥寥也。漢唐謂之崦嵫，宋則云杲杲扶桑矣。下常有真儒之名，上不收用儒之效。其時之儒，立身太峻，持論過高，遂令人謂儒道無關盛衰，欲舉濂洛關閩之徒，束之高閣，亦足悲矣！明儒之用，肇起河東，大振於姚江，起後空虛悠謬，為世詆薄，而儒道復絀。錢謙益曰十三經之有傳注箋解義疏也，肇於漢晉，粹於唐，而是正於宋。歐陽子以謂諸儒章句之學，轉相講述，而聖道麤明者也。熙寧中王介甫藉一家之學，創為新義，而經學一變；淳熙中，朱元晦折衷諸儒之學，集為傳註，而經學再變；介甫之學，未百年而熄，朱氏遂孤行於世。永樂中，詔諸儒作五經大全，於是程朱之學益大明然，而再變之後，漢唐章句之學，或幾乎滅熄矣。

其說懇切，述歷代之變，究責於宋明儒。因此，欲振起儒道的復興，除了將「道統」歸於帝王外，在〈道脈譜論〉中，乃以「經」為「道」之所寓者，捨經言道，即無由體先聖之元意，是以言：「道之定，遺經而立其本，七十子傳其

緒,漢唐諸儒衍其脈」[49],並於其後由孔子而論七十子,七十子後,再論漢、魏、晉、隋、唐諸儒「傳經之功」。是以論者即指出費密此論實爲「傳經譜」。[50]因此,我們又再一次可從清初學者,欲建新的「傳經系譜」以代替宋明儒「道統系譜」的企圖中,發現「儒門正宗」之爭,於焉產生。

　　清初的這些努力,開啓了學者在「回歸原典」(return to sources)運動中,一個新的認同取向,亦即以一全新的儒門系譜取代另一儒門系譜,如此一來,此種系譜的取代,就並非只是簡單的瓜代動作,其背後實蘊含著對於「聖人之道」內涵的理解差異問題,本文將於下節再深入論述。另外,清初學者在經學源流上的貢獻,在中葉之後,陸續看到成績,包括畢沅的《傳經表》,趙繼序編的《漢儒傳經記》《歷朝崇經記》,宋翔鳳的《論語師法表》等,[51]均是有相同或類似的觀點。

---

[49] 同上註,〈道脈譜論〉,頁 161 上欄。

[50] 費密此文中列數朱睦㮮的《授經圖》、鄧元錫的《學校志》、王圻的《道統考》,足證此一重定「傳經譜系」的工作,乃前有所承。另外,相關討論,請見:李紀祥:《明末清初儒學之發展》,頁 214。

[51] 畢沅在〈傳經表序〉中,亦提及朱睦㮮《授經圖》,請見:畢沅:《傳經表》,同註 38,頁 665。趙繼序所編之兩書倒是注意到漢宋之爭的不當,想作調和,但當其以「傳經」為主要思考取向時,不免有時人的集體共識,作用於其中。請見:趙繼序著:《漢儒傳經記》、《歷代崇經記》,同註 41,頁 566。宋翔鳳的《論語師法表》,則將漢以來的《論語》師法傳承,作了說明。《叢書集成續編》影印四明叢書約園刊本,第十五冊,頁 641-642。

其次,就「經典文本」的辨偽工作而言:清代學者在「經典」的辨偽工作上,其成果之豐碩,允稱是歷朝之最。檢討其因,學者或從歷史外緣問題著眼,[52]或從儒學理論內部發展之需著眼,[53]相當程度地說明了此一歷史現象的成因。不過,本文著重的焦點則集中在於清儒如何透過對於「經典文本」本身的重新檢討,進而否定宋明儒在不明真正的「聖學之傳」下,一步步地走上「異端」之途。

基本上,關於清初「經典文本」的辨偽學研究,根據林慶彰先生的說明指出,大抵有六大方向可以代表今人的研究成果:1.易圖。2.《古文尚書》。3.《詩傳》、《詩說》。4.《周禮》。5.《大學》、《中庸》。6.《石經大學》。這六大方向主以群經為對象。[54]而由於清儒認為宋明儒根據《大學》《中庸》以論「內聖之學」,因此要挑戰宋明儒學的正統地位,即需處理《大學》、《中庸》二書之文本問題。所以本文以下的討論,就以這兩部書為討論重點。

---

[52] 基本上,多數學者總認為清代考據辨偽之學的大盛,與清廷的高壓統治有關,讀書人由於不敢在哲理層次多發議論,只好轉往考據辨偽等較為中性的學問上走,以免多言賈禍。

[53] 余英時先生在〈從宋明儒學的發展論清代思想史〉與〈清代思想史的一個新解釋〉二文中,從「尊德性」與「道問學」的兩輪發展中,點出清代轉往考據辨偽之學,是根源於儒家「智識主義」的傳統所使然。請見:余英時:《歷史與思想》(臺北:聯經出版事業公司,1976年),頁87-119,120-156。

[54] 林慶彰:《清初的群經辨偽學》(臺北:文津出版社,1990年),頁10-13。

　　從思想史的角度來看,宋明儒者立說,喜以《易傳》、《大學》、《中庸》、《孟子》、《論語》爲據,其中又以《易傳》、《大學》、《中庸》最爲重要,因爲這直接與其論述「天道性命」相貫通的學問,有極爲密切的關係。[55]因此,清儒如果能在此兩書的「經典文本」上,即斥爲僞傳,則宋儒立說的依據,當瓦解無存,宋儒所建構的「內聖之學」亦當歸入「異端」矣。

　　其實,清初學者所疑的這兩部書,原是《禮記》中的兩篇,雖然在秦漢時代可能有單篇行世的記載,但其受到真正的重視,則要從唐以後,才算是引人注意。尤其是在宋代之後,更是成爲儒者立論的根據。不過,有關這兩部書是否爲聖人之書,爭議頗多。茲先說明《大學》,再論《中庸》。

　　《大學》一書除作者爲何人所做之問題,自宋二程之後,引發學者討論外,有關《大學》「改本」與「古本」的爭議,恐怕直接觸及儒者在義理型態抉擇上的差異。基本上,強調「改本」作法者,偏向於程朱一系。其中,尤以朱子將經、傳二分,並作〈格致補傳〉爲著;至於主張恢復「古本」者,則以陽明採用鄭注、孔疏之「注疏本」,而在義理

---

[55] 牟宗三先生認爲「依宋明儒大宗之看法,《論》《孟》《中庸》《易傳》是通而爲一而無隔者,故成德之教是道德的同時即宗教的,就學問言,道德哲學即函一道德的形上學」。所以宋明的「內聖之學」就不是簡單的「心性論」型態而已,背後仍有傳統中「天」的「超越意識」在,是故,我們才能說「天道性命」相貫通。請見:牟宗三:《心體與性體(一)》,頁 19-21。

上將「致知」解爲「致良知」的作法，聞名於當世。然而不
管學者選擇那一種作法，都無法安頓所有人的疑問。因此，
宋明以來的儒學大課題，便是集中於《大學》的討論上，甚
至如牟宗三先生指出的說法：《大學》內涵的三系理解，涵
蓋了宋明諸家的理論型態。[56]而且治絲愈棼，使得學者無所
適從。劉宗周在《大學古文參疑》一書的〈序〉言裡，相當
生動地刻畫了當時的情形。其言：[57]

> 「立國必有學，大學，王制也。而訓學有《記》，則
> 孔門私之矣。後之人以其本爲王制也，故言《禮》之
> 家收入，則戴氏又私之矣。戴氏非通儒也，其言
> 《禮》也厖，亦何有於《大學》？《六經》同出於秦
> 火之餘，區區斷簡殘編，初無完本，而人各以記誦所
> 得，綴而成篇章，其言不得不歸之厖，亦何有於
> 《禮》？然則戴氏之傳《大學》，早已成一疑案矣，
> 後之人因而致疑也，故程子有更本矣，朱子又有更本
> 矣，皆疑案也。然自朱本出，而〈格致補傳〉之疑，
> 更垂之千載而不決。陽明子曰：「格致未嘗缺傳也，

---

[56] 牟宗三先生曾就論述《大學》的三系分法，作過說明。從其分法中，
可以見到主張「改本」與「古本」者，各自分開，井然有序。其所以會
有此現象，背後實代表著「義理型態」的差異。請參：牟宗三：《從陸
象山到劉蕺山》（臺北：臺灣學生書局，1990 年），頁 484-485。

[57] 劉宗周：《劉宗周全集·第一冊》（臺北：中央研究院中國文哲研究所
籌備處，1996 年），頁 711-712。

盡從古本。」是乃近世又傳有曹魏《石經》，與《古本》更異，而文理益覺完整，以決「格致」之未嘗缺傳彰彰矣。余初得之，酷愛其書。近見海鹽吳秋圃著有《大學通考》，輒辨以為贗鼎。余謂：「言而是，雖或出於後人也何病？況其足為古文羽翼乎！」吾友高忠憲頗信古文，亦以為「格致」未嘗缺傳也，因本高中玄相國所定，次「誠意」一章於「此謂知本」之下，則在今古之間乎！余嘗為之解其略，見者疐之，而終不敢信以為定本。於是後之儒者人人而言《大學》矣。合而觀之，《大學》之為疑案也久矣。《古本》、《石本》皆疑案也，程本、朱本、高本皆疑案也，而其為「格致」之完與缺、疏格致之紛然異同，種種皆疑案也。嗚呼，斯道何繇而明乎！宗周讀書至晚年，終不能釋然於《大學》也。積眾疑而參之，快手疾書，得正文一通，不敢輒為之解，聽其自解自明，以存古文之萬一，猶之乎疑也，而滋厖矣，因題之曰《參疑》。

作為明末最後一位理學大師，竟然到了晚年仍然無法在理學據以名家的「經典」上，心悅誠服地選擇一個不會移易的觀點，更遑論其他學者。是以當其後學弟子，非毀《大學》時，就不會那麼令人訝異了。

明末對於《大學》的爭議，已如上述，到了清初，更是激烈。而且經由清初的批判之後，在乾嘉考據學風興起時，

《大學》「改本」的爭議，逐漸偃息。[58]清初對於《大學》批判最烈的學者，就是劉宗周的弟子——陳確。陳乾初曾撰《大學辨》一書，力辨《大學》非聖人之傳。在《大學辨》文首，乾初即疑《大學》非孔、曾舊傳。其言：[59]

> 《大學》，其言似聖而其旨實竊於禪，其詞游而無根，其趨罔而終困，支離虛誕，此游、夏之徒所不道，決非秦以前儒者所作可知。茍終信為孔、曾之書，則誣往聖，誤來學，其害有莫可終窮者，若之何無辨！

其後更進一步說：[60]

> 曰：程子之聖是書也，亦有本乎？抑余則有本矣。《大學》兩引夫子之言，則自「於止」、「聽訟」兩節而外，皆非夫子之言可知；一引曾子之言，則自「十

---

[58] 請參考黃進興先生的分析。黃進興：〈理學、考據學與政治：以《大學》改本的發展為例證〉，收入：氏著：《優入聖域：權力、信仰與正當性》（臺北：允晨文化實業公司，1994 年），頁 381-384。另外，李紀祥先生對於清中葉之後的《大學》改本問題，亦有研究，其說可參。請見：李紀祥：《兩宋以來大學改本之研究》（臺北：臺灣學生書局，1988 年），頁 231-256。

[59] 陳確：《陳確集》（北京：中華書局，1979 年），〈別集卷十四〉，〈大學辨〉，頁 522。

[60] 同上註，頁 557-558。

目」一節而外，皆非曾子之言可知。由是觀之，雖作
《大學》者絕未有一言竊附孔、曾，而自漢有
《戴記》，至於宋千有餘年間，亦絕未有一人焉謂是
孔、曾之書焉者，謂是千有餘年中無一學人焉，吾不
信也。而自程、朱二子表章《大學》以來，至於今五
百餘年中，又絕未有一人謂非孔、曾之書焉者。謂是
五百餘年無一非學人焉，吾益不信也。嗟乎！學者之
信耳而不信心，已見於前事矣，而又奚本之足據乎！

　　乾初的論證方式是否允洽，自有可討論的空間。但其舖
陳觀點的模式，卻相當程度地反映了清初學者的共同意見。
此即清人認爲宋明儒在「疑經」而不「辨經」，「用經」而不
「明經」，「改經」而不「知經」的師心自用下，不僅違背經
典原義，甚至連非聖人所傳之書，亦誤認爲「聖學」。清人
站在「辨經典之原始」的立場下，要讓「經典」返歸先秦舊
貌，然後才能據以明孔孟之真傳。所以針對宋明儒於「經典
認同」之有誤處，要加以正誤。

　　此外，作爲「天道性命」之書的《中庸》，在清初學者
的眼中，也難逃僞作之嫌。本來，《中庸》的作者問題，自
司馬遷認爲是「子思」之後，迄於漢唐間，學者多無異議。
但緣以宋人申說《中庸》，不避禪佛之語，爲人詬病。[61]逮及

---

[61] 有關以佛理申說《中庸》者，自宋以來，不避批評者，多矣。舉其著
　　者，如蘇轍的《老子解》、智圓的《中庸子傳》、契嵩的《中庸解》、張
　　九成的《中庸說》。另外，明代方時化的《中庸點綴》、姚應仁的《大學

清儒之時，姚際恆力闢《中庸》之非。於是《中庸》長期作為儒門義理之書的合法性，亦遭懷疑。在其《禮記通論》中指出：[62]

> 周茂叔學于東林禪師，東林授以《中庸》，與言《中庸》之旨：一理中發為萬事，末復合為一理。茂叔受之，以授程正叔。正叔嘗言之，今章句載于篇端者是也。于是程門游、楊之徒，多為《中庸》解，朱仲晦相承以為《章句》，乃復抵其師說為淫于佛老。孰知其說殆有甚于游、楊之徒者哉。若夫橫浦、慈湖一輩，又無論焉。近時明代相傳猶然。薛以身〈贈三峰藏詩〉云：「知君問我參周處，請看《中庸》第幾章。」羅念菴習禪學者，詩曰：「何人欲問逍遙法，為語《中庸》第一章。」徐世溥〈與克明上人書〉曰：「三乘五車，本無二諦。若求簡盡，莫過《中庸》。」尤展成文序曰：「《中庸》：不睹不聞，無聲無臭，尤近不二法門。」故昔人謂熟讀三十三章，已見西來大意，觀此則大概可知矣。然則好禪學者，必尚《中庸》，尚《中庸》者，必好禪學。《中庸》之為異學，其非予之私言也，不亦明乎？

中庸讀》、萬尚烈的《四書測》、沈守正的《四書說叢》、寇慎的《四書酌言》。詳細論述，請參：林慶彰：《清初的群經辨偽學》，頁 389-390。
[62] 姚際恆著，林慶彰主編，簡啟楨輯佚，江永川標點：《姚際恆著作集（第三冊）》（臺北：中央研究院中國文哲研究所籌備處，1994 年），《禮記通論輯本》〈中庸〉，頁 315-316。

　　姚際恆此說幾幾乎將《中庸》視同禪學矣。其實，觀乎
學術之發展，如果死守原初用語，未必能將經典之深意表
之，反而當學者運用「新詞彙」，且能臻至成熟時，經典的
深意乃能經由新用語而有了新生命。清儒不悟此種「語文問
題」的考察，與「理論層次」的發揮，實是兩回事，則只要
見到禪、佛之言於儒者的立論中出現，即判爲「異學」，宜
乎被論者斷之爲哲理層次不高。[63]然而，姚際恆的這種批評，
與清代重篤實的學風，乃一脈相承。是以，其論說雖多有強
詞之嫌，但反映清初學者的觀點，自有其歷史意義。

　　緣乎上述的理念，姚際恆乃從「文本」語句的對照上，
判定《中庸》非孔、孟之真傳，坐實其爲「異學」之說。在
《禮記通論》中，其云：[64]

---

[63]　勞思光：《新編中國哲學史（三下）》（臺北：三民書局，1997 年），
頁 815。不過，值得注意的是，清儒在表面上似乎只爭「文字」的是非
千秋，是以宣稱回到先秦經典的「原意」之路徑，好像只是著眼於「語
文問題」而已。其實，我們如果從「詮釋」的角度入手，我們當可發現
任何宣稱可以回到「客觀原意」的主張，恐怕是不可能的一件事，除非
詮釋者僅將「文本」一字不漏地重抄一遍。因此，清儒宣稱回到「原意」
的作法，背後已經有了他整個「生活世界」所構築出來的一個「視域」
爲基礎，所有的「理解」活動，絕對是帶有清儒本身的「歷史性」與「有
限性」之成份。所以是否適合將清儒的此種「解經」方式，簡單地化約
爲「語文問題」，也許還可以有更爲彈性的作法。

[64]　姚際恆著，林慶彰主編，簡啟楨輯佚，江永川標點：《姚際恆著作集
（第三冊）》，頁 328-329。

> 「在下位」至「人之道也」，與《孟子》文同，惟易
> 數字。按：此若為孔子及子思之言，孟子必不抹去
> 「孔子」、「子思」，而以為己文。記《孟子》者，亦
> 豈不見而以為孟子之文乎？《孟子》中從無與他經文
> 同者，而此處獨同《中庸》，是必作偽《中庸》者，
> 取《孟子》之文而增加己說也。故「誠者不勉」以
> 下，皆從上文推演出之，然而與《孟子》之旨大相反
> 矣。《孟子》「誠者天之道」，屬天而言，「思誠者人之
> 道」，屬人而言，義理分明。今如「不勉」數句，以
> 為聖人，則誠者亦屬人言矣。以人而為天之道，義理
> 乖舛，此作偽《中庸》語義，《孟子》從無此等語
> 義。故曰：與《孟子》之旨大相反也。

　　姚際恆從文句的比對上，認為《中庸》非孔孟真傳，而
且「學者依孔、孟所教，則學聖人甚易，人人樂趨喜赴，而
皆可爲聖人。依偽《中庸》所教，則學聖人千難萬難，茫爲
畔岸，人人畏懼退縮而不敢前。」[65]其實，姚際恆不止在理
論上，無法理解儒學在「高明面」的深意，在考據上，以今
日新出土的相關考古資料，則姚際恆的判斷，恐怕又必須修
正了。[66]

---

[65] 同上註，頁 317 。

[66] 1993 年 10 月在湖北荊門一帶所挖掘的郭店一號墓，出土了大量的先
秦文獻，其中與儒家有關的簡文頗多，像〈性自命出〉中的文字，就與
今本的《中庸》有相類之處，姜廣輝就認爲此篇應是與《中庸》有一脈

　　因此，經由上述，我們發現清初學者與宋明儒在爭儒門「正統」的行動中，採取了直搗黃龍的作法。他們透過各種論述，否定《大學》《中庸》爲孔孟真傳之作，進而想推翻宋明儒「內聖之學」的學術典範。其作法，今日看來，漏洞百出，但是對於清代的學術卻起了深遠的影響，中葉之後的學者，賡續此一「回歸原典」的運動，甚至逼出了「漢學」與「宋學」之爭，這不能不溯因於清初學者的批判了。

　　最後，就「經典」的義理層次而言：清初學者與宋明儒的巨大差異，可以「虛」「實」二字歸之。基本上，宋明儒者所強調的「內聖之學」，非僅著眼於「庸言」「庸行」上，他們關心的課題—「天道性命」之學，即是要通過性體之與天命的實體的相呼應，存有論地證明「成德之學」的「超越義」。並經由此「超越義」的指點，保證「天地萬物爲一體」的真實性，藉以薰染人間世界之「成德」的可行性。然而，源於亡國痛苦經驗的清初學者，對於此類高妙的言論，一律斥之爲禪佛，並視之爲禍國殃民之禍首，於是原本宋明儒者所抉發儒學中的「超越面向」，入清之後，反成爲「異端」之學。「超越面向」不再成爲清代學者所關心，是以儒學發展至此，已轉入另一套義理型態的內涵了。[67]

相承的關係，且推測二文均是子思所作。請見：姜廣輝：〈郭店楚簡與《子思子》——兼談郭店楚簡的思想史意義〉，刊於《哲學研究》1998年第7期。因此，在思想史的判斷上，常因新出土的資料，全盤打破以往的成績，進而重新修改思想史的判斷，是不無可能的。

[67] 我在第三章指出清代儒學的發展，並不是只停留於「文字訓詁」的考

　　當然，上述的發展並非突然，早在明末學者的論述之中，已可見端倪。劉述先先生即曾對此時「心學」傳統的發展，提出一個很敏銳的觀察，他說：[68]

> 由本體論到工夫論，我們看到，黎洲依蕺山，對於陽明之心學有所簡擇。由陽明所開啟的思路，推至一極端的內在一元的思想型態，故言「工夫所至，即其本體。」這樣的思想的好處在避免懸空只說一個本體，而明白指出，若不肯踏實做工夫，便不免流於禪佛。但也有它的嚴重限制所在，蓋超越之義減煞，過份強調氣（器）外無理（道），表面上似明道一本之論，實則已脫離了開去，對於天命流行之體證已不真切，容易滑轉成為一實然之氣化過程，而缺乏了必要之分疏，此則不可以不察。

　　所以，由此可知清人對於高談「心性」之學，但動輒言「理」的宋明儒，除了無法理解之外，有的僅只是滿腔的批

證工作，他們在義理層次的觀察，仍有相當敏銳的部分。只是由於他們不重視「超越面向」的討論，是以長期以來，被認為在哲理的層次較為疏略。事實上，如果從「具體實踐」的角度切入，我們卻可能發現清儒的另一種「義理型態」。詳細討論，請參：本書第三章：〈乾嘉義理學中的「具體實踐」〉。

[68] 劉述先：《黃宗羲心學的定位》（臺北：允晨文化實業股份有限公司，1986 年），頁 118-119。

判之辭。關於這點，清初學者即啓其釁。在顧炎武的〈論學書〉中，他就認爲宋明儒根本誤讀了孔子「心」、「性」的原義。他說：[69]

> 竊歎夫百餘年以來之爲學者，往往言心言性，而茫乎不得其解也。命與仁，夫子之所罕言也。性與天道，子貢之所未得聞也。性命之理著之易傳，未嘗數以語人。其答問士也，則曰：行己有恥，其爲學，則曰：好古敏求；其與門弟子言，舉堯舜相傳所謂危微精一之說，一切不道，而但曰允執厥中，四海困窮，天祿永終。嗚呼，聖人之所以爲學者，何其平易而可循也！

顧炎武認爲孔子根本不談「性命」之學，因此，宋明儒「論心言性」與孔子無關。甚至直言論「性與天道」者，蓋爲禪學也。在〈夫子之言性與天道〉篇云：[70]

---

[69] 顧炎武：《亭林詩文集》（臺北：商務印書館，《四部叢刊初編集部》），第八十六冊，頁 94 上欄。

[70] 同註 22，頁 195。在〈心學〉一篇中也云：「近世喜言心學，舍全章本旨而獨論人心道心。甚者單摭道心二字，而直謂即心是道。蓋陷於禪學而不自知，其去堯舜授受天下之本旨遠矣！」也都表達了相同的意見。頁 528。

> 樊遲問仁，子曰居處恭，執事敬，與人忠。司馬牛問
> 仁，子曰仁者其言也訒。由是而充之，一日克己復
> 禮，有異道乎？今之君子學未及乎樊遲司馬牛，而欲
> 其說之高於顏曾二子，是以終日言性與天道，而不自
> 知其墮於禪學也。

這段文字中，顧炎武強烈地否定宋明儒的「天道性命」
之學與孔子的關係，甚至認爲宋明儒的理解能力不高，卻好
高騖遠地想談孔子未言的「性與天道」，其結果反是墮入禪
學矣。其實，在顧炎武的《日知錄》中，認爲宋明儒誤讀經
典內涵的討論，所在多有。當然，顧炎武的這種理解與思考
方式，有其時代的共通性，即使連學術立場上也談「形上問
題」，並對程朱之學持肯定的王船山，都不免在其《讀四書
大全說》中，直指程朱之理解有誤。其言：[71]

> 放心只是失卻了仁。有私意私欲為之阻隔而天理不
> 現。天理現，則光輝篤實，萬物皆備，而豈一物不容
> 哉！若但以不昏而無物為心之存，則狂如李白，且有

---

[71] 王夫之：《讀四書大全說》（北京：中華書局，1989 年），《孟子・告
子上》，頁 691。同篇也云：「而朱子所云『非以一心求一心，只求底便
是已收之心』，亦覺與釋氏『無能、無所』，『最初一念，即證菩提』，『因
地果生』之說無以別。識得所求之心與求心之心本同而末異，而後聖賢
正大誠實之學不混於異端。愚不敢避粗淺之譏以雷同先儒，亦自附於孟
子距楊、墨之旨以俟知者耳。」

「桃波一步地，了了語聲聞」之時；而語其極至，將
龐蘊所謂「但願空諸所有，慎勿實諸所無」者盡之
矣。孟子喫緊教人求仁，程、朱卻指箇不求自得，空
洞虛玄底境界。異哉！非愚所敢知也。

同書又云：[72]

《孟子》曰：「盡其心者，知其性也。」正以言心之
不易盡，緣有非理以干之，而舍其所當效之能以逐於
妄。則以明夫心之未即理，而奉性以治心，心乃可盡
其才以養性。棄性而任心，則愈求盡之，而愈將放蕩
無涯，以失其當盡之職矣。伊川重言盡心而輕言知
性，則其說有如此。張子曰：「合性與知覺，有心之
名。」性者，道心也；知覺者，人心也。人心、道心
合而為心，其不得謂之「心一理也」又審矣。

　　船山對於伊川的批評，集中在其「輕言知性」，以及申
述「心之未即理」。此說對於伊川或許不公平，因為伊川是
否真有此種主張，從伊川的文章中，恐怕難以驟下如此之
解。但從船山對於程朱在理解《孟子》文本時所出現的詮解
差異，在在說明了清初學者眼中的「經典」，與宋明儒解說
下「經典」，並不相同。

---

[72] 同上註，《孟子·告子下》，頁 721-722。

　　此外，若再就清初學者考辨下的《大學》、《中庸》之義理問題，清儒所據的正是以《論語》、《孟子》的義理，以駁宋明儒之誤，或是在義理層面將《大學》、《中庸》歸入近於「禪學」之義理，是以遠於孔孟，近乎釋氏「異端」。[73]此二路徑均是以孔孟爲判教基準，只是後者更推之爲釋家之言而已。姚際恆在《禮記通論》中，即指出：[74]

> 天下、國、家、身遞推，必先本《孟子》「天下之本在國，國之本在家，家之本在身」為說，而增以「誠意」、「正心」、「致知」、「格物」，則大有可疑焉。以正心言之，孔、孟皆言正身，孔子曰：「其身正，不令而行」、「苟正其身矣，於從政乎何有」，《孟子》曰「其身正，而天下歸之」、「正已而正物者也」。蓋以

---

[73] 姚際恆也知道《大學》《中庸》應早於佛學東傳之前，但仍批之為「異端」，自有其一番說詞，他說：「或曰：後漢佛教始入中國，《大學》、《中庸》，非後漢書也，何以謂其雜入禪學乎？曰：予謂其與佛理同，不必佛入中國也。予〈庸言錄〉曰：『東上有預見之禪，西土無已見之儒。』此二言可為確論。大抵有開必先，如世言三教：孔子，儒也；釋迦，釋也；老子，道也。孔子之前有堯、舜、禹、湯、文、武、周公多人矣。非預開老子乎？老子之前有黃帝，史遷以黃老並稱是也，非預開老子乎？然則釋迦，中國，豈獨無預開者乎？且《大》、《中》二篇于釋併不得謂之預開也。據釋書，釋迦生於春秋之世，雖未入中國，而外國已有其人矣。彼此先後翕應，異地同符，理自有之，夫亦何疑乎？」同註62，〈大學〉，頁433。

[74] 同上註，〈大學〉，頁437-438。

正身言，則主乎踐履行事；以正心言，則專主心體上
說，恐人墮入陰界，聖賢以似蠹為後世之防如此。然
則孔子言操存捨亡，孟子言存其心，求放心，又何
與？曰：蓋以心或放故，則必須存，以存之權予心，
乃心之本職。若以正之權予心，則非心之本職矣。然
則心可不正乎。又非也。吾儒正身未嘗不本心來，而
聖賢則不言之。蓋言正心，恐人只泥一「正心」便已
了畢，不復求之躬行實踐，便為有體無用之學。

　　由此可知，姚際恆正以其所理解的孔孟，來判定《大學》
所論之義理不符合孔孟傳統。文中所顯示的判教基準，即是
以「實踐」、「正身」等概念，作為衡定的基礎。這點相當重
要。因為在清中葉之後的學者，不管是強調「達情遂欲」，
或是主張「以禮代理」，其主要的思考點，便是以上述的兩
個概念出發。舉例來說，論語「克己復禮」的解釋，從宋明
以來，論者甚夥，總歸起來，在宋明儒以「天理」、「人欲」
二分的架構下，「克己」被解為「去私欲」。但清儒則從漢儒
馬季長之論「約身」入手，批駁宋明儒之違背孔門教義。[75]亦
是顯現了清儒強調篤實學風的一個面向，而這也襯出清儒對
宋明儒「天道性命」之不契，以及其「回歸原典」以衡定「學

[75] 有關「克己復禮」的討論，自宋以來，即有相當多的學者關注此一議
題，其中，清儒借馬融「約身」說以駁宋人「去私欲」說，即有「義理
型態」的差異，所導致的詮解不同。請參：拙著〈乾嘉義理學的一個
思考側面—論「具體實踐」的重要性〉一文。

派」正誤的一貫基調。

　　另外，陳乾初在〈答沈朗思書〉中，則透過「知止」問題的討論，將《大學》視爲是「言知不言行，必爲禪學無疑」。其判教基礎亦涉及以「知行」中的「行」爲基準。其云：[76]

> 　　弟〈大學辨〉曰「《大學》言知不言行，必為禪學無疑」，此一篇之綱也。何以知之？以《大學》先格致，而歸重知止焉故也。夫知止之說，不攻自破。將深言知止，則白首而無窮期；淺言知止，則未宜即有定、靜、安、慮、得之效。而兄則欲淺言知止者。淺言知止，則不得不淺言定、靜、安、慮、得，而《大學》之旨索然矣。觀下文物格知至（原誤「致知」，依下文改）之義，則決非淺言知止可知。夫「知之非艱，行之惟艱」，自古言之。定、靜、安悉屬止功，固不費絲毫氣力；慮亦是空思索，未有力行深造之功也；何遽至於能得乎？《大學》蓋曰一「知止」而學已無餘事矣，此《大學》之供案也。後又遽進而求之格致，皆為知止起義耳。物格而知至者，知止也。故「物格」節文氣絕似「知止」節。又若曰一格致而學已無餘事矣，又《大學》之供案也。故以其前之歸重知止，而知上文明、親、至善之言之為虛設也；以其後之歸重格致，而又知上文誠、正、修、齊、治、平之言之皆為虛設也。唯「脩身為本」一言，最為切

---

[76] 陳確：《陳確集》，〈別集卷十五〉，〈答沈朗思書〉，頁 573。

實，然已大悖前義矣。故讀《大學》之全文，而又知「脩身為本」之言之亦為虛設也。弟謂《大學》竟是空寂之學者，蓋（原誤「益」，依文義改）以此也。彼二氏之學，何嘗不兼言作用；聽其言，若且體用兼得者，要歸於虛無寂滅而已矣，《大學》之謂也。

再以《中庸》為例，此書所遭遇的批評，一如《大學》。姚際恆在《禮記通論》中，大肆批評其近乎禪理，兼以批判宋儒靜坐之不當。其言：[77]

喜怒哀樂之未發謂之中，予謂不謂之中，謂之「空」，可也，此釋氏「心空法」，對竟不起，湛如止水。天臺三止觀：空，不空，空不空之說，亦如是。夫未發則無著，無著則不屬理道，不屬理道則安可謂之中？且謂之大本乎？宜乎劣士喜淺近之禪學，必奉此二字為秘密藏也。且推勘怒哀樂之未發，必至于推勘吾生父母未生前本來面目而後已矣。異學之徒，教人終日靜坐，觀未發時氣象，不盡驅天下學者入于禪和子不止，可嘆、復可恨也。

於是原本作為「天道性命」之書的《中庸》，在義理層次的理解上，乃被視為「異端」之學，所有宋明儒者對該書

---

[77] 姚際恆著，林慶彰主編，簡啟楨輯佚，江永川標點：《姚際恆著作集（第三冊）》，《禮記通論輯本》〈中庸〉，頁 322。

的詮釋，似乎是淪落到爲禪佛作嫁，而不復儒門之舊義。其經典地位之昇降，凡歷三變，由先秦至宋明，由宋明轉清，最後被儒門除籍。且其變化，竟與《大學》同步，因此，隱藏在這種「經典認同」變化的背後之因，實是「清儒」與「宋明儒」爭「正統」所使然。

因此，綜觀以上三個方向的觀察，我們實可發現不管是在對於「傳道系譜」的反對，或是「經典文本」的辨僞工作，或是「經典義理」的衡定上，清儒都擺出了不惜與宋明儒一戰的決心。雖然，程朱陸王之學並未消失於當代，但經由清初學者的批判，中葉時，學者的持續，宋明儒學的地位，已經完全地鬆動，新的學術典範也正式宣告成立。不過，在上述三個方向的行動背後，「清儒」與「宋明儒」實有一個各自認同的「經典形象」，而此「經典形象」是由所謂的「聖人之道」所構成。是以，只有釐清他們所理解的「聖人之道」爲何？我們才可能完全掌握擺盪在「正統」與「異端」之間的「經典認同」，可能蘊藏著具有中國特色的「經典詮釋」原則。

四、「一個聖道，各自表述」

事實上，歷朝以來的儒者，對於他們所相信的「儒家經典」，及此經典背後所蘊藏的「聖人之道」，是有著「放諸四海而皆準，以俟百世而不惑」的高度信仰。其顯現的信仰面向，即是強調此道理的「普遍性」與「絕對性」。並且，他們堅信此一爲聖人所揭示的道理，必將有實現的一天。因

此，在他們的有生之年中，所表現出最大的心理焦慮感，即是顯露對於「道」之不行的嗟嘆！不過在孔子樹立「義命分立」的垂訓中，儒者們以著大無畏的精神，克服命定的心理障礙，堅持「行道」。於是在諸多困阨環境的圍繞下，「守死善道」也就成為儒者最令人動容的高度情操。這種頗類「易水蕭蕭西風冷，滿座衣冠似雪」的悲壯基調裡，儒者生命的烙記，由是展現出一股濃厚地「宗教情懷」特質。

　　構成儒者這種宗教情懷特質的緣由，一方面源自於理想聖人的精神召喚，使儒者藉由「經典」與千古之聖人同在，但另一方面，當此種情懷真實而篤定地駐立於儒者心中後，則儒者乃反過來成為守護「經典」與「聖人」的「護教者」，並且常常以「生死以之」的態度，來面對各種的挑戰。也因此之故，當論者觸及儒者對於「聖人之道」的理解與信仰時，儒者的反應，就容易會讓人感到一種強烈的「排他性」，橫距在兩者之間，進而產生溝通的危機。朱子在解釋《孟子》「知言養氣」一章時，就曾信心滿滿地強調自己理解之正確，甚至不惜賭咒。其言：[78]

　　　　黎季成問：「伊川於『以直』處點句，先生卻於
　　　　『剛』字下點句。」曰：「若於『直』字斷句，則
　　　　『養』字全無骨肋。只是『自反而縮』，是『以直養

---

[78] 朱子對於他所理解的「經典文本」之意義，具有高度的信心，且或源於他個人有一堅定不移的「聖人之道」的信仰圖像，方才可能促成他有如此激動的表現。黎靖德編，王星賢點校：《朱子語類》第四冊，頁1250。

　　而無害』也。」又問「配義與道」。曰：「道義在人，
　　須是將浩然之氣襯貼起，則道義自然張主，所謂『配
　　合而助之』者，乃是貼起來也。」先生作而言曰：「
　　此語若與孟子不合者，天厭之！天厭之！」

　　究竟是基於什麼樣的理由，會使得朱子對於他所理解的
《孟子》「文本」，有著如許的強烈信心，乃至誓之曰：「此
語若與孟子不合者，天厭之！天厭之！」呢？我想這種動力
的產生，應該就是根源於儒者所特有的「宗教情懷」吧！其
實，像朱子的這種心境表露，既非是某些時代人士的特殊意
識，也非他個人的獨特性格。前者，如孔孟對於「道」的「信
仰」之堅持，正是啓百代以來，儒者信仰的源頭；後者，則
為同時代的陸象山，亦嘗發出類似的看法。在與朱子「鵝湖
之會」前，象山與其兄曾先行溝通，並說服乃兄同意了自己
的觀點，因此其兄九齡乃作詩一首以應之。其詩云：[79]

　　孩提知愛長知欽，古聖相傳只此心。大抵有基方築
　　室，未聞無址忽成岑。留情傳註翻蓁塞，著意精微轉
　　陸沉。珍重友朋相切磋，須知至樂在于今。

---

[79] 根據〈語錄〉的記載：「呂伯恭為鵝湖之集，先兄復齋謂某曰：伯恭
約元晦為此集，正為學術異同，某兄弟先自不同，何以望鵝湖之同。先
兄遂與某議論致辯，又令某自說，至晚罷。先兄云：子靜之說是。次早，
某請先兄說，先兄云：某無說，夜來思之，子靜之說極是，方得一詩
云：……」可見鵝湖之會前，陸氏兄弟已先行辯論，二人之詩，即此時
所作。同註16，卷三十四，〈語錄〉，頁276。

不過，象山認爲其兄對於「心」的理解，與聖人之教恐有「一間未達」之隔，乃爲詩再加以應答，其詩云：[80]

> 墟墓興哀宗廟欽，斯人千古不磨心。涓流積至滄溟水，拳石崇成泰華岑。易簡工夫終久大，支離事業竟浮沉。欲知自下升高處，真僞先須辯只今。

象山此一「真僞先須辯只今」，充分道出對於聖人之「心」的理解，不能有分毫的成色差異。其實，陸九齡的詩所云「古聖相傳只此心」一句，未必違離孟學傳統，但是象山卻仍感「微有未安」，無非只是要指出此「心」不必言傳而已。因此，我們實可看出象山對其所理解的「聖人之道」，亦有高度的自信，乃至任何細微的含混或滑轉，都要深加辨明。這種對於自己理解「聖人之道」的信心，與朱子正是如出一轍。

然而，如上一節所述，清儒對於「聖人之道」的理解，也有高度的自信，尤其是在痛徹於明亡經驗的心理情緒裡，儒者的「空談心性」乃被視爲是誤國的最大主因。[81]其實，檢討清儒這種究責宋明儒者的方式，應該與儒者對於「聖人之道」的信仰有關。因爲，歷朝的儒者，多數都有一個共識，他們總認爲只要能正確地認識與實踐「聖人之道」，則達到

---

[80] 同上註。

[81] 明亡的原因多端，是以將亡國之因，歸咎於學者的清談誤國，有時是犯了「化約」眼光的毛病。事實上，一個政權的瓦解，是包括有整體的因素在其中，我們實難抽離任何其中一端，並擴大解釋。

「治世」的理想，應該不致太遠。姑不論，儒者的這種心理取向，是否符合孔門義理的教誨，[82]但清儒已經由此而推出導致亡國的學說，肯定不會是真正的「聖人之道」。於是宋明儒者的「心性之學」（內聖之學），乃被清儒強烈地懷疑、批判，甚至打入了「異端」之學了。所以清儒在批判宋明儒的同時，其實背後也已經預涵了一個他們的「聖人之道」的圖像。即使是像「心學」的最後殿軍——黃宗羲，都不免對宋明「儒者之學」的偏頗，發不滿之語，更遑論其他學者。其言：[83]

> 儒者之學，經緯天地，而後世乃以語錄為究竟；僅附答問一二條於伊洛門下，便廁儒者之列，假其名以欺世。治財賦者，則目為聚斂；開閫扞邊者，則目為麤材；讀書作文者，則目為玩物喪志；留心政事者，則目為俗吏。徒以生民力極，天地立心，萬世開太平之闊論，鈐束天下。一旦有大夫之憂，當報國之日，則蒙然張口，如坐雲霧；世道以是潦倒泥腐，遂使尚論者以為立功建業別是法門，而非儒者之所與也。

---

[82] 基本上，孔子所開展的儒家倫理學雖未必強調「實效」，但重點卻是在於客觀限制下的「自由」、「自主」、「自律」的「主體」，如何依循「道德法則」而行，是以並沒有對於「實踐」所必然帶來的「實效」，多加著墨。此即其為「倫理學」之故也。

[83] 黃宗羲：《南雷集》（臺北：藝文印書館，《百部叢書集成》影印清咸豐伍崇曜校刊本《粵雅堂叢書》，〈南雷文定後集卷三〉，〈增編修弁玉吳君墓誌銘〉，頁 1-2。

他篇又云：[84]

> 奈何今之言心學者，則無事乎讀書窮理；言理學者，
> 其所讀之書，不過經生之章句，其所窮之理，不過字
> 義之從違。薄文苑為詞章，惜儒林於皓首，封己守
> 殘，摘索不出一卷之內，其規為措注，與纖兒細士不
> 見長短。天崩地解，落然無與吾事，猶且說同道異，
> 自附於所謂道學者，豈非逃之者之愈巧乎？

　　黃宗羲在上述的兩段文字，其實不僅批判了程朱陸王之
後學的問題，而且也已經點出了「儒者之學的內涵為何？」
的問題。這個問題的提出，等於是否定了宋明儒治「聖人之
道」的學問正當性，是以他們認為宋明儒的治學入手，恐怕
是有所偏差的。所以「內聖」、「心性」的角度，就絕非清代
儒者的「儒學」信仰之所在。事實上，類似黃宗羲的這種意
見，在清代學者的文章中，俯拾即是。然而，值得我們注意
的是，「清儒」信仰中的「聖人之道」，究竟與「宋明儒」有
何不同。只有具體說明其間之差異，我們才能明瞭為何他們
所據之「經典」相同，但「聖人之道」卻是不相同。

　　誠如前引黃宗羲之說，儒學的內涵應該有其積極用世的
面向。這種面向的強調在清初學者中是有其共通性的。顧炎

---

[84] 同上註，〈南雷文定後集卷一〉，〈留別海昌同學序〉，頁 29-30。

武在《日知錄》〈內典〉一條，即云：[85]

> 古之聖人所以教人之說，其行在孝弟忠信，其職在灑
> 掃應對進退，其文在詩書禮易春秋，其用之身在出處
> 去就交際，其施之天下在政令教化刑罰。雖其和順集
> 中，而英華發外，亦有體用之分。然並無用心于內之
> 說。……天下之言不歸楊則歸墨。而佛氏乃兼之矣。
> 後之學者遂謂其書為內典。推其立言之旨，不將內釋
> 而外吾儒乎？夫內釋而外吾儒，此左道惑眾之徒，先
> 王之所必誅，而不以聽者矣。……孔門未有專用心於
> 內之說也。用心於內近世禪學之說耳。

　　顧炎武在本條批評「心學」之餘，也指出儒學在「用世」
方面的實踐性格，才是「古聖人」所教的真正義理。而且，
亭林在此特指「詩書禮易春秋」為據，更是具有重要意義。
因為，宋明儒為了肆應「內聖之學」的發展，立論大量地以
《易傳》、《大學》、《中庸》為基，其後更因朱子合《論語》、
《孟子》、《大學》、《中庸》為《四書》，且大行於世，所以
《四書》的「經典地位」高過於《五經》；又由於宋人治經
喜疑經、改經、刪經。於是《五經》之學，雖然未嘗廢之，
但指導儒門義理方向的「經典」，已由《五經》轉向《四書》
了。而且，相當令儒者詫異的進一步演變是，不僅連《五經》

---

[85] 顧炎武著，徐文珊點校：《原抄本顧亭林日知錄》卷二十，〈內典〉，
頁 527。

隱於幕後，甚至連《四書》，也在「語錄」出現後，由「語錄」文字扮演了指導者的角色。這也就是清初學人對宋明儒不滿的原因之一。發展至此，清儒根本認為儒學已被篡改，而非儒門「正統」了，只有復返《五經》，儒學才能有重生的機會。所以顧炎武再說：[86]

> 然愚獨以為理學之名，自宋人始有之。古之所謂理
> 學，經學也，非數十年不能通也。故曰：君子之於春
> 秋，沒身而已矣……今之所謂理學，禪學也，不取之
> 五經而但資之語錄。

事實上，清初學者的此一轉向，至為重要。因為這樣的轉向，意味著清儒看待「世界」的「焦點」產生移動，而「焦點」一旦移動，則我們可以說，清儒與宋明儒的不同，像是經過一種類似「格式塔轉換」（gestalt switch）的過程一樣，其眼中的「世界」，尤其是所謂的「意義世界」，經過「主體」「文本」「意義」的關係位置之變化，其內涵乃有了重大的改變。[87]發展至此，清儒的「意義世界」，已經與宋明儒完全

---

[86] 顧炎武：《亭林詩文集》，〈與施愚山書〉，頁 102 下欄。

[87] 關於這一點的論述，王陽明曾有一段相關文獻，正好可以說明此種「意義世界」的共構模式。陽明說：「問：『人心與物同體，如吾身原是血氣流通的，所以謂之同體。若於人便異體了。禽獸草木益遠矣，而何謂之同體？』先生曰：『你只在感應之幾上看，豈但禽獸草木，雖天地也與我同體的，鬼神也與我同體的。』請問。先生曰：『你看這個天地中間，

不同了。而且，由於儒者的「意義世界」是依他們對於「聖人之道」的「信仰」而來，於是這兩套可能的「意義世界」，其間雖或有交集相會的部分，而非全然地突變與不同，但因於「信仰」的「不可取代性」，不同的「意義世界」乃至無法「對話」與「溝通」。更進一步地，此「意義世界」乃回過頭來形構了他們對於「聖人之道」信仰的「絕對性」與「排他性」，此所以清儒會以「異端」之名，冠諸宋明儒，究其因，正是由於「信仰」的「不可取代性」所導致。

只有這個靈明，人只為形體自間隔了。我的靈明，便是天地鬼神的主宰。天沒有我的靈明，誰去仰他高？地沒有我的靈明，誰去俯他深？鬼神沒有我的靈明，誰去辯他吉凶災祥？天地鬼神萬物離卻我的靈明，便沒有天地鬼神萬物了。我的靈明離卻天地鬼神萬物，亦沒有我的靈明。如此，便是一氣流通的，如何與他間隔得！』又問：『天地鬼神萬物，千古見在，何沒了我的靈明，便俱無了？』曰：『今看死的人，他這些精靈遊散了，他的天地萬物尚在何處？』」陽明此說所觸及的「意義」問題，劉述先先生就認為是一種「寂感」模式。陽明之說，《王陽明全集》上冊，〈卷三　語錄三〉，頁124。劉述先之說，參劉述先：《黃宗羲心學的定位》，頁97。另外，傅柯（Michel Foucault）在研究「話語」（discourse）時，指出在「話語形構」（discursive formation）下的許多「聲明」（statement），即必須注意表達「聲明」之「主體」的「位置」。相關討論，請見：王德威：〈「考掘學」與宗譜學—再論傅柯的歷史文化觀〉，收入：米歇・傅柯著，王德威譯：《知識的考掘》（臺北：麥田出版，1993年），頁45-51。再者，傅柯的說法，可注意該書之「第二部：話語的規則」、「第三部：『聲明』和檔案」。

　　經由上述的討論,我們可以發現,清儒依據《五經》所架構的「意義世界」是一「經世致用」的世界,其與宋明儒「內聖之學」焦點化之後的「意義世界」,迥然不同。而且,基於儒者「闢異端」「匡扶聖學」的永恆責任,清初儒者乃針對宋明儒眼中的「道統系譜」大加撻伐;並重構一個新的「傳經系譜」,來加以取代;對於所據之「經典文本」提出批判,甚至質疑「經典」本身的合法性;最後乃在「經典義理」的考究上,以返歸「原典」精神的作法,擊破宋明儒所架構的「意義世界」,從而樹立清儒的「意義世界」。這些實已說明清儒與宋明儒所經歷的正是一種「世界觀」焦點的「格式塔轉換」。

　　不過,在這樣饒富趣味的轉折之中,卻浮顯了一個相當值得探討的課題,此即清儒與宋明儒在進行「意義世界」的架構過程裡,會觸及到相關「經典詮釋」的問題。其中包括了「詮釋者」、「經典文本」、「聖人之道」的三角互動關係,有待釐清。基本上,從清儒與宋明儒的作法中,可以分為兩類處理方式。一類如程朱、清儒等,強調有一個客觀的「聖人之道」保存於「經典文本」中,而「詮釋者」的責任即是扮演好「經典詮釋者」的角色,其任務便是將「聖人之道」由「經典文本」中,釋放出來。另一類則像陸、王學者的主張,「聖人之道」無差無兩地保存於任何一位具有開放性的「詮釋者」的「心」中,[88]「詮釋者」的任務是要彰顯此一

---

[88] 在〈稽山書院尊經閣記〉裡,陽明就很明白地說:「經,常道也。其在於天謂之命,其賦於人謂之性,其主於身謂之心。心也,性也,命也,

「千古不磨心」的內涵，至於「經典」，若借用釋家語而言，只是「助緣」，並非「主因」。

另外，在這兩類的處理方式中，又因「聖人之道」的「焦點」不同，其所形構的「意義世界」，又可區分為兩類。一類以宋明儒為主，不分程朱、陸王，他們的世界是以「心性」為主的「內聖」世界。一類則以清儒為主，強調「經世致用」，他們的世界乃是由「用世」而推出的「外王」世界。

在進行梳理前述有關「經典詮釋」問題之前，有一個問題必先解決，此即構成清儒分判「正統」與「異端」的重點，是在於「聖人之道」的「先行理解」上，至於對待「經典」的態度則是屬於第二判教步驟時的準據。能明瞭此間之不同，則誤以為清儒只有「考據」而無「義理」的主張，便可迎刃而解了。因為，許多學者總認為清代學術的發展由「經世致用」轉往「通經」，再由「通經」轉向「考據」，於是本是要求「用世」的學術發展，竟然導向與「世」無關的客觀知識之考索。[89]寧不怪哉！其實，「詮釋者」與「經典文本」

一也。……而世之學者，不知求六經之實於吾心，而徒考索於影響之間，牽制於文義之末，硜硜然以為是六經矣。」這樣的說法幾乎完全否定了「經典文本」的獨立自主地位，使「經典文本」淪為「為我註腳」的局面，實與清儒的作法，大異其趣。

[89] 勞思光先生說：「『致用』本不必然依於『通經』；因所求之『用』不必為古經所必有，更不必為古經所獨有。此所以上文謂此二者間原無理論間之必然關係。亭林及其同時同調人物所以求『致用』而以為必歸於『通經』者，乃因通過一傳統主義之信仰而然，而此信仰本身之成立在亭林或其同調之論著中並未提出理據。蓋只是一預認之態度而已。故就

關係的處理方式確實是清儒治學的一個顯著特徵,但這並不妨礙他們早就有一個「聖人之道」的「先行理解」,只有理解這點,我們才可破解江藩之後以「漢學」、「宋學」二分的「化約」理解方式之不當,進而發現隱伏在今日主流學術意見之外的「乾嘉義理學」,仍可由戴震、凌廷堪、阮元等人的著作中,窺探一二。因爲他們對於儒學的理解,並非僅於餖飣的詁經討論而已,他們在他們所理解的「聖人之道」面前,上追孔孟原意,力主「具體實踐」的義理面向,[90]這不能不說是從其「聖人之道」的「先行理解」所推出的「結果」。有關此一問題的討論,第三章的分析,可供參考,此處不再贅述。

由『致用』轉至『通經』而言,此處可謂無客觀之必要根據,而只有主觀信仰上之根據;今再進至由『通經』至『考古』之轉變,則情況不同。由於中國經籍本身之內部問題,凡真欲『通經』者,不能不先致力於考訂工作;因此,就歷史之實際言,由『通經』轉至『考古』乃有確定客觀根據或客觀必要。」其言甚詳而審,可供參考。勞思光:《新編中國哲學史(三下)》,頁803。

[90] 根據段玉裁在〈戴東原集序〉中的說法,東原自許為學志業之精彩處,並非考訂文字的工作,而是《孟子字義疏證》,尤其是有關於「具體實踐」所涉的「情」「欲」問題,更是東原著力之所在。段玉裁文見:《戴震全集・第六冊》(北京:清華大學出版社,1999 年),附錄二,頁3458-3459。另外,余英時先生也指出東原對於「義理」的愛好,不受時人所肯定。請參:余英時:《論戴震與章學誠—清中期學術思想史研究》(臺北:華世出版社,1980 年),頁 87-94。

　　釐清了上一問題後，我們便可回到「詮釋者」、「經典文本」、「聖人之道」的處理方式上了。基本上，由於清儒採取「經典文本」可以保存「聖人之道」的策略，因此，「詮釋者」主要是必須從「經典文本」中，找尋可能的「聖人之道」。是以「通經」乃是必然的「要求」，而「通經」當然就必須回歸先秦的「舊典」中，此所以論者稱此時期的學術是一種「回歸原典」的運動之因。而這樣的理念，背後實預設著有一客觀的、而且不變的原意，可以離開時空因素而獨立存在。因為，只有預先假設有一個客觀不變且獨立的「原意」存在，「聖人之道」也才具有「普遍性」與「絕對性」，因為「聖人之道」是「聖人」所給予的，它不應因詮釋者的不同，意義就產生移動。順此思路發展下來，當然就會推到「只要有新意義產生，那就是『誤讀』」的判斷了。試觀乾嘉之學往後發展，所出現的種種「詁訓條例」的發明，其實無非就是要為回到「聖人」的「原意」所做的準備。

　　至於另外一類的作法，則顯得有某種程度的獨斷，因為他們認為「聖人之道」具存於人「心」，「經典文本」只是「助緣」，或是用來佐證人「心」所透顯的「聖人之道」而已。所以陽明才說「求六經之實於吾心」。這樣的主張，仍然假設有一個客觀不變的「聖人之道」存在，但不是存於「經典文本」，而是存於「詮釋者」的「心」中，於是「經典文本」不再是具有獨立的地位，而在與「聖人之道」的照會中，它只有「衍生的」「派生的」地位而已。此時的「詮釋」活動，是「詮釋者」如何「詮釋」或「解讀」其「心」中的「聖人之道」的問題？其中所涉當有複雜的「工夫」部分。不過，

由於這種詮釋的進路，也是相信「聖人之道」的「普遍性」與「絕對性」，並且強調「個人」的「體會」。於是「客觀不變」的「聖人之道」，常常淪爲「個人」自我標榜的藉口，兼以難以尋求一有效的「檢證方式」，甚至發出「滿街皆是聖人」的荒謬之語。客觀的詮釋活動已不可能，詮釋活動已流爲主觀的相對活動。

經由以上的分析，我們可以發現一個很有趣的現象，此即不管是那一類的詮釋活動，他們都相信有一「客觀不變」的「聖人之道」（真理）存在，這不僅是清儒與宋明儒都有的「基本信念」（Basic Belief）事實上，漢注唐疏的經師們，對於他們在注經過程中的詮釋活動，同樣也都抱持一個「客觀不變」的「聖人之道」，以爲其詮釋活動的準則，並且不敢逾越半步，此所以傳經之學，首重「師法」與「家法」。當然，「理想狀態」是一回事，具體的「實踐層次」又是另一回事。儒者們雖然號稱自己絕對守住「聖人之道」的矩範，但在實際的詮釋活動中，其實都已經添加了許多「個人」的「傳記情境」與「生活世界」互融的「自我理解」，於是與「經典文本」「聖人之道」乃形成一道連續關係或融貫關係的「詮釋循環」（hermeneutic circle）。

最後，我必須要指出的是，從清初的「經典認同」所看到的「正統」與「異端」之爭，競爭的雙方都對於己方所信仰的「聖人之道」，相當地堅定，是以當他們以著「生死以之」的態度，捍衛著他們所信仰的「聖人之道」時，其間所顯的「意義世界」只有「絕對性」與「排他性」，而無任何「相對性」與「多元性」的可能。這種態度的表現，絕不能

將之「化約」爲一種客觀知識的「認知活動」。或許稱之爲
「準宗教型態」的自我生命的「理解」或「感應」模式，方
才庶幾近之。

第三章

乾嘉義理學中的「具體實踐」

一、前言

從研究的方向而言，關於清代乾嘉時期的研究重點，學者們通常將焦點集中在「考證學」的相關研究上，不管是其成因或方法的討論。相較之下，乾嘉「義理學」內涵的討論，則顯得乏人問津。更有甚者是許多在哲學思想上，已經卓然成家的學者，以著嚴格的理論標準，對於此一時期的思想進行「定位」的檢證工作時，認爲乾嘉時代沒有哲學的批判性觀點，[1]卻成爲剖判清代學術成績的重要準則。如果我們深

---

[1] 例如牟宗三先生就對近三百年來的學術史發展，頗不以為然。在其《從陸象山到劉蕺山》一書的〈序〉中，就很明白地說：「夫宋明儒學要是先秦儒家的嫡系，中國文化生命之綱脈。隨時表而出入，是學問，亦是生命，自劉蕺山絕食而死後，此學隨明亡而亦亡。自此以後，進入滿清，中國之民族生命與文化生命遭受重大之曲折，因而遂陷於劫運，直劫至今日而猶未已。噫！亦可傷矣！是故自此以下，吾不欲觀之矣。吾雖費如許之篇幅，耗如許之精力，表彰以往各階段之學術，然目的唯在護持生命之源，價值之本，以期端正文化生命之方向，而納民族生命於正軌。至於邪僻卑陋不解義理為何物者之胡思亂想，吾亦不欲博純學術研究之名而浪費筆墨於其中也。」牟先生的此一批判，即是從「心性主體」的「內聖」之學著眼。請參：氏著：《從陸象山到劉蕺山》（臺北：臺灣學

入分析這些前輩學者的論點，我們當可發現其「義理之學」的理論判準，常常是以「心性主體」的論述爲其核心，在此一嚴格的檢證標準下，以清人著重「實用」、「實踐」的學術性格來看，會得到上述的結論，是不足爲奇的事。但清代的學者在思想的工作上，果真如論者所云是一個缺乏思想的時代嗎？又或者是今人的審視觀點，有所偏失而應重新檢討呢？此外，這種學術的時代趨向對於今日的傳統研究，又該有什麼樣的意義？這些可能糾結著許多複雜面向的問題，其實都是今日研究乾嘉學術的學者所無法避免，也應該面對的挑戰。

當然，從晚近學界的研究努力來說，有別於前賢研究視野的觀點，逐漸在擴大之中，如有從思想史內在義理的角度指出乾嘉學術，體現出一種從「超越」轉往「內在一元」的思想性格；[2] 也有從學術史的具體文獻中，勾勒出「以禮代理」的時代發展，不僅在當代曾起著狂飆的作用，其可能的思想內涵，亦不應一筆抹殺。[3] 這些新的詮釋策略相對於前

生書局，1990 年），頁 3。相同意見又見於：氏著：《中國哲學十九講》（臺北：臺灣學生書局，1983 年），頁 418。

[2] 鄭宗義先生在其《明清儒學轉型探析——從劉蕺山到戴東原》一書的主軸觀點，便是建立在此一判斷上。當然，鄭先生的說法是受到劉述先先生的《黃宗羲心學的定位》之影響。請參：鄭宗義：《明清儒學轉型探析—從劉蕺山到戴東原》（香港：中文大學出版社，2000 年）。劉述先：《黃宗羲心學的定位》（臺北：允晨文化實業股份有限公司，1986年）。

[3] 張壽安先生在其《以禮代理——凌廷堪與清中葉儒學思想之轉變》一

賢的觀點而論，不止沒有遜色，甚至在「前修未密，後出轉精」的學術發展上，體現了時人的努力，這毋寧是一件可喜的事。本文即是在諸多新成果的研究基礎上，嘗試對乾嘉義理學的研究，提供一個可能的思考方向。

基本上，本文的關注焦點並不想對上述這些不同觀點作衡定的工作，因為這些說法的提出，若從思想史的角度來看，都可以在歷史的發生歷程裡，找到滿足自己論點的依據。相反地，本文卻是在上述所獲得的個別成果中，想要指出一個乾嘉義理學的現代意義。本文將從以下三點進行論述：首先，從「一個有意義的爭議」說明清儒對宋明儒的自覺批判，實代表著「儒學」有無一個可為眾人所完全接受的「正統」形象，應該加以思考。這牽涉到儒學發言權的正當性問題與儒學內涵的判定。其次，清儒對宋明儒之說的「破」，以及已說的「立」，包涵著有「多重緊張性」的思想格局，這個富於衝突面向的時代思潮，背後有著學說間取捨的困境。諸如形上與形下的拉扯、內聖與外王的緊張、工夫與本體的斷裂。本文將試著釐清此一多重緊張性的內涵。最後，我希望透過現代學術的研究路向，從「存在」的角度入手，試著提出一個圓成上述衝突可能性的觀點。

書中，很深刻地描繪出清中葉時期的學術發展，有走上「以禮代理」的傾向。請參：氏著：《以禮代理——凌廷堪與清中葉儒學思想之轉變》（臺北：中央研究院近代史研究所，1994年）。

二、一個有意義的爭議——「正統」誰屬？

事實上，自明末以來，知識份子對於宋明儒的批判聲音，隨著政局的日益弊敗，其批判的力道也就越來越強。顧憲成在《小心齋劄記》中便曾對當時王學末流，提出嚴厲批評。其言：[4]

> 所謂無善無惡，離有而無邪？即有而無邪？離有而無，于善且薄之而不屑矣。何等超卓！即有而無，于惡且任之而不礙矣。何等脫灑！是故一則可以抬高地步，為談玄說妙者樹標榜，一則可以放鬆地方，為恣

---

[4] 顧憲成撰，馮從吾校對：《小心齋劄記》（臺北：廣文書局，1975 年），頁 84。基本上，東林學者的立場是對於王學的修正，因此，他們關心的議題焦點也是在於「心體」的討論上。此所以東林學者會對王學末流有較為嚴厲的批評。當然，關心具體社會風俗變化的入世性格，也是造就他們批判性格的原因之一。所以，值得注意的是東林黨人的這些性格表現，形成明末重要的黨爭情形，就不可僅視為一種派閥的鬥爭而已，其背後應有更為嚴肅的課題。相關研究，請參：溝口雄三：《中國前近代思想的演變》（北京：中華書局，1997 年），〈下論——第一章：明末清初的繼承和屈折〉，尤其是第一節中〈從〝穿衣吃飯〞向〝公貨公色〞之理——童心說的走向——東林派對無善無惡的批判〉，頁 195—214。另外，同書又收：〈所謂東林派人士的思想——前近代時期中國思想的發展變化〉，頁 335-488，亦值參考。小野和子：〈東林黨考〉，收入：《日本學者研究中國史論著選譯》（北京：中華書局，1993 年），〈第六卷〉，頁 266-303。

情肆欲者決堤防。宜乎君子小人咸樂其便，而相與靡
然趨之也。

　　作爲以風節相標的東林人士而言，顧憲成在上述的文字
中，不留情地批判了王學末流是導致明末以來，政治與社會
同時敗壞的重大根源。[5] 因爲由「玄虛而蕩」，則知識份子將
只餘「無事袖手談心性」的本事，根本無益於國計民生；而
若因「情識而肆」，則社會風氣恐亦將由此導向侈靡之風而
不自知。顧憲成在明末的憂慮，到明亡之後，知識份子的批
評矛頭依然指向王學末流，甚至可能因爲亡國之感的激越，
寄寓於文字之中的攻擊，更是顯得痛切而深刻。顧炎武在《日
知錄》中，就說：[6]

---

[5] 不過，值得我們注意的是將明朝亡國的原因，簡單地歸入「王學」流
弊的影響，會將複雜的政治社會經濟的總體面抹煞，代以「心性」問題
即是一個國家存亡的依據。這些主張會產生政治學上「人爲構成說」
（anthropogenic constructionism）的傾向，而成爲一種設計論的主
張。認爲政治制度是由少數秀異份子的心靈所構設，因此「心性」問題
成爲一個政治制度或社會秩序的原動力。其結果將導致「化約論」的可
能，而於歷史的複雜面則予以忽略。請參：林毓生：〈五四新文化運動
中的反傳統思想〉，刊於：《中外文學》，三卷十二期（臺北：中外文學
月刊社，1975 年 5 月），頁 19-22。

[6] 顧炎武著，徐文珊點校：《原抄本顧亭林日知錄》（臺北：文史哲出版
社，1979 年），卷二十，〈朱子晚年定論〉，頁 538-539。

故王門高弟為泰州、龍溪二人。泰州之學，一傳而為
顏山農，再傳而為羅近溪、趙大州。龍溪之學，一傳
而為何心隱，再傳而為李卓吾、陶石簣。昔范武子論
王弼、何晏二人之罪，深於桀紂。以為一世之患輕，
歷代之害重；自喪之惡小，迷眾之罪大。而蘇子瞻謂
李斯亂天下，至於焚書坑儒，皆出於其師荀卿，高談
異論而不顧者也。……以一人而易天下，其流風至於
百有餘年之久者，古有之矣，王夷甫之清談，王介甫
之新說。其在於今，則王伯安之良知是也。

　　顧炎武在這篇名為〈朱子晚年定論〉的文章中，不僅指
出王學末流亡天下的罪過，更將此一罪過的源頭，追及陽
明。因此，可知明清之際的學者或目睹時局敗壞、或身感亡
國之痛，其最後的結局，俱是將問題的核心指向王陽明及其
後學。當然，以今日的眼光來看，這類型的批評雖然可以說
明當時歷史發展的某些成因，但忽略當時外在的歷史條件，
諸如社會經濟問題，就免不了有將歷史複雜整體的發展，歸
結於一「化約」的眼光來處理。其結果將不只是掛一漏萬的
疏略，甚且在情緒的遮掩下，罵錯對象，找錯禍首。[7]

---

[7] 一個朝代的興衰，本就有整體的因素在相互影響著，很難將某一可能
的原因，採取放大鏡的方式，加以擴大。不過，對於當局者而言，找到
一個可以自我說服的原因，有時反而是他們活下去的一種精神寄託。事
實上，明亡的原因多端，舉例來說，不少美國學者就認為世界性的經濟
蕭條與白銀危機是造成明朝覆亡的主因，雖然也有學者反對此說，但正

　　雖然，明清之際學者的觀點可能困於當局者的限制，有所差失。但其思考的角度卻透露出一個重要訊息。此即在他們的批評之中，隱含著討論「心性」問題的王學，並不是「正統」儒學的預設。指出這一點的發展，是至為緊要的事。因為容或此時的學者只是對於王學的影響，表現出憤懣的意態，且尚未將宋代以來的「理學」發展，同樣責以未見儒學之大統。但從此時期的言論來分析，知識份子對於以「心性」為首出的「宋明儒學」，敵意已經日漸加深。揆諸歷史的發展，有清一代朱子學的復興運動，雖曾在陸桴亭等人的提倡下，短暫有過引動一時風潮的成績，[8] 但在批判「心性」之

可證明以單一的原因來解釋複雜的歷史現象，容易犯了「以偏概全」的邏輯謬誤。相關研究，請參：林滿紅：〈明清的朝代危機與世界經濟蕭條——十九世紀的經驗〉，刊於：《新史學》，第一卷第四期，1990 年，頁 127-147。

[8] 做為遺民的陸桴亭，其與清政權的關係是相當疏遠的，因此並無聞名於當世，但是自清初以後，學者如顧亭林、全祖望等，均對桴亭有相當高的評價。最主要的原因，當可能與他遺民心態而不仕，故退而潛心朱學的研究有關。事實上，陸世儀作為遺老，面對政權的更替，自有其一番考量，而非以〝死〞或以〝隱〞，便能全然說明其心志。舉例來說，他在論及「治平」問題時，便曾說：「歷觀古今以來，大抵經時變革，一時賢者不死於忠節則歸於隱遯，其或去而入於空釋者，更多有之。蓋君臣之義已定，改節易操，固無其事，而凡有抱負者，又不甘與齊民同老，其逃於禪悅而更為主張門庭，亦士君子不得志於時之所為也。然而聖道自此日晦，世界自此日壞矣。愚謂有天下者，若易代之後，而不用勝國之遺黎故老，則賢才可惜；若用遺黎故老，而遺黎故老竟樂為新主

學的時代氛圍裡，兼以曾靜《大義覺迷錄》所引起的政治力干預，[9] 兩重壓力下，朱子學的影響力亦逐步地退出歷史舞臺。由此可知，連程朱之學亦不免遭受波及，更遑論被視爲禍源的陽明學及其同調的宋代象山學。於是，「宋明儒學」所代表的「儒學正統」形象，從清初以來的局部質疑，轉至中葉時期已面臨了學者的全面挑戰。

　　基本上，挑戰宋明儒心性之學在儒學傳統中的「正統」地位，或許是源於亡國的外在因素所發，但此一挑戰出現後，卻自有其客觀意義存在，並非只是時人情緒性反應的心理作用而已。因爲這些挑戰所提出的論據與思路，直接地衝擊到「『儒學』應該是什麼？」之類的本質問題，而此一問

所用，則又乖不事二君之義。於此有兩全之道：學校之職，臣也，而實師也，若能如前不用品級之說，則全乎師而非臣。昔武王訪道於箕子，而箕子為之陳洪範。蓋道乃天下後世公共之物，不以興廢存亡而有異也。聘遺黎故老為學校之師，於新朝有益，而於故老無損，庶幾道法可常行於天地之間，而改革之際，不至賢人盡歸放廢矣。」其說篤重聖學之傳，果為敦厚之學者風範。陸世儀：《思辨錄輯要（上）》（臺北：廣文書局，1977 年），卷二十，頁 403。其重要著作以《思辨錄輯要》為著，學者分析此作，認為他謹守朱子門戶未見創新，但此種篤實的學風，正反映著救正王學的一種努力。請參：鄭宗義，《明清儒學轉型探析》，頁 116-129。另外，相關清代朱子學的研究，亦可參：陸寶千，《清代思想史》（臺北：廣文書局，1978 年），頁 119-162。
[9] 曾靜受朱學學者呂晚村的影響，密謀反清，進而引起清官方的反感，《大義覺迷錄》一書，後來成為禁毀的對象，連帶使得官方提倡朱學的動作，趨於消極。

題不應只視之爲特殊時空背景下的議題，我們應該正視此一爭議的產生，對於「儒學」內涵的重新思考是具有客觀的理論意義。

其實，自清初以來，學者批評談心論理的宋明儒學，大抵針對其蹈空之後的流弊，大加撻伐，其焦點以無益國計民生、敗壞社會風俗爲主要的意見。[10] 但隱藏在這些批評策略的背後，卻有一個逐漸鮮明的意向突出，此即「宋明儒學」不僅不能完全代表儒學，甚至在宋明儒不辨「經典」真僞的情形下，[11] 以及受到禪宗影響而未能貞定儒學真義的問題

---

[10] 例如號稱「理學干城」的方東樹，便曾歸納批評「宋明儒學」的三大罪，其云「近世有為漢學考證者，著書以關宋儒攻朱子為本，首以言心言性言理為屬禁，海內名卿鉅公，高才碩學，數十家遞相祖述。膏膏拭舌，造作飛條，競欲咀嚼，究其所以為之罪者，不過三端。一則以其講學標榜，門戶分爭，為害於家國。一則以其言心言性言理，墮於空虛心學禪宗，為歧於聖道。一則以其高談性命，束書不觀，空疏不學，為荒於經術。而其人所以為言之恉，亦有數等。若黃震、萬斯同、顧亭林輩，自是目擊時敝，意有所激，創為救病之論，而析義未精，言之失當。楊慎、焦竑、毛奇齡輩，則出於淺肆矜名，深妒宋史創立道學傳，若加乎儒林之上，緣隙奮筆，忿設詖辭。若夫好學而愚，智不足以識真，如東吳惠氏、武進臧氏，則為闇於是非。」若暫時撇開方東樹的學術立場，其所觀察的清初之批宋明儒的言論，正是有以「時敝」為出發點的情緒。請參：方東樹：《漢學商兌》（臺北：臺灣商務印書館股份有限公司，1978年），〈漢學商兌序例〉，頁1。

[11] 此與《大學》的討論有關，詳見下文。

裡，[12]將「宋明儒學」逐出「儒學正統」的系譜外。從清初的費密，到中期的戴東原，其後的凌廷堪、阮元均曾觸及此一問題。由於此一問題的抉發，關係到乾嘉義理學的思想傾向，因此底下將以此數人的文字作為分析的起點。

費密在〈統典論〉中，曾以「道統」與「道脈」兩分，一屬有「位」之帝王，一歸有「德」之儒者。其言：[13]

> 故上之道在先王立典政以為治，其統則朝廷，歷代帝王因之，公卿將相輔焉；下之道在聖門相授受而為脈，其傳則膠序，後世師儒弟子守之，前言往行存焉。苟無帝王受天明命宰育萬彙，有磨礪一世之大權，優善懲惡，公卿行之以動蕩九服，取儒生空辭虛說，欲以行教化而淳風俗，必不能矣。王天下者之於道，本也。公卿行焉，師儒言焉，支也。

費密的這段文字，看起來甚為突兀，尤其將「統」歸為帝王，更是嚴重違反了孔孟「道尊於勢」的理想，[14]宜乎論

---

[12] 清儒認為宋明儒學受禪宗之影響，而未能守住聖學之統緒的說法，俯拾即是。例如：陳確，凌廷堪等人均有相同的批評。下文亦將論及，此處不再贅述。

[13] 費密著：《弘道書（上）》（臺北：藝文印書館，原刻景印叢書集成續編），怡蘭堂叢書，頁二左。

[14] 孔孟以來的儒者面對統治帝王的態度，並未將之美化為傳道統之人，

者將之易爲「王統」，[15] 或是直陳其有「滑落到現實功利一邊的危險」。[16] 當然，費密的說法充滿著許多可議之處，但從其求治世之急切，而自覺地靠攏歷代帝王邊，則可知道主導清初知識份子的儒學圖像，已經不再以談心論理的宋明儒學所能涵蓋了。此時種種的時代焦慮，迫使自許繼儒者事業的知識份子，必須重新檢討「儒學」的內涵應該以何種型態爲依歸了。

論者嘗指出費密在〈道脈譜論〉中的「儒學史」即是一部傳經史，[17] 這個觀察頗能反應當時的實情。事實上，將儒學的內涵重返「經書」中探求，確是清儒的重要思想特徵。本來，將「六經」視爲判別「儒學」內涵，應是歷代儒者的基本信仰，即使是爲清儒所譏評的宋明儒，亦未嘗廢經不

甚至在「道尊於勢」的考量下，「不召之臣」與「帝王師」的想法，恐怕才是儒門面對統治帝王的主張。如《孟子·萬章下》云：「繆公亟見於子思曰：『古千乘之國以友士，何如？』子思不悅曰：『古之人有言曰：事之云乎；豈曰友之云乎！』子思之不悅也，豈不曰以位，則君也，我臣也，何敢與君友也。以德，則子事我者也，奚可以與我友？千乘之君，求與之友而不可得也，而況可召與？」從這段文字，我們可以看到先秦儒者以「德」抗「位」之君，從不以「道」許「君」，是以費密的說法，有著相當多的問題。焦循：《孟子正義》（臺北：文津出版社，1988 年），頁 721。

[15] 李紀祥：《明末清初儒學之發展》（臺北：文津出版社，1992 年），頁 194。

[16] 鄭宗義：《明清儒學轉型探析》，頁 167。

[17] 同上註，頁 165。

談。[18]但是清儒由於歷史因緣，因此對宋明儒採取敵視的態度，以致宋明儒從「經典」中，創造地轉化及繼承的創新工作，亦不為清儒所首肯，而在否定之列。勞思光先生就認為這其中突顯了清儒相當濃厚的保守主義色彩。[19]所以當費密將「道脈」之傳，歸諸傳「經」之徒，則其所理解的「道」與「經」的關係，就絕非宋明儒以「心性」論「道」，視「經書」為「吾心之常道」的載具。王陽明所理解的「經，常道也。其在於天謂之命，其賦於人謂之性，其主於身謂之心。心也，性也，命也，一也。……而世之學者，不知求六經之實於吾心，而徒考索於影響之間，牽制於文義之末，硜硜然以為是六經矣。」[20]當然會與費密對於「經」的理解，產生

---

[18] 其實「五經」、「四書」的地位，在宋代之後確有產生昇降變化的現象，但宋明以來的儒者，治經之業，不曾中斷。雖與清儒相比，遜色許多，但從未棄絕。且以宋代為例，雖然誠如皮錫瑞所言：「宋人不信注疏，馴至疑經；疑經不已，遂至改經、刪經、移易經文以就己說，此不可為訓者也。」但宋人之所以會有如斯之舉措，就某方面的意義而言，其與清儒以「六經」為儒門經典的信仰，並無二致。皮錫瑞：《經學歷史》（臺北：漢京文化事業有限公司，1983年），頁264。

[19] 宋明儒對於經典進行創造轉化工作，是以「內聖之學」為鵠的，而清初之儒則著重在「通經致用」，並由此而轉為治經之學。清儒以偏向外王事業的學術性格批評宋明儒，顯係無法認同宋明儒的創發精神。請參：勞思光：《新編中國哲學史（三下）》（臺北：三民書局，1988年），頁803。

[20] 王陽明撰，吳光、錢明、董平、姚延福編校：《王陽明全集》（上海：上海古籍出版社，1992年），卷七，〈稽山書院尊經閣記〉，頁254-255。

重大歧異。這種歧異即在於費密認為「道」是保存於先王治天下的典章制度中，而宋明儒則或從「心性」、或歸綜於「理」，要皆少從特殊時空的典章制度裡，找尋普遍性意義的「道」。

上述這兩種對「道」的態度，直接影響了乾嘉時期學者的觀點，戴東原在〈題惠定宇先生援經圖〉一文中，就相當清楚地表達了與費密相同的意見。他認為就在「典章制度」中，聖人之道存焉。他說：[21]

> 震自愧學無所就，於前儒大師不能得所專主，是以莫之能闚測先生涯涘。然病夫六經微言，後人以歧趨而失之也。言者輒曰：「有漢儒經學，有宋儒經學，一主於故訓，一主於理義。」此誠震之大不解也者。夫所謂理義，苟可以舍經而空憑胸臆，將人鑿空得之，奚有於經學之云乎哉？惟空憑胸臆之卒無當於賢人聖人之理義，然後求之古經；求之古經而遺文垂絕，今古縣隔也，然後求之故訓。故訓明則古經明，古經明則賢人聖人之理義明，而我心之所同然者，乃因之而明。賢人聖人之理義非它，存乎典章制度者是也。松崖先生之為經也，欲學者事於漢經師之故訓，以博稽三古典章制度，由是推求理義，確有據依。彼歧故訓、理義二之，是故訓非以明理義，而故訓胡為？理

> 義不存乎典章制度，勢必流入異學曲說而不自知，其
> 亦遠乎先生之教矣。

在這段常被引用為討論乾嘉考證學的重要文字裡，我們
看到了戴震為學的自我期許，此即由「故訓」以明「理義」，
由「理義」以見「典章制度」，於此可見東原的終極關懷確
非僅著力於考證訓詁的工作而已。[22]而值得注意的是，東原
進一步申說談論理義，若不從具體的典章制度中索尋，則容
易流入「異學曲說」，其影射的對象，恐怕就是指辨析心性

---

[22] 段玉裁在〈戴東原集序〉即云：「夫聖人之道在六經，不於六經求之，
則無以得聖人所求之義理，以行於家國天下，而文詞之不工，又其末也。
先生之治經，凡故訓、音聲、算數、天文、地理、制度、名物、人事之
善惡是非，以及陰陽、氣化、道德、性命，莫不究乎其實，蓋由考覈以
通乎性與天道。既通乎性與天道矣，而考覈益精，文章益盛，用則施政
利民，舍則垂世立教而無弊。淺者乃求先生於一名一物一字一句之間，
惑矣。先生之言曰：『六書、九數等事，如轎夫然，所以舁轎中人也。
以六書、九數等事盡我，是猶誤認轎夫為轎中人也。』又嘗與玉裁書曰：
『僕生平著述之大，以孟子字義疏證為第一，所以正人心也。』噫！是
可以知先生矣。」由此當可見時人亦能體貼東原治學之目標，並非止於
為學問而學問，其治學的終極關懷，恐怕一如宋明儒者一般。段玉裁文，
收於：《戴震全集·第六冊》（北京：清華大學出版社，1999 年），附錄
二，頁 3458-3459。另外，余英時先生更從相關文獻的分析，指出東原
對於「義理」的偏好，恐與時風未必全然合轍。請參：氏著：《論戴震
與章學誠──清中期學術思想史研究》（臺北：華世出版社，1980 年），
頁 87-94。

理氣的宋明儒學了。不過，東原雖然對於宋明儒學持著批判的態度，但在〈原善〉或《孟子字義疏證》中，論「理」論「氣」亦是其重點所在，以致引起日後凌廷堪的嚴厲批判。

由費、戴二人的觀點，我們可以發現他們主張的「儒學」之特質，背後實有著一基本的預設，此即由「經世」觀點所推導而出的「通經致用」之主張。誠如勞思光先生在《新編中國哲學史（三下）》所指出的：[23]

> 「致用」必恃「通經」為基礎，然則「通經」之工作要點何在？此處顯然首先涉及一嚴重問題，即所謂「經」者本身之內容及解釋有無定準；此問題倘無明確答覆，則經本身尚無定解，如何能據之以求治平之用乎？於是由「通經」乃須轉往「考古」。

因此，清儒對於宋明儒學的反省，一方面突顯出清儒新義理的可能，另一方面也如余英時先生所觀察到的儒學內部

---

[23] 勞思光：《新編中國哲學史（三下）》（臺北：三民書局，1988 年），頁 803。

有發展「智識主義」的趨向。[24]而就其新義理的可能面向來加以觀察的話，將可以明顯地看到清儒在「致用」的基本立場下，其返歸原典的努力，便不可能會將焦點鎖定在「心性」傳統的脈絡，其關懷的重點當以能具體力行的言論為依歸，這也就是他們為什麼會特別認為典章制度是「道」或「理義」的寄寓所在之原因。

　　費、戴二人對於宋明儒學的批評，雖已見其不滿之情緒及其具體力行的立場，但其後繼者在批判宋明儒的火力上，不只未見稍退，甚至還有加強的情形。凌廷堪就曾說：[25]

> 近時如崑山顧氏、蕭山毛氏，世所稱博極群書者也。
> 而崑山攻姚江，不出羅整菴之《剩言》；蕭山攻新
> 安，但舉賀凌臺之《緒論》。皆入主出奴之餘習，未
> 嘗洞見學術之隱微也。又吾郡戴氏，著書專斥洛閩，
> 而開卷仍先辨「理」字，又借「體」「用」二字以論
> 小學。猶若明若昧，陷於阱獲而不能出也。其餘學

---

[24] 請參：余英時：〈從宋明儒學的發展論清代思想史——宋明儒學中智識主義的傳統〉一文，該文主要從「尊德性」與「道問學」兩輪的哲學發展，指出往「智識主義」的發展乃源於儒學內部的義理要求。收入：氏著：《歷史與思想》（臺北：聯經出版事業公司，1976 年），頁 87-119。另外，余先生又撰〈清代思想史的一個新詮釋〉，亦踵續前文之意見，收入同書，頁 121-156。

[25] 凌廷堪：《校禮堂文集》（北京：中華書局，1998 年），文集卷十六，〈好惡說下〉，頁 143-144。

人，但沾沾於漢學、宋學之分，甚至有云：「名物則漢學勝，理義則宋學勝」者，甯識宋儒之理義乃禪學乎？

阮元在〈論語一貫說〉中，也指出：[26]

> 若云賢者因聖人一呼之下，即一旦豁然貫通焉，此似禪家頓宗冬寒見桶底脫大悟之旨；而非聖賢行事之道也。何者？曾子若因一貫而得道統之傳，子貢之一貫又何說乎？不知子貢之一貫亦當訓為行事。

　　凌廷堪與阮元不約而同地將宋明心性之學視為是「禪宗」之學，因此判教的最後結果，卻是一筆將宋明「心性」之學，化成「異端」。這不免是偏激過當的想法，但是其中所透顯的訊息，則是極為嚴肅的課題。因為這種自覺意識的判教工作，最能反應論者對於儒學內涵的最終理解，以及其中所代表的儒學發言權問題，而這二者又相互影響，值得再加思考。

　　其實，就儒學內涵的最終理解與儒學發言權的交相影響而言：這涉及到「學派」的認定問題，而如果我們從學術史的角度來看的話，我們將可發現一個「學派」（如「儒學」）的確立，通常應該包括以下幾個可能的條件：學派創建者、

---

[26] 阮元著，鄧經元點校：《揅經室集》（北京：中華書局，1993年），揅經室一集卷二，頁 53-54。

學派經典、學派經典詮釋者、學派理論等的出現。其中，四者是一個複雜而又動態的關係。「創建者」既可能是自創理論以形成「學派經典」，也可能是從已出現的文獻中認定「學派經典」，並以之建構「學派理論」；而「經典詮釋者」在自覺的學習過程中，可以接受「學派經典」，也可能會懷疑「經典」，進而有判定「真偽」的情形，甚至因此而再修正學派的特有理論。綜觀上述的說明，我們可以知道，不管是創建者或詮釋者在學派的建立過程中，他們對於「學派經典」或「學派理論」都必須有一自覺的認同意識（self-conscious idenity consciousness），否則學派的情形將產生危機，而這樣的認同意識可稱之爲「學派意識」（the school consciousness）。此外，「學派意識」的摶成過程裡，「經典」的「正典化」（canonization）過程，扮演著相當重要的角色。因爲從詮釋學的觀點來分析，「文本」與「詮釋者」之間的關係，容易因爲「詮釋者」的「脈絡性差異」（the difference of contextuality），導致「文本」的意義有了不同。是以包括著「經典」的「立經」過程，及其後的「疑經──改經──返回經典」，都必須是視爲廣義的「正典化」過程，而且都深深地影響了「學派意識」的內涵。

以之爲剖析的視角，將有助於我們釐清自明淸之際，甚至是乾嘉時期以來的學術分化情形。基本上，淸儒與宋明儒的最大差異，的確不應以「訓詁」、「義理」兩分的模式，來加以「定性」。此外，就淸儒與宋明儒而言，他們都自認爲是繼聖人之學而來，所以在對於「儒學」的自我認同感上，雙方並無太大的差異。因此，想要從他們對「儒學」的認同

態度上作區分，恐怕不是易事。但是也正是這種強烈的認同感，促使清儒自覺地要與宋明儒爭「儒學正統」的地位。而且，如果細分其與宋明儒在「學派經典」的認同之不同，便可進一步地理解他們對於「學派理論」的認知差距有多大了。

　　從歷史的角度來看，宋代儒者立說的依據，大抵喜以《易傳》、《大學》、《中庸》諸篇爲本，倡言「天道性命」之學。[27] 朱子之後，又合《論語》、《孟子》、《大學》、《中庸》爲《四書》，並大行於後世。於是宋明儒者在「學派經典」的認同策略上，遂由「五經」轉向「四書」。此一轉向突顯了宋明儒在「內聖之學」的重視程度，因此，宋明儒「心性之學」的基礎，便是建立在此一架構上。而清儒既欲與宋明儒一爭「正統」的地位，則在策略上，便不得不面對宋明以來《四書》的傳統，否則想要摧陷宋明儒所建立的「正統」形象，當無可能。

　　事實上，清儒面對這個時代的課題，有幾個重要的回應，值得我們重視。其一，清儒對於宋明儒動輒言「理」以

---

[27] 牟宗三先生指出宋明儒學所以被稱之爲「新儒學」（neo-confucianism），有兩點原因，可來加以說明。其一、對於儒家之本質與傳承之正宗，有所分判。主張曾子、子思、孟子、《中庸》、《易傳》、《大學》即儒家之正宗。其二，則由宋以前乃周孔並稱，宋以後是孔孟並稱的發展，點出孔子地位的獨尊。其中，第一點的「新」，即在經典的認同上，強度有了轉變。請參：氏著：《心體與性體（第一冊）》（臺北：正中書局，1989 年），頁 11-20。勞思光先生亦有類似的觀察，請參：氏著：《新編中國哲學史（三上）》（臺北：三民書局，1997 年），頁 62-72。

論「心性」的作法，乃從《四書》等經典中的「文獻考察」，指出宋明儒之悖離原典。如凌廷堪在〈好惡說〉下云：[28]

> 其於《大學》說「明德」曰：「以具眾理而應萬事」；說「至善」曰：「事理當然之極」；說「格物」曰：「窮至事物之理」。於《中庸》說「道也者」曰：「道者，日用事物當然理」；其宗旨所在，自不能捫。又於《論語》說「知者」曰：「達於事理」；說「仁者」曰：「安於義理」；說「吾斯之未能信」曰：「斯指此理」；說「不知而作」曰：「不知其理」；說「知及之」曰：「知足以知此理」。至於「無違」下文明有三「禮」字，亦云：「謂不背於理」。無端於經文所未有者，盡援釋氏以立幟。其他如性即理、天即理也，尤指不勝屈。故鄙儒遂誤以理學為聖學矣。

　　凌廷堪此說或許從哲學發展的角度，加以評析時，會令人感到清人有時將「理論內容」的討論，視同「語文問題」，其實正代表著他們對於哲學理論發展的判斷能力不足。[29]但如果我們將之放在其爭儒學「正統」的立場來理解，則清儒這些批評姿態，除了表面上似乎只爭返回原典的「文字」千秋外，其批評的背後，未必沒有一套理論來進行其儒學內涵

28　凌廷堪：《校禮堂文集》，〈好惡說下〉，頁 142。

29　勞思光：《新編中國哲學史（三上）》，頁 815。

的判準工作。[30]關於這部分的討論，由於涉及到「實」與「虛」的爭議，我將在下一節再進行分析。

此外，另一個值得注意的回應，則必須從清儒對於《大學》一書的態度論起。誠如牟宗三先生的觀察，宋明儒對於本應為綱領的《大學》，各依自家體會加以詮解，以致形成有三系的可能分法。[31]此三系涵蓋了宋明以來，陸、王、朱等說法，相當程度表現了宋明儒依《大學》立說的時代特色。

---

[30] 事實上，清儒與宋明儒爭正統的過程，不能僅由「文字」上的訓詁問題，即可完全代表此一學術運動的內涵。因為清儒在「文字」層面的解讀，看似未觸及「理論層次」，實則「以實代虛」的理念，正是另一種新的「典範」觀點。此一新的典範觀點，是包括他們在價值層次、存有層次的預設，而這些層次是可歸結出理論內涵的。

[31] 牟先生認為的三系之分，其要如下：一、格究「物有本末」之物而致知本知止之知，所以「知」只具有虛義，無實義，而著眼於「知本」。其中代表人物有象山、王艮、蕺山。二、主張格物就是「正物」，致知則為「致良知」。此時「知」與「物」有實體的意涵。代表人物是陽明。三、強調「即物而窮其理」，主要是由認知意義為出發點，透過知識之路來講道德。代表人物是朱子。請參：牟宗三：《從陸象山到劉蕺山》，頁484-485。其實這三系的區分，牟先生也認為可縮為二分，但不管其分系如何，要皆從「內聖」之學的角度切入，充分表現宋明儒學之特色。

不過，明末劉蕺山已開始對於《大學》一書，有所懷疑。[32]

---

[32] 劉宗周作為明代最後一位理學大師，不能不對《大學》的討論，投注
關懷。但自宋以來的詮解紛紛，或有義理之出入，或有版本之參差，頗
令學者困惑，劉宗周就曾著《大學古文參疑》一書，試加釐清。〈序〉
言中的說明，就相當程度地反映了當時學界的疑惑。底下試引其說以為
證。其〈序〉云：「立國必有學，大學，王制也。而訓學有《記》，則孔
門私之矣。後之人以其本為王制也，故言《禮》之家收入，則戴氏又私
之矣。戴氏非通儒也，其言《禮》也厖，亦何有於《大學》？《六經》
同出於秦火之餘，區區斷簡殘編，初無完本，而人各以記誦所得，綴而
成篇章，其言不得不歸之厖，亦何有於《禮》？然則戴氏之傳《大學》，
早已成一疑案矣，後之人因而致疑也，故程子有更本矣，朱子又有更本
矣，皆疑案也。然自朱本出，而〈格致補傳〉之疑，更垂之千載而不決。
陽明子曰：「格致未嘗缺傳也，盍從古本。」是乃近世又傳有曹魏《石
經》，與《古本》更異，而文理益覺完整，以決「格致」之未嘗缺傳彰
彰矣。余初得之，酷愛其書。近見海鹽吳秋圃著有《大學通考》，輒辨
以為贗鼎。余謂：「言而是，雖或出於後人也何病？況其足為古文羽翼
乎！吾友高忠憲頗信古文，亦以為「格致」未嘗缺傳也，因本高中玄
相國所定，次「誠意」一章於「此謂知本」之下，則在今古之間乎！余
嘗為之解其略，見者趣之，而終不敢信以為定本。於是後之儒者人人而
言《大學》矣。合而觀之，《大學》之為疑案也久矣。《古本》、《石本》
皆疑案也，程本、朱本、高本皆疑案也，而其為「格致」之完與缺、疏
格致之紛然異同，種種皆疑案也。嗚呼，斯道何繇而明乎！宗周讀書至
晚年，終不能釋然於《大學》也。積眾疑而參之，快手疾書，得正文一
通，不敢輕為之解，聽其自解自明，以存古文之萬一，猶之乎疑也，而
滋厖矣，因題之曰《參疑》。」請見：劉宗周：《劉宗周全集·第一冊》
（臺北：中央研究院中國文哲研究所籌備處，1996 年），頁 711-712。

其弟子陳乾初更明確地想從《大學》一書地位的質疑，進一步地否定宋明儒學的正統形象。在其〈答沈朗思書〉中，此一意圖表露無遺。其云：[33]

> 弟〈大學辨〉曰「《大學》言知不言行，必為禪學無疑」，此一篇之綱也。何以知之？以《大學》先格致，而歸重知止焉故也。夫知止之說，不攻自破。將深言知止，則白首而無窮期；淺言知止，則未宜即有定、靜、安、慮、得之效。而兄則欲淺言知止者。淺言知止，則不得不淺言定、靜、安、慮、得，而《大學》之旨索然矣。觀下文物格知至（原誤「致知」，依下文改）之義，則決非淺言知止可知。夫「知之非艱，行之惟艱」，自古言之。定、靜、安悉屬止功，固不費絲毫氣力；慮亦是空思索，未有力行深造之功也；何遽至於能得乎？《大學》蓋曰一「知止」而學已無餘事矣，此《大學》之供案也。後又遽進而求之格致，皆為知止起義耳。物格而知至者，知止也。故「物格」節文氣絕似「知止」節。又若曰一格致而學已無餘事矣，又《大學》之供案也。故以其前之歸重知止，而知上文明、親、至善之言之為虛設也；以其後之歸重格致，而又知上文誠、正、修、齊、治、平之言之皆為虛設也。唯「脩身為本」一言，最為切

---

[33] 陳確：《陳確集（下冊）》（北京：中華書局，1979年），別集卷十五，〈答沈朗思書〉，頁573。

實，然已大悖前義矣。故讀《大學》之全文，而又知
「脩身為本」之言之亦為虛設也。弟謂《大學》竟是
空寂之學者，蓋（原誤「益」，依文義改）以此也。
彼二氏之學，何嘗不兼言作用；聽其言，若且體用兼
得者，要歸於虛無寂滅而已矣，《大學》之謂也。

　　陳乾初從「知止」的角度，論述《大學》「言知不言行，
必為禪學無疑」的判斷，或許未盡事實，[34]而且由於他不契
蕺山之教，難以明瞭「心性之學」的超越義，以致在義理的
持守上，總認為論言「心性」易流入禪門教理，故此引來同
門的指責。[35]但是，《大學》之作為「綱領」，則其內容的詮
解當然容易因為詮釋者的脈絡差異，產生不同的主張，否則
牟先生所指的三系說也就不可能成為歷史的事實了。所以陳
乾初的理解，確如論者所言，是「採取了一非常幽深曲折的

---

[34] 「知行」問題，自來即是儒門論說的重要議題，而論「知」不廢「行」，
主「行」以次「知」，的確是儒者的一大特徵。但是乾初不悟儒學由「心
性主體」之「價值意識」的發動，方是實踐的動力根由，乃指《大學》
僅論「知」，而「行」是虛設之說，其與儒學之不相契，宜乎將之目為
禪學也。

[35] 黃宗羲在〈與陳乾初論學書〉中，便認為「大抵老兄不喜言未發，故
於宋儒所言近於未發者，一切抹去，以為禪障。獨於居敬存養，不黜為
非。夫既離卻未發，而為居敬存養，則所從事者，當在發用處矣。于本
源全體不加涵養之功也。」甚至再責乾初之理解，反是「佛家作用見性」
的進路。

解釋」，[36]其不稱理之處亦可輕易地指出，不過這樣的主張，卻反映了清人與宋明儒在爭正統上的競爭，已經轉移到了「經典」的認同上了。

由以上的分析，我們可以得知，清儒面對著思想傳統上的敵人——宋明儒，所採取的攻敵策略，便是從其立說的「經典」入手，透過質疑「經典」本身的合法性，或詮釋者與「經典」文本的悖離，將宋明儒一舉逐出儒學之門。此一作法，當然大有問題，但在爭奪合法的儒學發言權的目標之下，突顯自己與原始經典的成分濃淡，則實為一必然的發展。因此，綜觀清儒在爭「正統」儒學的過程中，已然涉及一個相當有意義的面向，此即清儒既然對於宋明儒所立說的經典產生懷疑，則其懷疑，應當不會只是在「字詞」解釋層次的不同而已。如果清儒的質疑，沒有觸及到「理論」層次的內涵，則其影響力要能鼓動一時之風潮，恐怕是不可能的。職是之故，清儒對於宋明儒的批判，必然也會涉及理論層次的理解差異，此一不同，才是真正構成清儒與宋明儒在義理層的認知差距。底下，我將從此一表現出「多重緊張性」的思想格局入手，說明清儒在儒學詮釋中的理論內涵。

三、「多重緊張性」的思想格局

誠如前文所述，清儒會與宋明儒爭正統、爭發言權，自有其外在的歷史因素所促成，但如果暫時擱置這些外緣因素

---

[36] 鄭宗義：《明清儒學轉型探析》，頁 204。

而不論,則清儒是否就沒有理論內容可加以分析了嗎?我想從近來的豐富研究成果來看,這樣的設想應該可以獲得澄清了。事實上,清儒與宋明儒的競爭中,「語文層次」的返歸原典,僅是其中的一條路徑而已。其爭正統形象的背後,其實是有著一套理論架構,予以支撐。不過,由此理論架構所構設出的思想格局,因著對抗宋明儒的歷史責任,以致在堅壁清野,劃分界限的原則下,[37]思想內容時有衝突或緊張的情形出現。因此,底下我將從兩個大的方向入手,剖析清儒在思想義理的言論中,表現出了何種的獨特樣態。首先,本文將從「由超越轉往內在」的發展,勾勒「超越面向」的消失,是此時義理學的重大特徵。其影響所至,是以「情慾」爲首出的觀念,主導了乾嘉時期的學說。其次,失去超越面向的保證,「真實感」的認定,乃從「天理」的言說肯認,轉爲「具體實踐」的要求,於是由修身而至「外王」的層次,成爲論說的主流,「內聖」層面的理解,乃淹而不彰。最後,我將分析清儒這些主張的糾結處及不足。

　　從上一節的討論中,我們發現清代學者對於宋明儒的最大批評,主要是集中在談論「心性」問題的「玄虛」上,不管是立其大體的「陸王之學」,或是論理說氣的「程朱之學」,在清代儒者的眼光中,恐怕都難逃此一批評。檢討清儒的這種反應,我們從文獻的考察上,加以分析,應當可以發現這

---

[37] 事實上,許多前後思潮的發生,通常不會是平地一聲雷似地突然出現,其與之前的主張,一般說來大抵會有「連續」的關係。而其採取堅壁清野,劃分界限的作法,應當視之爲一種策略的使用。

與清儒不喜言「超越面向」的學術性格有關。本來，清儒從明亡的教訓裡，推求其故，得出士人空談心性是一大主因的想法，自有其歷史條件的偶然因素。但是，在此偶然因素的推波助瀾下，清儒堅定地排斥「超越面向」的討論，反倒彰顯了「儒學」形象的複雜面，以及此種複雜面是「和諧」的統一關係，或是「緊張」的衝突關係？等儒學的內部問題，而進一步地釐清這些問題，我們將不免要面對到清儒在經典詮釋中合法性層面的檢討。

　　著名的詮釋學大師加達默爾（Hans-Georg Gadamer）在其《真理與方法》一書的論旨中，曾探觸到一個極具爭議的詮釋判斷問題。他認為詮釋的活動並不是要回到作者「原意」上，詮釋是在每一次「視域融合」（fusion of horizons）的過程裡，對「文本」進行「不同地」或「不一樣地」理解活動。[38] 因為每一次的理解，「詮釋者自身」的歷史性與有限性，

---

[38] 加達默爾（Hans-Georg Gadamer）指出：「與歷史意識一起進行的每一種與流傳物的接觸，本身都經驗著文本與現在之間的緊張關係。詮釋學的任務就在於不以一種樸素的同化去掩蓋這種緊張關係，而是有意識地去暴露這種緊張關係，正是由於這種理由，詮釋學的活動就是籌劃一種不同於現在視域的歷史視域。歷史意識是意識到它自己的他在性，並因此把傳統的視域與自己的視域區別開來。但另一方面，正如我們試圖表明的，歷史意識本身只是類似於某種對某個持續發生作用的傳統進行疊加的過程（Überlagerung），因此它把彼此相區別的東西同時又結合起來，以便在它如此取得的歷史視域的統一體中與自己本身再度統一。」而這種融合視域的過程，由於添加了不同詮釋者的視域，因此，每一次的詮解活動，都可能帶來「不同地」或「不一樣地」的理解。請參：加

必然在其中，起著決定性的作用。是故，他說：[39]

> 理解一般人為的事情和理解生命的表現或文本具有
> 不同的標準—即使這樣，情況仍然是：**所有這種理解**
> **最終都是自我理解**（sichverstehen）。即使對某個表達
> 式的理解，最終也不僅是對該表達式裡所具有的東西
> 的直接把握，而且也指對隱蔽在表達式內的東西的開
> 啟，以致我們現在也瞭解了這隱蔽的東西。但是這意
> 味著，我們知道**自己**通曉它。這樣，在任何情況下都
> 是：誰理解，誰就知道按照他自身的可能性去籌劃自
> 身。

在這種主張「理解」並非只是一種方法的技術性問題，
對於傳統的詮釋學而言，無異是掀起滔天巨浪。但加達默爾
的觀念，卻是將「詮釋」、「理解」的活動，指向自我的精神
狀態，進而使其由方法層次轉到存有論的層次。於是，解讀
文獻不再只是按照著者的「原意」，再說一次。而是以著自
我在時間中的歷史性之顯現為鵠的，透過「文本」的詮釋過
程，更新了意義。所以每一次「文本」的被認識，都應該會

達默爾著，洪漢鼎譯：《真理與方法（第一卷）》（臺北：時報文化出版
公司，1999 年），〈第二部分：真理問題擴大到精神科學裡的理解問題〉，
頁 400-401。

[39] 同上註，頁 346-347。尤其值得注意頁 347 的註 173 對於「理解」的
補充。

顯出一種「不同地」方式的詮解，「文本」才有可能被「理解」。[40]

當然，加達默爾此說一出，所引起的批評包括重返原意的客觀主義者，也包含了以理性批判來達成自我成長的批判理論。這雙方各自觸及詮釋學的重要問題，前者雖未必會對加達默爾構成理論上的挑戰，但如何避免「誤認天上的浮雲為地平線上的樹林」[41]，亦是加達默爾必須面對的基本問題。至於後者的挑戰，則顯然對加達默爾造成較大的困擾。因為批評者認為加達默爾在人文主義教化精神的理想性主張裡，忽略了原有啟蒙主義運動中的批判精神，以致面對專業批判與評比時，無法作出抉擇，而只能被動地理解。[42]針對

---

[40] 同上註，頁 403。

[41] 這句 "mistake some clouds in the sky to be forests on the horizon" 的名言，是楊聯陞借用傅斯年批評拉鐵摩爾（owen Lattimore）信口開河的句子。其主要意旨是擔心學者忽略「史料證據」，率以己意，牽合附會的研究態度。請參：余英時：〈中國文化的海外媒介〉，收入：氏著：《猶記風吹水上鱗》（臺北：三民書局，1991 年），頁 181-182。

[42] 例如阿佩爾（Karl-Otto Apel）與哈伯馬斯（Jurgen Habermas）就曾以「批判理論」的立場，質疑 Gadamer 的「不同地」理解，失去作評價好壞的可能，進而導致某種程度地被動接受現況，實是一「唯歷史主義」（Superhistorismus）的妥協保守性格。相關討論，請參：張鼎國：〈「較好地」還是「不同地」理解〉，刊於：《中國文哲研究通訊》（臺北：中央研究院中國文哲研究所籌備處，1999 年），第九卷・第三期，頁 103-107。

如上的批評，加達默爾自有其回應之道，[43] 本文不擬細加分梳，但本文卻要指出加達默爾所提出的「不同地」理解及其面對的挑戰，對於解析清儒在義理學內涵中的「多重緊張性」卻有參照作用。

　　如同許多學者的研究所指出的，清儒對於宋明儒的批評，即立基於「原意」的層次上作文章，因此，以返回客觀「古義」的主張，事實上反而無法看出儒學在發展過程中的創新與變化，於是對宋明儒的認識便無法持平，批評也就失之情緒。從清儒的許多文章看來，也確如學者所批評一般，清儒強調返回經典，尋求原意的言論，俯拾即是。不過，如果從詮釋學的角度來看，清儒與宋明儒在爭儒學經典的解釋權時，未嘗不是在進行一場「不同地」理解活動，雖然在姿態上，清儒擺在檯面上的主張是以「客觀的」、「原意的」詮解活動爲導向，[44] 但不可否認的，清儒所呈現出來的解釋內容，其實已經摻雜了清儒自身的歷史性與有限性。明乎此，則也許我們方才容易採取同情地理解方式，面對清儒在理論內容方面的駁雜，並且願意進一步承認其詮釋的合法性。

---

[43] 同上註，頁 106。

[44] 如果從加達默爾的眼光來看，清儒在自覺的層面是以求「原意」為依歸，看似只是單純的「復古」而已。其實，清儒的「復古」即是建立在他們的「視域」中，此「視域」塑造了他們詮解問題的趨向，也主導了他們與「文本」的關係。所以他們的「理解」，絕對是帶有清儒歷史性與有限性的成分在內，而不是一種完全回歸「原意」的心靈活動。

　　基本上，儒家的「心性之學」從孔孟定其發展基調以來，歷代儒者循此軌跡而行，其間雖有其他學說的挑戰，但從未動搖儒學在此一領域的權威。然而，自佛教傳入中國之後，其於「心性」處的深刻分析，大有凌駕儒學之勢。於是，處在此種強敵的競爭之下，宋儒乃全力發展儒學的「心性論」，以茲抗衡。[45] 時至明代，佛學心性的威脅已經不再，[46] 儒者的「心性論」，也在「程朱」、「陸王」的內部競爭下，由陽明一系的學者，取得領先者的角色。但不管是程朱或是陸王，他們在「心性」的探究下，都同樣注意到「心性之學」不僅是一種探討「內在性」的學問，其實尚有一「超越性」的普遍面向，必須抉發。[47] 所以就發生的歷史條件言，宋明

---

[45] 自唐代以後的儒生所感受來自佛教的競爭壓力，其實是與日俱增的，這些競爭，除開在對於「世界」主張的文化精神有極大的差距外，在理論的層次，禪宗所發展出來的「求心見性」之說，也對儒生構成了極大的威脅，是以從韓愈、李翱起，以迄宋明的儒者無不在「心性」問題上，下了相當大的工夫，進而造成宋代新儒學的盛況。相關討論，請參：余英時：《中國近世宗教倫理與商人精神》，收入：氏著：《中國思想傳統的現代詮釋》（臺北：聯經出版事業公司，1987 年），頁 302-313。

[46] 同上註，頁 346。

[47] 這種強調「超越性」的學術傾向，可由兩點加以說明：其一、宋明儒為回應佛學的挑戰，除了在「心性論」的深化處，大力發揚外，亦在「理世界」與「事世界」的兩端中，不斷耕耘。是以重視「實有」（Reality）的討論，成為兩宋學者的興趣之一。其二，自宋初以來，儒者所據之經典以《易傳》、《中庸》等書為主，這些經典之中或為解釋宇宙之發生，或為說明存在之何由，是以無法不對「超越性」的面向，有較多的思考。

儒以「內在超越」的論說方式，析解儒學中的「心性論」，乃源於佛教教義的挑戰而產生。於是重視「超越面向」的傾向，似乎是始於宋明時期。但如果從「理論」的「本質意義」而言，則「內在超越」的思考傾向，應該溯及先秦儒學，這從《孟子》與《中庸》的許多言論裡，都可看出這層意義。因此，我們可以說儒學傳統中的「心性論」本就涵具「內在超越」的思考面向。

　　不過，宋明儒所大力抉發的這個特色，在明末的儒者眼中，已經逐漸失去其重要性了。劉述先先生曾針對明清之際的心學傳統，作了一個很好的說明。他說：[48]

> 　　由本體論到工夫論，我們看到，黎洲依蕺山，對於陽明之心學有所簡擇。由陽明所開啟的思路，推至一極端的內在一元的思想型態，故言「工夫所至，即其本體。」這樣的思想的好處在避免懸空只說一個本體，而明白指出，若不肯踏實做工夫，便不免流於禪佛。但也有它的嚴重限制所在，蓋超越之義減煞，過份強調氣（器）外無理（道），表面上似明道一本之論，實則已脫離了開去，對於天命流行之體之體證已不真切，容易滑轉成為一實然之氣化過程，而缺乏了必要之分疏，此則不可以不察。

尤其是結合上第一點對於「實有」的討論，更是強化宋明儒在其中的關懷。

[48] 劉述先：《黃宗羲心學的定位》，頁 118-119。

　　這樣的觀察指出了，即使在「心學」的系統內，學者對於「超越義」的體會，也已經逐漸淡薄，雖則尙可稱之爲「心學」，但其往「氣」處的移動，則開啓了清儒重視「情欲」的可能性。[49]黎洲作爲「心學」的最後殿軍，對於「心性之學」的護持已無能爲力，其中或許有其個人識見的局限，[50]但從蕺山離致良知之教，改創誠意獨體之說後，以氣質之性論義理之性的進路，實已埋下此間之趨向。更何況在明亡國的歷史氛圍下，怪罪「心學」的聲音，瀰漫學壇。毋怪乎「心學」之真義，無法被客觀地理解與掌握。陳乾初就是一個顯例。乾初曾授業於蕺山門下，但其論說卻無法持守師說之精華，而已有了滑轉。在〈無欲作聖辨〉一文裡，他說：[51]

　　　　周子無欲之教，不禪而禪，吾儒只言寡欲耳。聖人之心無異常人之心，常人之所欲亦即聖人之所欲也，聖人能不縱耳。飲食男女皆義理所從出，功名富貴即道德之攸歸，而佛氏一切空之，故可曰無，奈何儒者而

---

[49] 往氣質之性移動的後果，便容易忽略「道德本心」在自作主宰時的活動力，其結果必然對於「善惡」問題的判斷，採取「實然」的態度，於是作爲「實然」的「人欲」處，反而取得了正當性，成爲儒學論「道」的重點。

[50] 黃宗羲雖稍能持守蕺山之學的精神，但對於同學如陳乾初，弟子如萬季野等人都無法令其守住「心性」之學的門戶，除了時代風氣使然外。恐怕與他治學偏滑於「內在一元論」有關。詳細討論，請參：劉述先：《黃宗羲心學的定位》，頁 118-119，156-157，162-163。

[51] 陳確：《陳確集》，別集・卷五，〈無欲作聖辨〉，頁 461。

> 亦云耳哉！確嘗謂人心本無天理，天理正從人欲中
> 見，人欲恰好處，即天理也。向無人欲，則亦並無天
> 理之可言矣。他日致友人書云：「絕欲非難，寡欲
> 難；素食非難，節食難。」確每自體驗，深知之。是
> 知異端偷為其易，聖學勉為其難，邪正之分，端在于
> 此。而周子以無立教，是將舍吾儒之所難，而從異端
> 之所易也，雖然（疑當作「欲」）不禪，不可得矣。
> 其言無極主靜，亦有弊。學者只從孔、孟之言，儘有
> 從入處，何必又尋題目，多為異端之幟乎？

　　乾初之說雖自居孔孟正統，然失卻超越義所保障的「心性」，已無法貞定其普遍意義的價值，如何可能透顯孔子挺立道德主體的真實義，這樣的偏離，自不免引來同門之間的責難。[52]不過，乾初的說法自清初以降，卻成為清儒的思想重點。雖然，乾初在當代的影響力並不大，可是其後強調這種「情欲」思想的主張，卻屢見不鮮。因此，我們可以說清代在思想上與宋明儒學最大的差異，即在於他們相當重視「情欲」的合理性問題。我們試觀乾嘉以後的許多學者，包括戴震、孫星衍、凌廷堪、焦循均有言論強調「情欲」在「人性」實踐上的重要性。由於自戴震以後，強調「情欲說」的言論，與戴震的理論框架較無重大差異。因此，以下的分析，將著重在戴震理論的說明。[53]

---

[52] 請參考黃宗羲〈與陳乾初論學書〉。

[53] 戴震在「義理學」上的著作，可以《原善》、《緒言》、《疏證》為主，

基本上，從戴震自覺地想在「義理」學問中，做出一番成績的心志來看，他與當時的許多學者，在治學的氣息上，確實存在著相當不同的差異。不過，他與乾初一樣，均不能瞭解「超越面向」在儒家價值學問上的重要性，因此，面對中國哲學最常處理的價值善惡問題，便有了滑轉。他在《孟子字義疏證·上》的一段文字，充分表現了他的這種思考傾向。他說：[54]

> 問：古人之言天理，何謂也？曰：理也者，情之不爽失也，未有情不得而理得者也。凡有所施于人，反躬而靜思之：人以此施于我，能受之乎？凡有所責于人，反躬而靜思之：人以此責于我，能盡之乎？以我絜之人，則理明。天理云者，言乎自然之分理也。自然之分理，以我之情絜人之情，而無不得其平是也。

在這段文字裡，戴震以外在的人己關係，來界定「理」的內涵，有將「理」與「理在行為中實現」的兩層相混之嫌。[55]本來道德倫理的生活，自應從人己的關係中來顯現，但當我們不能瞭解此一「理」所涵具的普遍性，應由超越之面來

其著作雖有先後次第，但可以找到一個統一的解釋方式，因此，底下的分析，將著眼於全盤的理論分析，而非先後觀點的出現順序。

[54] 戴震：《戴震全集·第一冊》（北京：清華大學出版社，1991年），《疏證》卷上〈理〉，頁152。

[55] 勞思光：《新編中國哲學史（三下）》，頁870。

保障的話，則強調外在生活的「人情」之相「絜」，未免會
落入相對化及形式化的危機。是以戴震所能認定道德判斷的
「理」，便只能由「情」上以論之。故其後又云：「蓋方其靜
也，未感于物，其血氣心知，湛然無有失。故曰『天之性』。
及其感而動，則欲出于性。一人之欲，天下人之所同欲也，
故曰『性之欲』。好惡既形，遂已之好惡，忘人之好惡，往
往賊人以逞欲。反躬者，以人之逞其欲，思身受之之情也。
情得其平，是為好惡之節，是為依乎天理。」[56]

　　由此，戴震既不明「理」的超越性，又為了迴避陽明學
以「良知」論「心性」的路徑，於是在「內在」與「超越」
的兩面向俱不相應下，其價值論顯得甚為繳繞與複雜。甚至
顯出某種如錢穆所指出的「荀學傾向」。[57]雖然在《緒言》

---

[56] 戴震：《戴震全集・第一冊》，《疏證》卷上〈理〉，頁152。

[57] 錢穆於《中國近三百年學術史》剖析東原之思想淵源時，指出：「今
考東原思想，亦多推本晚周，雖依孟子道性善，而其言時近荀卿。荀主
性惡，極重後天人為，故曰：明於天人之分，則可謂至人矣。又曰：聖
人清其天君，正其天官，備其天養，順其天政，養其天情，以全其天功。
此即東原精研自然以底於必然之說也。凡語治而待去欲者，無以道欲而
困於有欲者也，凡語治而待寡欲者，無以節欲而困於多欲者也。心之所
可中理，欲雖多，奚傷於治？治心之所可失理，欲雖寡，奚止於亂？故
治亂在於心之所可，亡於情之所欲，故雖為守門，欲不可去，性之具
也。……東原謂理者就人之情欲求之，使之纖悉無憾之謂理，正合荀卿
進近盡退節求之旨。」又云：「此所謂感於物而動者，語意頗含混。若
專從人類個己懷生畏死飲食男女之情，以求其不爽失，求其知限而不
踰，則所得無異於荀子之所謂理義所謂性惡矣。何者？因其全由私人懷

中，戴震亟言荀子論禮義與性是「閡隔而不通」，且「決荀子之非」而信「孟子之是」，[58] 但在不明孔孟「天道性命」之學，徒以「情」絜「情」，遑論得其是非。其偏向荀學，自有其理論發展之必然。

事實上，戴震囿於時代之風，提出「遂情達欲」之說，關鍵就在於他對「性」的認知。在《孟子字義疏證》卷中有關論「性」的說法，充分顯現其立場。他說：[59]

> 性者，分於陰陽五行以為血氣、心知、品物，區以別焉，舉凡既生以後所有之事，所具之能，所全之德，咸以是為其本，故《易》曰：「成之者性也」。氣化生人生物以後，各以類滋生久矣；然類之區別，千古如是也，循其故而已矣。在氣化曰陰陽，曰五行，而陰

生畏死飲食男女之情仔細打算而來，若人類天性，不復有一種通人我、泯己物之心情故也。東原謂使無懷生畏死之心，又焉有怵惕惻隱之心，是已然與言擴充惻隱以為仁者不同。……故孟子曰：養心莫善於寡欲，又曰：養其大體為大人，養其小體為小人。在孟子所分別言之者，在東原均打併歸一，是東原之所指為性善，實與荀卿為近，唯東原以孟子性善之意移而為說耳。」錢先生之說，詳見：氏著：《中國近三百年學術史（上冊）》（北京：中華書局，1986年），頁357，362。勞思光先生則認為東原之說雖有意義混亂的毛病，但其所謂「惡」並非指意志之方向，而是從行為效果著眼，因此，認為東原之說未必是與荀子同。勞思光：《新編中國哲學史（三下）》，頁842-843。

[58]　請參考戴震：《戴震全集·第一冊》《緒言》卷中，頁86。

[59]　同上註，《疏證》卷中〈性〉，頁176。

陽五行之成化也,雜糅萬變,是以及其流形,不特品
物不同,雖一類之中又復不同。凡分形氣於父母,即
為分於陰陽五行,人物以類滋生,皆氣化之自然。
《中庸》曰:「天命之謂性。」以生而限於天,故曰
天命。《大戴禮記》曰:「分於道謂之命,形於一謂之
性。」分於道者,分於陰陽五行也。一言乎分,則其
限之於始,有偏全、厚薄、清濁、昏明之不齊,各隨
所分而形於一,各成其性也。然性雖不同,大致以類
為之區別,故《論語》曰:「性相近也」,此就人與人
相近言之也。《孟子》曰:「凡同類者舉相似也,何獨
至於人而疑之!聖人與我同類者」,言同類之相似,
則異類之不相似明矣;故詰告子「生之謂性」曰:「
然則犬之性猶牛之性,牛之性猶人之性與」,明乎其
必不可混同言之也。天道,陰陽五行而已矣;人物之
性,咸分於道,成其各殊者而已矣。

在這樣觀點下的「性」,其實已經滑落到「氣化」的角
度裡,因此,戴震之論「性」,雖也在語句的表現上,透過
「咸分於道」之類的語言,拉高了「性」的位階。但細審其
全幅文字的意思,則「性」之著重「自然本能」的方向,則
是至為明顯。於是戴震論「性」的重點,雖是要彰顯「人」
「物」之別,但由於主言氣化的自然狀態,不明孔孟所言之
心性,應從其自我主宰的層次出發,方可峻別「人禽」「人
物」的區分,其論說的結果只好從「量」的層次來說明「人

物」的結構之不同，[60]而無法真正釐清「人物」在本質上的差異。是故，在《原善》卷上，東原就很清楚地說：[61]

> 天道，五行陰陽而已矣，分而有之以成性。由其所分，限於一曲，惟人得之也全。曲與全之數，判之於生初。人雖得乎全，其間則有明闇厚薄，亦往往限於一曲，而其曲可全。此人性之與物性異也。

　　這裡所用的「曲全」之詞，明顯地是從「量」上著眼，而非從本質入手，宜乎離孔孟之教愈來愈遠。

　　本來，孔孟論「性」的主要精神，即是在於彰顯價值意識在自作主宰中的能動力，而且從孟子、《中庸》之後的儒學心性論更透過逆覺體證的方式，綰合了「人道」與「天道」，交融了「誠者」與「誠之者」。進而使得心性的內在面向有了超越面向的保證，於是價值意識的判斷亦由之而不致淪爲時空條件下的相對性主張，取得了普遍性的意義。可是，戴震論「性」，既不明價值意識在自作主宰中的是非判斷，徒以自然狀態下的氣化流行爲據，則在理論上，對於善惡問題的剖析，自難深入，甚而流爲常識之見，此其所以最後以「心知」導「欲」趨「善」的緣由，故《原善》卷中即云：[62]

---

[60]　勞思光：《新編中國哲學史（三下）》，頁 838。

[61]　戴震：《戴震全集·第一冊》〈原善卷上〉，頁 13。

[62]　同上註，《原善》卷中，頁 15-16。

> 有血氣，夫然後有心知，有心知，於是有懷生畏死之
> 情，因而趨利避害。其精爽之限之，雖明昧相遠，不
> 出乎懷生畏死者，血氣之倫盡然。故人莫大乎智足以
> 擇善；擇善，則心之精爽進於神明，於是乎在。

　　勞思光先生就曾批評戴震以「心知」擇「善」的說法，
有將「善」與「理義」透過「知解」的活動，使原具「規範
性」及「主宰性」的價值活動，化爲事實意義的描述語。[63]
其批評甚有力。因爲戴震的這種作法，正是忽略了道德的價
值判斷活動，是一種「主體」的活動，而不是客觀的「客體」
活動。一旦「主體」被「客體化」，則是非善惡的價值意義，
就容易被淹沒在「生理」與「心理」的「情欲」之流中，而
不見其諦。因此，打造了其「遂情達欲」的理論格局。《原
善》卷中，就清楚地論說了這樣的觀點：[64]

> 人有天德之知，有耳目百體之欲，皆生而見乎才者
> 也，天也，是故謂之性。天德之知，人之秉節於內以
> 與天地化育侔者也；耳目百體之欲，所受中而不可踰
> 也。是故義配明，象天；欲配幽，法地。五色、
> 五聲、五臭、五味，天地之正也。喜怒哀樂，愛隱感
> 念，慍懌怨憤，恐悸慮歎，飲食男女，鬱悠感咨，慘
> 舒好惡之情，胥成性則然，是故謂之道。心之精爽以

---

[63] 勞思光：《新編中國哲學史（三下）》，頁 841。
[64] 戴震：《戴震全集·第一冊》《原善》卷中，頁 15。

知，知由是進於神明，則事至而心應之者，胥事至而
以道義應，天德之知也。是故人也者，天地至盛之徵
也，惟聖人然後盡其盛。天地之德，可以一言盡也，
仁而已矣。人之心，其亦可以一言盡也，仁而已矣。
耳目百體之欲喻於心，不可以是謂心之所喻也，心之
所喻則仁也；心之仁，耳目百體莫不喻，則自心至於
耳目百體胥仁也。心得其常，於其有覺，君子以觀仁
焉；耳目百體得其順，於其有欲，君子以觀仁焉。

在這段文字中，戴震詳細地論證了「欲」即「觀仁」之
所由，於是原本屬生理血氣現象的「欲」，倒是成為價值意
識的判準。這與孔孟以來的儒學傳統，有著極大的差異。

其次，當以「情欲」為思想主軸的新義理，逐漸在乾嘉
時期的清代學術社群中發酵鼓動之後，另一股源於反對空談
心性，且受到情欲思想影響的學術思潮，亦在醞釀之中。其
表現出來的主要觀點，即是強調「具體實踐」的主張。當然，
上述的這兩種主張，並非是全然異質的兩套理論系統，他們
對於「心性論」所應包涵的「超越面向」，同樣不解，也同
樣採取著程度不同的反對態度；此外，他們也都重視到「情
欲」在人性面的正面價值。不過，光是強調「情欲」思想，
仍然只是一種理論主張，其有關實踐程序的諸多具體問題，
恐未必在論者的思考中，會有多大的重要性。是以「理論」
與「實踐」，斷為兩橛的可能性，將會出現。所以從這個角
度來看，後一個思潮的出現，應該是對於前一個思潮的補
充。張壽安先生便曾指出：「清初顧炎武提倡實學思想，其

後戴震建立以欲爲首出之義的新思想，到凌廷堪『以禮代理』
之說出，然後清儒通經致用、重欲務實的學風，才有了前後
承啓的完整思想體系。」[65]其觀察甚爲敏銳。

　　檢討上述的這種發展原因，可從理論系統本身來加以梳
理。基本上，宋明儒學對於「內在超越」的義理型態，著力
甚深。其表現出的高明面，的確爲中國哲學開創了一個高峰
期。但是，清儒既然在超越面向，有所疏略，甚至敵視，則
清儒對於「本體」層面的問題，就顯得用心不足。既或間有
論略，也都在常識層次，運用氣化的宇宙論式語言來說明。
因此，究實而言，清儒在義理的殊勝處，絕不在「本體論」
上的言論。然而，中國哲學精神的走向，既非表現爲客觀知
識的析理辯知系統，亦非主於超越面向的觀點而已，中國的
哲學精神強調的是一種「價值意識具體化」的走向。[66]此種
走向，當然有觸及價值意識與超越面向的關係，如前所述。
但值得注意的重點是，「如何具體化」，也是此一走向的重要
處。事實上，清儒義理學的精彩處，即在於它們篤定地面對

---

[65] 張壽安：《以禮代理——凌廷堪與清中葉儒學思想之轉變》，頁 34。
[66] 牟宗三先生指出中國哲學的主要重點，乃在於關心自己的生命，而且
不是從「知識」的角度切入，而是從「實踐」的面向來加以關心。因此，
著重在「主體」的「實踐」課題。而若以儒家之論「成德之學」爲傳統
中國的文化精神主流的話，那「價值意識的具體化」，便應是焦點之所
在了。請參：牟宗三：《中國哲學十九講》（臺北：臺灣學生書局，1983
年），〈第三講：中國哲學之重點以及先秦諸子之起源問題〉，頁 45-68。
另外，對「價值意識具體化」的相關分析，也可參：勞思光：《新編中
國哲學史（一）》（臺北：三民書局，1997 年），頁 128-129。

了「如何具體化」問題，而不是只在言語機鋒處，以著焚香揮塵的瀟灑意識，點撥著幾許真理的浮光。所以清儒明顯地以著「實」學的精神，對峙著宋明儒「天道性命」的「虛」說。清儒的這種「實」學精神，即是顯現在他們對於「禮」的重視與討論。

從發生程序的角度來論，「禮」的本義與祭祀有著密不可分的關係，而自西周以來，「禮」又成為國家制度秩序的代稱，及至孔子之後，建立起「仁、義、禮」一貫脈絡的學說體系，「禮」的內涵乃成為價值意識具體化的實踐場域，而有了道德修身的意義。因此，我們可以說「禮」是兼賅有「修身」與「制度秩序」兩個層面。孔孟之後的儒者，也大抵循此路徑來彰揚儒學。然而，誠如本文所指出的歷史事實，宋明儒在「天道性命」的高度發展下，導致他們對於「實踐」層面的言論，未受到相當的重視。於是，人人可輕易地自許為聖人。滿街皆是聖人的自我催眠中，「玄虛而蕩」「情識而肆」充斥在「儒者」的言論。清儒在目睹亡國世變的歷史裡，儒者依舊闊談「心性」的無上甚深微妙法，卻無裨益於任何社會風氣的改善，當然會對此種理論走向，提出批判，並加以揚棄。此舉也就導致了清儒返歸經典，尋求「實踐」層面的聖人義理了。

清儒之強調「具體實踐」，即是以「禮」為論說主軸。他們大抵仍循孔孟以來論「禮」的基本規模，也就是「禮」是包含著「修身」與「制度秩序」兩個方向，並且二者不是各自獨立的畛域，而有互動之關係。但由於清儒對於「道德主體性」的相關議題，並不是那麼熱衷，是以其論「禮」的

策略，沒有探觸到「意志純化」的問題，反而著重在客觀實踐的探討上。另外，又由於從氣化自然的角度論「性」，而將「欲」視爲是「性之欲，其自然之符也」[67]，所以當「欲」能不「私」時，則「欲」即是「仁」的表現。[68]因此，清儒乃從「達欲」的角度切入，論說「禮」的內涵。舉其重要的論說主題，「克己復禮」的討論，即是一大重點。

戴震在《孟子字義疏證》卷下「權」字條，曾云：[69]

> 問：《論語》言「克己復禮為仁」，朱子釋之云：「己，謂身之私欲；禮者，天理之節文。」又云：「心之全德，莫非天理，而不能不壞於人欲。」

---

[67] 《原善》卷上曾云：「由天道而語於無憾，是謂天德；由性之欲而語於無失，是謂性之德。性之欲，其自然之符也；性之德，其賜於必然也。賜於必然適全其自然，此之謂自然之極致。」，戴震：《戴震全集・第一冊》，頁 12-13。

[68] 《疏證》卷上〈理〉曾云：「人之生也，莫病于無以遂其生。欲遂其生，亦遂人之生，仁也；欲遂其生，至于戕人之生而不顧者，不仁也。不仁實始于欲遂其生之心；使其無此欲，必無不仁。然使其無此欲，則於天下之人，生道窮促，亦將漠然視之。己不必遂其生，而遂人之生，無是情也。……天下古今之人，其大患，私與蔽二端而已。私生于欲之失，蔽生于知之失。」《疏證》卷下〈才〉則云：「欲之失為私，私則貪邪隨之矣；情之失為偏，偏則乖戾隨之矣；知之失為蔽，蔽則差謬隨之矣。不私，則其欲皆仁也，皆禮義也；不偏，則其情必和易而平恕也；不蔽，則其知乃所謂聰明聖智也。」同上註，頁 159-160，192。

[69] 同上註，《疏證》卷下〈權〉，頁 207。

蓋與其所謂「人生以後此理墮在形氣中」者互相發明。老、莊、釋氏，無欲而非無私；聖賢之道，無私而非無欲；謂之「私欲」，則聖賢固無之。然如子路之賢，不可謂其不能勝私欲矣，豈顏子猶壞於私欲邪？況下文之言「為仁由己」，何以知「克己」之「己」不與下同？此章之外，亦絕不聞「私欲」而稱之曰「己」者。朱子又云：「為仁由己，而非他人所能與。」在「語之而不惰」者，豈容加此贅文以策勵之！其失解審矣。

姑不論戴震對於朱子的理解之是非，[70] 從這段文獻中，我們可以看到清儒有意識地要將宋明儒釋「己」為「私欲」的解釋範式去除，其目的無非是要強調「欲」的合理性，以及表達對「理欲」二分的不滿，進而將「仁」往「達」天下之「欲」的方向導去。事實上，從這樣的方向推衍，其最後的歸宿，必然要總結於「禮」的討論。在《疏證》卷下〈權〉中，戴震就說：[71]

日：克己復禮之為仁，以「己」對「天下」言也。禮者，至當不易之則，故曰，「動容周旋中禮，盛德之至也。」凡意見少偏，德性未純，皆己與天下阻隔之

---

[70] 相關討論，請參：溝口雄三：《中國前近代思想的屈折與展開》，〈下論：第三章〉，尤其注意「第二節」——「戴震的克己解」。頁 267-269。

[71] 戴震：《戴震全集・第一冊》《疏證》卷下，頁 207。

端；能克己以還其至當不易之則，斯不隔於天下，故
曰，「一日克己復禮，天下歸仁焉」。然又非取決於天
下乃斷之為仁也，斷之為仁，實取決於己，不取決於
人，故曰，「為仁由己，而由人乎哉。」自非聖人，
未易語於意見不偏，德性純粹；至意見不偏，德性純
粹，動皆中禮矣。就一身舉之，有視、有德、有言、
有動，四者勿使爽失於禮，與「動容周旋中禮」，分
「安」、「勉」而已。

　　這種將「己」與「天下」對的作法，不從去「私欲」的
角度著眼，而是要人能克服個人「意見少偏，德性未純」的
狀態，使己之欲同於天下人之欲，《疏證》卷上「理」字條
即云：「蓋方其靜也，未感于物，其血氣心知，湛然無有失。
故曰『天之性』。及其感而動，則欲出于性。一人之欲，天
下人之所同欲也，故曰『性之欲』。好惡既形，遂己之好惡，
忘人之好惡，往往賊人以逞欲。反躬者，以人之逞其欲，思
身受之之情也。情得其平，是為好惡之節，是為依乎天理。」
[72]如斯以往，則「克己」其實只是要找回到「性之欲」的部
分，能如此，則能「動皆中禮」。因此，「禮」在戴震的論述
裡，就逐漸顯其重要性。
　　阮元作為清代中期的學者而言，從其思想中，亦可以見
戴震之說的痕跡。在〈論語論仁論〉中，他與戴震同採反對

---

[72] 戴震：《戴震全集·第一冊》（北京：清華大學出版社，1991 年），《疏
證》卷上〈理〉，頁 152。

「去私欲」的解釋範式，但值得注意的是他引毛西河及凌廷
堪的文章，主張馬融以「約身」的觀點釋「克己」，[73] 此點
正好說明了「克己」的兩種不同解釋範式，從「去私欲」的
角度言，「禮」是「理」，並與「欲」爲對峙的兩個相反衝突
概念，並且首出了「理」的優先性位階；但如果從「約身」
的角度說，則「禮」的實踐性格將被突顯，此正如凌廷堪所
言：[74]

> 竊以馬氏之注申之，克己即修身也。故「修己以
> 敬」、「修己以安人」、「修己以安百姓」，直云
> 「修」，不云「克」。〈中庸〉云：「非禮不動，所以修
> 身」。

「克己」變成「修身」，「天理」的味道轉淡，但具體實
踐的要求，乃成爲論「仁」之方。

要檢討清儒對「禮」在具體實踐上的主張，莫若以凌廷
堪爲最了。凌廷堪是清代中期的禮學大師，其《禮經釋例》
影響當時學風甚鉅，另外其相關論「禮」文章，亦常爲時人
所引，此正可見其重要性。基本上，凌廷堪論「禮」並非只
是空言「禮意」而已，他在具體儀文的考證與推行，在當代
都獲得極高的評價。[75] 所以探討凌廷堪論「禮」的言論，便

---

[73] 阮元：《揅經室集》，一集卷八，〈論語論仁論〉，頁 176-184。
[74] 凌廷堪：《校禮堂文集》卷 25，〈與阮中丞論克己書〉，頁 235。
[75] 張壽安先生在其《以禮代理》一書之中，便曾相當詳細地整理討論了

不得不側重此一面向的說法。凌廷堪說：[76]

> 夫人有性必有情，有情必有欲，故曰「飲食男女，人
> 之大欲存焉」。聖人知其然也，制禮以節之，自少壯
> 至耆耄，無一日不囿於禮，而莫之敢越也。制禮以防
> 之，自冠昏以逮飲射，無一事不依乎禮，而莫之敢潰
> 也。然後優柔厭飫，徐以復性而至乎道。周公作之，
> 孔子述之，別無所謂性道也。……夫舍禮而言道，則
> 空無所附；舍禮而復性，則茫無所從。蓋禮者，身心
> 之矩則，即性道之所寄焉矣。

本來自「心性」之幽微處，突出「道德主體性」的價值
判斷能動力，是孔孟促使「禮」由半自覺狀態轉入自覺狀態
的主要特色。[77]而仁、義、禮一貫脈絡的理論系統，的確有
將「心性」之道的顯現，透過「禮」的踐履，而後才被彰顯
的觀點，但畢竟「禮」不能等同「仁」「義」。凌廷堪此說如
就「實踐程序」言，並無大誤，而且也體貼了「禮」的「具
體性」特色。但如果單從「理論程序」言，凌廷堪之否認「禮」

凌廷堪在儀文的成就，其說可參。請見：氏著：《以禮代理——凌廷堪
與清中葉儒學思想之轉變》。

[76] 凌廷堪：《校禮堂文集》卷十，〈荀卿頌〉，頁 76。

[77] 勞思光先生指出周人的「制禮作樂」只是處於「半自覺狀態」而已，
真正強調人的「自覺」意志者，必須到了孔子改造周文時，方才出現。
勞思光：《新編中國哲學史（一）》，頁 105-106。

外無「性道」的說法，就有混淆層次的問題了。此亦即清儒論儒學時的共同特色，也就是招致清人無哲學思想之譏的原因之一。

當然，從外在的歷史因緣而言，廷堪之強調「以禮代理」及重視具體實踐的學術性格，與清初以來一貫反對宋明理學空談心性的弊病有關。但是，我們也未必只能將凌廷堪視為是一個被時代學術氛圍所制約的被動心靈。廷堪之重視具體實踐，自有其學術理由存焉，而非是一個盲從的學者。在〈復禮上〉，他說：[78]

> 夫人之所受於天者，性也，性之所固有者，善也，所以復其善者，學也，所以貫其學者，禮也。是故聖人之道，一禮而已矣。孟子曰：「契為司徒，教以人倫，父子有親，君臣有義，夫婦有別，長幼有序，朋友有信」。此五者皆吾性之所固有者也。聖人知其然也，因父子之道而制為士冠之禮，因君臣之道而制為聘覲之禮，因夫婦之道而制為士昏之禮，因長幼之道而制為鄉飲酒之禮，因朋友之道而制為士相見之禮。自天子以至於庶人，少而習焉，長而安焉。禮之外，別無所謂學也。夫性具於生初，而情則緣性而有者也。性本至中，而情不能無過不及之偏，非禮以節之，則何以復其性焉。

---

[78] 凌廷堪：《校禮堂文集》卷四，〈復禮上〉，頁 27。

　　凌廷堪的這段談話，極其重要。因為，假如我們說宋明儒接續了孔孟「心性」之學的傳統，是開發了「人」面對「自己」的「內在面向」之幽微；則清儒之強調具體實踐，尤其像凌廷堪此處之所言，應該就是拓展了「人」所面對的「外在關係」之處理。事實上，從「外在關係」著眼，未必會與「內在面向」產生衝突；而從「內在面向」入手，也未必要忽略「外在關係」的重要。但是從儒學的歷史發展來看，「內」、「外」的爭勝，由先秦孟荀之後，即啓其端。[79] 其後的儒學信仰者，或主其中一端，或主調合，要皆涉及「內」、「外」之論。職是之故，凌廷堪之「禮」學、清儒的強調具體實踐的意義，即應置入此一脈絡中，以便突顯出其儒學形象的重要性。

　　「五倫」所處理的問題，當然不是將焦點擺在「心性」的「主體」處發言，「五倫」所強調的是一種人我關係的份際層次，其所涉之面向，以今日言之，即是一種「權分」(right)問題的討論。從孔子言「君君、臣臣、父父、子子」開始，儒家思想的一個主要部分即是在解決人我之際的權利義務關係。我們知道，先秦儒者所面對的時代背景是一個「禮崩樂壞」的「失範」社會，人我之際的權利義務關係，產生了許多矛盾衝突。孔子一方面為僵死的「禮」，找到價值意識內在化的動力，使「禮」重獲新意義；另一方面也在「禮別異」的傳統中，論述「別異」脈絡裡的相互關係，以進一步

---

[79] 孟子強調「內在擴充」的工夫，突顯了「德性主體」的內在面向，而荀子大力主張「師法之化」，則對於「外在關係」的建構，較為用心。

釐清權利義務的基本標準，並由此而建立起新的社會秩序。「五倫」的討論即可放在此一框架中，加以理解。

　　凌廷堪從「五倫」的角度說明了「禮」是復「性」的唯一路徑，正是注意到人我之際的討論，是儒學的重要面向，捨此不由，則論「理」說「性」，其最終的結果，將使人失去其爲「人」的真實性。所以，他才說：[80]

> 夫仁根於性，而視聽言動生於情者也。聖人不求諸理而求諸禮，蓋求諸理必至於師心，求諸禮始可以復性也。

　　最後，綜觀上述的討論，我們可以發現，從對於「超越面向」本體問題的有意忽略開始，清儒所展現的學術風貌，不管是強調「遂情達欲」的觀點，或是由之轉進於「具體實踐」的要求，其實都在有意無意間顯露出一種衝突緊張的傾向。如同我在前言中所提及的現象，形上與形下的拉扯、內聖與外王的緊張、工夫與本體的斷裂，正是充分代表此一時期學術性格中的衝突緊張特徵。爲了進一步釐清這種緊張性的思想格局之內涵，底下我將試著由「價值意識」的角度，切入此一問題的核心。

　　基本上，儒家學說的主要重點，即是集中在「價值意識」的相關議題上，不管是探討「價值意識」與「主體」的關係，或是「價值意識」的客觀化問題，「價值意識」的討論，代

---

[80] 凌廷堪：《校禮堂文集》卷四，〈復禮下〉，頁 32。

表了儒家重視德性教化的學說傾向。而若再進一步說明，則前述兩方向，又可分為三個角度，來加以分析。此即「價值意識」是否根源於「自覺心」？「心」如何常保「自覺」？「價值意識」與「客觀世界」的關係為何？這三者實分別指涉「本體」「工夫」「實踐」等問題。

就「本體」問題而言：儒家學說偏重於「心性」的討論，並認為一切的價值意識，諸如惻隱、辭讓、羞惡、是非等，均可由一「心」的活動中，窺其紋跡。因此，「自覺心」的強調，便即是儒者突破原始信仰，樹立人文理性的重要標竿。[81] 此外，儒者不僅從「心」的「即存有即活動」中，探尋價值根源的真實性，並且認為在「天命之謂性」的「超越」保證下，價值活動不會淪為相對化的風俗習慣。所以，透過「天人合德」的觀點，將「形上」與「形下」綰合成一個和諧的關係。然而，清儒由於諸種原因的相互激盪，對於「超越面向」「形上世界」採取著敵視態度，於是原本和諧的「天人關係」，在經過「去形上化」的有意識詮釋活動下，只剩

---

[81] 其實，如果從世界的文化發展來看，我們可以發現在所謂「樞軸時期」（Axial age）的「古典」時代，人類對於自身的限度、整體的存在等議題，開始有了「自覺思考」的可能，於是「理性化」的來臨，「突破」了原始信仰的薄紗，宣告了以「人」為思考主軸的世代出現，這是一件極為難能的發展。儒家對於「人」的特加重視，應當置於此一世界史的角度，來加以觀察。請參：雅斯培（Karl Jaspers）著，魏楚雄、俞新天譯：《歷史的起源與目標》（北京：華夏出版社，1989年），第一章：軸心期，頁 7-29。

下「實然」的「形下世界」。「價值意識」的「應然」命題，也被化約為生命情欲的「實然」問題。於是「形上」與「形下」斷為二橛，「應然」與「實然」也夾雜不清。

就「工夫」問題而言：「意志純化」如何而可能的問題，自孟子論「知言養氣」以來，將「原始生命」予以「理性化」的討論，自是儒門「成德工夫」的嚴肅課題。[82]但是，承前所述，「本體」在「形上」層次的「超越性」，被拉到「形下世界」，成為一種「實然」存有，則強調「絕對」「普遍」的「價值主體」，乃隨入滑落為相對性的「實體」。於是，清儒雖然強調「工夫」，但「工夫」卻無能體證那天命流行的「本體」，「本體」與「工夫」乃成為斷裂性的關係。

就「實踐」問題而言：在儒門傳統裡，「內聖」的完成，預示了「外王」的完成。不管其中的邏輯關係是「線性」的推導關係，[83]或是「共時性」的相互滲透關係，[84]「內聖」

[82] 勞思光：《新編中國哲學史（一）》，頁174。

[83] 以《大學》「八德目」為例，「古之欲明明德於天下者，先治其國；欲治其國，先齊其家；欲齊其家者，先修其身；欲修其身者，先正其心；欲正其心者，先誠其意；欲誠其意者，先致其知；致知在格物。物格而后知至，知至而后意誠，意誠而后心正，心正而后身修，身修而后家齊，家齊而后國治，國治而后天下平」從「先」至「后」的關係言，似顯露出以直線推導因果的思考模式。

[84] 陳熙遠先生認為儒家「內聖外王」不應是一種線性的因果關係，他從儒家的「聖王典範」，實質地考察二者的關係，指出二者應該是一種「共時」的涵攝關係。請參：陳熙遠：〈聖王典範與儒家「內聖外王」的實質意涵〉，收入：黃俊傑編：《孟子思想的歷史發展》（臺北：中央研究

與「外王」的連續性特徵,是不能抹滅的。但是,源於清儒
對於「心性」之學的厭棄,以及對「超越面向」的敵視,「內
聖」之學在清代的學術思想史上,不爲時人所重,所偏重的
卻是相關「外王」事業的期許。即使對於「內聖」稍有討論,
也僅在實然的觀點下,從「克己修身」的角度,說明道德實
踐的具體問題。於是失去「本體」之後的「內聖」,僅餘形
式意義的「工夫實踐」,其與「外王」的關係,乃成爲兩個
獨立的畛域,雖然在詞彙的使用上,仍然是「內聖外王」,
然而往「外王」側重,卻是不得不然的發展。

　　總而言之,清儒的思想格局,會有如上所述的「衝突緊
張性」,實源對於「心性」之學的不相應,兼以對「超越」
問題的不耐,於是對於以「價值意識」爲主軸的儒家學說,
便無法深切地抉發其理論系統的殊勝處。不過,值得注意的
是,清儒對於「形下世界」、「具體實踐」的高度重視,卻有
其極具價值的部分。雖然,過去的儒者對於這些問題,並非
不談,但究竟將之視爲末節,致使「知行」兩分。清儒在此
一議題上的主張,實有其深刻的學術性價值。

四、結論——一個圓成的可能性

　　誠如前一節所指出的,清儒在思想義理的表現上,有著
「衝突緊張」的特性,但其肯定「具體實踐」層面的重要性,
批評「天理」的「空虛」,卻是值得我們在對儒學重新檢討

院中國文哲研究所籌備處,1995 年),頁 23-68。

時，應該更加重視。因此，底下的討論，將著眼於說明「具體實踐」可能的「存有論」地位，藉以恢復其優先性位階。

事實上，從先秦孔門的言論中，我們可以發現孔子的「仁」說，並不是採取邏輯定義的方式，為「仁」畫下諸種界限。相反地，孔子在面對不同學生的問「仁」之中，總有著令人意想不到的回答，楊儒賓先生針對這種問答情境式的說解方式，有著相當有趣的觀察，他說：[85]

> 當顏淵、冉伯牛、仲弓提出此一問題時，他們已把每個人的焦慮、期望、個人才性、社會關係等混合而成的〝存在之情境〞帶進了問題之中。而孔子的回答：〝克己復禮〞、〝出門如見大賓，使民如承大祭〞、〝其言也訒〞等，這樣的答覆〝仁〞雖然使得〝仁〞字的概念顯得不夠純粹，卻是針對問者的意識在〝個人——社會合成的總體條件〞下的情境，獨特的、存在的自我抉擇而成，從孔門師弟的答問中，我們當承認人心有仁，仁即人心。但社會與傳統卻先於人而存在，人之意識的成長乃是〝意識在社會——傳統中〞，〝社會——傳統在意識中〞，兩者相扶而成。

---

[85] 楊儒賓：〈人性、歷史契機與社會實踐—從有限的人性論看牟宗三的社會哲學〉，刊於：《臺灣社會研究季刊》，第一卷第四期（1988 冬季號），頁 150。

　　楊先生的說法，透露出一個值得思考的焦點，此即「存在之情境」的主張。我們知道儒學的精彩處即在於完成價值意識的成德之學，此種成德之學並不是一種如「客觀知識」一般的知解對象，它不是採取定義，辯證的論述，而是在具體生命的流通處，顯現其「普遍性」的可能意義。是以任何架空式的語言技巧，絕非儒學精義之所在，此即孔子運用「隨機立教」「當下指點」溝通方式的原因。若再進一步分析，我們可以指出，類似「道德」或「宗教」等的「主體」經驗，其「真實性」的被肯認，並不在於將「主體」與其他「存有物」分離之後，在抽象的認知活動中，以「空白」的方式，證明「主體」的「存在」。「主體」的真實性只能從「主體」活動時的「具體經驗」來回證，才可能成之。因此，任何失去「具體經驗」的「主體」描述，恐怕都將淪為一種「語言遊戲」。

　　從上述的觀點，比對清儒重視「具體實踐」的主張，也許我們反而可以採取一種寬闊的態度，重新審視其價值。基本上，清儒之強調「具體實踐」的主張，可從兩個層次的分析，說明其意蘊。

　　首先，從歷史因緣的層次而言，清儒從明亡的經驗中，發現儒學若僅從「內聖」著眼，並強調「天道性命」的超越高明，則具體的「外王」事業，恐怕會有危殆的可能。這種採取「化約論」的觀點，當然有相當多的誤解。不過，處在這個歷史關口的知識份子，未必會自覺到其間的諸種問題。是以，當他們以重振儒學的使命感，發出「具體實踐」的學術主張，自是充分顯現了他們的「具體存在感」。這種「具

體存在感」形成他們進行經典詮釋的原動力，以及規範。換言之，清儒與宋明儒在儒門義理的爭勝過程裡，「主體」的真實體驗，「情境」的深刻感受，「存在」的具體召喚，構成了他們學術主張的原因。

其次，從理論的層次而言：清儒之重視「存在的情境」，可以在孔子的言論找到大量的佐證，即使是論證「心性論」至深且切的孟子，其重視具體的「道德實踐」之論說，亦可俯拾即是。例如在《孟子‧離婁下》：[86]

> 孟子曰：人之所以異於禽獸者幾希，庶民去之，君子存之。舜明於庶物，察於人倫，由仁義行，非行仁義。

此段文字中，「明於庶物，察於人倫」亦應為孟子所重視的重點，只是後來的學者，大抵由「道德主體性」入手，力言「由仁義行，非行仁義」的自我主宰義。所以對屬於「實踐層面」的「明於庶物，察於人倫」，在「道德主體性」的解釋路徑下，就變成只具有「衍生的」、「派生的」意義，反而失去獨立自主性的地位。毋怪乎對於「具體實踐」的儒門故訓，總將之視為是第二義的存在。袁保新先生便曾另闢蹊徑，從「基本存有論」（fundamental ontology）的角度，提供一個極有意思的看法。他說：[87]

---

[86] 焦循：《孟子正義》，〈離婁下〉，頁 567-569。

[87] 袁保新：〈盡心與立命──從海德格基本存有論重塑孟子心性論的一

這段文獻毋寧是說明心性具有明照存在界及人倫社會之價值秩序的功能或許更周延地說，心性作為人之所以為人的「能是」，必須在一個由人、物所構成的「生活世界」（life-world）中，以「明」以「察」，這才能夠成就人之所以為人。這也就是說，我們與其順「仁義內在」的觀點，過度地強調「心」、「性」作為道德實踐上獨立自足的「主體性」原則，倒不如將它一開始就理解為「在世存有」（being-in-the-world），一個必須關聯著世界才能起現其明察作用的「感通原則」。

其說與過去從「道德主體性」入手的解釋方式不同，他將「生活世界」的優先性位階點出，進而主張由「心」、「性」的能動與世界的相摩相蕩，更新了「主體」的內涵，也為「世界」注入意義。這樣的觀點為「具體實踐」，尤其是在「社會實踐」的面向，找到了一個「存有論」的說解，或許可成為分析清儒學說的理論性說明。

其實，剖析上述的說法，可以發現「存在」在此處的討論，應該具有更為積極的因素。因為，任何的「道德主體性」的彰顯，絕非是一種知性的抽象活動，其「具體感」才是「肉身成道」的關鍵，失去「肉身」的「道」，只能是空白的「主

項試探〉，收入：李明輝編：《孟子思想的哲學探討》（臺北：中央研究院中國文哲研究所籌備處，1995 年），頁 186。

體」，「主體」應是有其終極的「普遍性」與「真實感」，而這一切不能脫離「具體經驗」而存在。換句話說，「生活世界」也罷、「存在之情境」也好，肯定「存在」的先有特質，「主體」、「客體」的問題才能持續下去。關於這一點，著名的存在現象學者馬賽爾（Marcel，Gabriel）有相當深刻的體會，他認爲透過「存有化」（existential）的過程，可以使得「初級的存在」（如「花」的存在事實等）顯得「更存在」「更完美」「更剔透」，於是「存在」的「價值」乃隨之而改。[88]這樣的過程，陸達誠先生指出：[89]

> 馬賽爾用許多不同的說法來形容這寶貴的片刻，如「存有化的閃爍」（existentielle fulguration）、「最初的存有化轟動」（éclat existential initial）、「原始的激動」（émotion initiale）等。從時間角度來看，存有化的瞬間從同質性的時間（homogeneity）中獲得解放，它享有時間的特權，他可說是展現永恆的剎那。馬賽爾稱之爲「絕對現在」（présent absolu），「純粹現在」（pur maintenant），「絕對的此地」（ici absolu）。未來與過去在絕對現在這個焦點上匯合，構成了生活的深度體

---

[88] 馬賽爾在此處所談的「存有化」不能視之爲一種抽象的抽離活動，其存在的存有化是一種將「時空性的客觀物轉化成價值存在的當下（immediate）」的具體活動。請參：陸達誠：《馬賽爾》（臺北：東大圖書公司，1992 年），頁 125-127。

[89] 同上註，頁 126-127。

　　驗，個人歷史的意義在此時此地揭露了它的端倪。這
　　種深度（le profond）的體驗帶給人充實、豐富、意
　　外、與無上的愉悅感受。所以他說不是懷疑，而是驚
　　異的原始情緒，給哲學的真正開始奠基。驚異是意識
　　超越自我，參與存有，它才是哲學的第一步驟，懷疑
　　只能是第二步驟（a second apriori）。換言之，僅以辯
　　證思考或高度驚覺的懷疑去接觸世界的主體，不可能
　　發生真正的存在感受；而缺乏存有化的知識，只是客
　　體或所謂「他」或「它」的組合。

　　馬賽爾強調「真實主體」的證成，必須建立在真正的存
在感受上，而此種存在感受在絕對化的過程中，會突顯出永
恆的特質，因此，任何討論「主體」的學問，必須由「存在」
入手。其說甚為有慧見。

　　此種對於「具體經驗」的強調，正是指點了「主體」通
向「存有」的道路，我們切不可將此時的「具體經驗」以「客
體化」的角度，將之視為是主客二分下的客觀事務。換言之，
我們正應該正視這個「具體經驗」與我的生命「主體」之密
切不可分的性質，尤其是在道德活動的顯發內容裡，「具體
經驗」實開啟了「世界」與「我」的照應關係。反過來說，
透過「具體經驗」的活動，「我」與「世界」乃形成一不可
斷的連續關係，此時「心性主體」與「客觀世界」是共構的
意義體，「談心論性」並非抽空地虛說，其與現實世界也不
是斷裂的模式。被清儒判為近禪的王陽明，在這一點上就有

深刻的體會。他說：[90]

> 問：「人心與物同體，如吾身原是血氣流通的，所以
> 謂之同體。若於人便異體了。禽獸草木益遠矣，而何
> 謂之同體？」先生曰：「你只在感應之幾上看，豈但
> 禽獸草木，雖天地也與我同體的，鬼神也與我同體
> 的。」請問。先生曰：「你看這個天地中間，只有這
> 個靈明，人只為形體自間隔了。我的靈明，便是天地
> 鬼神的主宰。天沒有我的靈明，誰去仰他高？地沒有
> 我的靈明，誰去俯他深？鬼神沒有我的靈明，誰去辯
> 他吉凶災祥？天地鬼神萬物離卻我的靈明，便沒有天
> 地鬼神萬物了。我的靈明離卻天地鬼神萬物，亦沒有
> 我的靈明。如此，便是一氣流通的，如何與他間隔
> 得！」又問：「天地鬼神萬物，千古見在，何沒了我
> 的靈明，便俱無了？」曰：「今看死的人，他這些精
> 靈遊散了，他的天地萬物尚在何處？」

　　陽明此說直指此一世界乃一整全的意義結構。如劉述先
先生指出的上述的說法表現出一種「寂感模式」，因此，「天
地鬼神萬物對他而言，乃是主客會合之後所顯發的意義結
構。」[91] 在這個結構中，「我的靈明」不可離開「天地鬼神

---

[90] 王陽明撰，吳光、錢明、董平、姚延福編校：《王陽明全集》，卷三，
《傳習錄》下，頁124。

[91] 劉述先：《黃宗羲心學的定位》，頁97。

萬物」，而「天地鬼神萬物」也不可能離開「我的靈明」，而這種相互寂感的感應模式，不是從客觀知識的認知方式入手，而是以「主體」的「體證」爲準，是以再究實而論，則「我的靈明」與「天地鬼神萬物」的同時開顯，正是處在於「主體活動」的「具體經驗」中，此經驗至真實且整全。

　　以之回來檢視清儒之強調「具體實踐」的主張，更可令人再次發現清儒雖與宋明儒在儒門義理的爭勝中，雖然未能開發「內聖」之學的幽微高明，但是他們強調「實」學的精神，諸如重視「五倫」關係的思考，甚至提出「以禮代理」的呼聲，又或者重新考定「古禮今用」的努力，都已經觸及到「入道」的真工夫問題，當中不可有任何地虛擬姿態，也不可淪入知性的分解趣味。以清儒對於「五倫」的討論爲例，我們發現乾嘉時期的學者，已然可以觸及此一「具體經驗」的重要面向。如第四節引凌廷堪的說法，其中要求依「父子之道」、「君臣之道」、「夫婦之道」、「長幼之道」、「朋友之道」而制定各種特殊之「禮」，以使人們習於其中，安於其內，進而陶冶其性情。其說看似一仍先秦舊義，實則當我們將這「五倫」，復歸其具體「情境」，並承認每一「倫」具是一個共感的「意義世界」，則乾嘉學者之重視「禮」或「倫」、「制」的「實學」，不也可以與宋明儒者如陽明上引文所說之境，相融無間，不現扞格嗎！這個時候清儒所說的「實」學，與「虛」之間就不再是對立關係，而是「相互滲透」的關係了。苟能由此出發，則陽明在〈重修山陰縣學記〉的一段話，就

能與凌廷堪相互輝映了。其言：[92]

　　嗚呼！心學何由而復明乎？夫禪之學與聖人之學，皆
　求盡其心也，亦相去毫釐耳。聖人之求盡其心也，以
　天地萬物為一體也。吾之父子親矣，而天下有未親者
　焉，吾心未盡也；吾之君臣義矣，而天下有未義者
　焉，吾心未盡也；吾之夫婦別矣，長幼序矣，朋友信
　矣，而天下有未別、未序、未信焉，吾心未盡也。吾
　之一家飽暖逸樂矣，而天下有未飽暖逸樂者焉，其能
　以親乎？義乎？別、序、信乎？吾心未盡也；故於是
　有紀綱政事之設焉，有禮樂教化之施焉，凡以裁成輔
　相、成己成物，而求盡吾心焉耳。心盡而家以齊，國
　以治，天下以平。故聖人之學不出乎盡心。禪之學非
　不以心為說，然其意以為是達道也者，固吾之心也，
　吾惟不昧吾心於其中則亦已矣，而亦豈必屑屑於其
　外；其外有未當也，則亦豈必屑屑於其中。斯亦其所
　謂盡心者矣，而不知已陷於自私自利之偏。是以外人
　倫，遺事物，以之獨善或能之，而要之不可以治家國
　天下。蓋聖人之學無人己，無內外，一天地萬物以為
　心；而禪之學起於自私自利，而未免於內外之分；斯
　其所以為異也。今之為心性之學者，而果外人倫，遺

---

[92] 王陽明撰，吳光、錢明、董平、姚延福編校：《王陽明全集》，卷七〈文錄四　序　記　說〉，〈重修山陰縣學記〉，頁 257。

　　事物，則誠所謂禪矣；使其未嘗外人倫，遺事物，而專以存心養性為事，則固聖門精一之學也，而可謂之禪乎哉！

　　因此，就乾嘉學者努力恢復儒學的「具體經驗」之面向而言，可以說清儒之表現實與宋明儒之努力，各有千秋，我們都應當給予相當程度的重視。甚至，彼此還能相互發明，互添深意。此外，就清儒的自我認同而言，他們並無「義理」層面的認同困擾，因為從先秦孔門的許多討論言說之中，強調「具體實踐」的學術性格，不也正是儒門的義理之所在。所以清儒之重視「具體實踐」便不可只是視為一種常識性的儒學主張，而應經由恢復其「實踐」的存有意義，提昇其「實」學的生命主體內涵。如此一來，則清儒的「義理學」亦將有極為深刻的層面，值得探討。

　　最後，總結以上的討論，現代學術研究的發展，其實提供了一個檢視我們自家學問的機會，我們未必對於西方的學術成果，全盤照收。但是，他們在其學術的傳統中所開發出的見解，對於照鑑東方文化的思想內涵，亦應有其現代的學術意義，而非是盲目的照抄或移殖之類的消極批評而已。所以撫今視昔，中西平觀，也許會為我們的古典傳統，注入新的源頭活水。

第四章

論儒學的「宗教性」

一、前言

回顧二十世紀以來的儒學發展史，儒家「宗教性」的議題，不斷地出現在許多學者的研究著作中，這種現象的產生，一方面豐富了儒家思想多樣化的可能，但另一方面卻也引發儒學是否具有「宗教」面向的爭議，[1]甚至對「宗教」

---

[1] 儒家學問作為一個學派，自是無庸置疑。但將之視為「宗教」是否適宜，恐怕是有相當多的爭論。尤其是從人類學的角度來看時，儒學是否具有「宗教」應有的質素也不是一個沒有爭議的題目，雖然也有如日本學者加地伸行，從葬禮的儀式中，強調儒學也可視為「宗教」，或是黃進興先生歸結中國歷史上「三教」的發展，指出儒家在歷史上曾取得有「宗教」的地位。但與其他「宗教」相較，恐怕也會令人感到不妥。因為以這些從「儀式性」因素，或其他外顯的表現形式來界定「宗教」，與儒家在「義理內涵」中，突顯了其「宗教性格」是兩回事。另外，韋伯（Max・Weber）在《中國的宗教：儒教與道教》一書中，則以缺乏聖凡的緊張衝突來判定儒學不是宗教。而本國的學者則從五四迄今，立場不同，主張也隨之不一樣。所以中外學者對這個議題，存在著相當分歧

的定義也出現了重新檢討的現象。[2]不過，如果我們暫且拋開上述的爭議，而回到其產生背景，我們將發現其間有著相當程度的「詮釋趣味」。誠如特雷西（David Tracy）所指出的「已經寫成的文本看上去似乎是在爲文字文化提供穩定性。然而，當思想和道德危機發生的時候，它們卻暴露在巨大的不穩定性中。這種穩定性和不穩定性的關聯，使已經寫成的文本成爲一個很好的例證，它揭示了所有有待解釋的現象所具有的內在複雜性」，[3]其觀察甚爲敏銳，尤其指出「文本」作爲一個有待解釋的現象之提法。其實，如果我們將儒學發展置回具體的歷史脈絡中，我們將發現當每一次「危機」時代來臨時，儒學爲因應時代的挑戰，總會從已經穩定的「文本」詮釋傳統中，別開生面地加入新的內涵以回應時代的要

的看法。相關著作，加地伸行，《儒教とはなにか》（東京：中央公論社，1990）；黃進興：〈作爲宗教的儒教：一個比較宗教的探討〉，收入：《亞洲研究》（1997 年，7 月），第 23 期，頁 184-223；Max Weber, *The Religion of China：Confucianism and Taoism*（New York：The Free Press，1964）。相關中國學者著作，會在行文中說明，此處不再列舉。

[2] 對於「宗教」涵意的重新檢討，與人類各區域文化之頻繁交流有關，尤其在比較人類的研究，日受重視的今日，再以狹隘的西方式「宗教」觀來作爲判準，恐怕並非正確的作法。

[3] 特雷西原著，馮川譯：《詮釋學、宗教、希望──多元性與含混性》（香港：基督教文化研究所，1995），頁 23。事實上，特雷西是美國芝加哥大學神學院的講座教授，他的神學研究頗受田立克（P. Tillich）的影響，故而採行處境的關聯（correlation）的神學方法，所以對於具體情境脈絡的因素，相當重視，本文的撰寫即受其啟發。

求，此時「文本」從穩定的詮釋狀態中，轉變爲不穩定。於是在這樣的轉變點上，每一次「文本」所揭示的穩定與不穩定現象的衝突，總會引來「護教者」或「攻擊者」的諸多爭議。揆諸史實，從「玄學」到「理學」的儒學詮釋，即可看到上述的現象。[4]是以「儒學宗教性」的爭議性議題出現，正是代表著一個新的「歷史危機」的來臨，而「文本」的詮釋也將由穩定轉爲不穩定。

事實上，上述觀點在論及現代儒學「宗教性」的議題時，包含著兩個層次的問題，有待釐清。首先，二十世紀以來儒學「宗教性」議題的出現，有何迫切的「歷史危機」感？以致詮釋者必須在此一觀點上，提供新看法，以及在這樣的危機中，「宗教」的意識，是否也起了變化？其次，則回歸儒學的「文本」詮釋上，論者作出「宗教性」也是儒學內涵的

---

[4] 儒學的發展史上，吸收當時論敵的觀點，並非罕見。尤其是論敵在時代思潮的競爭上，有可能威脅或取代儒學的宗主地位時，儒學內部的理論，通常會在肆應時代的議題上，做相當的調整。例如魏晉時代以論「三玄」爲尚，諸如「有無」、「有情無情」等議題，爲當代人所喜，何晏在《論語集解・衛靈公章注》就說「凡人任情，喜怒違理，顏回任道，怒不過份」所以何晏之說肯定受到玄學內容的影響。再如宋明理學的發展，自與隋唐以來的佛學有一定的關聯，從韓愈、李翱之後，論「性」的內涵，明顯與「無明」的想法有關。而自此宋之後，儒者有意識地抗拒佛學「心性論」的精義，乃更深刻地發揮心性主體的學問，陽明甚至被目爲混雜佛學的儒者。所以當儒學的地位遭到挑戰而有危機時，「護教者」除固守「文本」的基本脈絡外，通常會吸收論敵意見，以增加抗拒的力量。

一個面向之判斷，是否允恰？此判斷會與以往詮釋者不同，是否是詮釋者的主觀態度所導致，抑或是「文本」的內涵即已蘊涵著此種可能。前者涉及詮釋過程的外在因素之影響，後者則關乎內在理路的發展。當然，也只有在上述二者相互配合的情形下，「詮釋循環」的可能性，方可建立。

因此，基於這樣的問題意識，本文將以啟蒙運動後所產生的「時代意識」，及其東傳之後所造成的「歷史危機」，檢討西學對儒學「宗教性」議題的影響；其次，則就「宗教」涵義的變化，說明現代宗教思潮所突顯出的「人文化」關懷；並且，針對「文本」內涵的特質方面，檢討儒學詮釋中「宗教性」議題的相關問題。最後，將依據前述的討論，說明此一問題的詮釋趣味。

二、「時代意識」與「歷史危機」

二十世紀初期的中國，處在一個亙古未有的大變局之中，種種的外國勢力，挾其軍事，科技，甚至是政治制度上的強勢力量，強行打開東亞古國的大門，其牽涉層面之廣，從具體的科技到抽象的思想上，都起著巨大的影響。而且可以說東西兩股文化力量的此次交手，西方文化取得了相當的優勢。處於這個變局下的知識份子，自不能無動於衷。於是這些知識份子，便將冀求變革的大刀，朝主導中國文化發展的儒家說砍下，希望能一舉清除阻撓中國現代化的最大障礙。所以表現在近現代的中國思想史上，批判儒學或反對儒學，便成為一股巨大的時代潮流。雖然余英時先生曾為文指

出，當時許多批判儒學或反對儒學的學者，多有受到西方觀念的衝擊，但造成他們真正批判的原因，必須追溯回儒學的「內在批判」上。[5]其說頗有可觀，亦值參考，但本文所論的「宗教性」議題，卻是一個西方式或是韋伯式的問題，而且此議題的出現又與西學的引入，有著極大的關係。因此，我們仍將鎖定西學的影響下，申述此議題的內涵。[6]

---

[5] 余英時認為晚清以來的今古文經學之爭，雖然都曾引用西方的觀念來闡明儒學的現代意義，但這種發展乃是源於儒學本身發展的內在要求。其說雖不無見解，但儒學受西學的衝擊而調整文本的詮釋策略，亦為顯見之事實，是以余先生的說法未必能涵蓋當時發展全貌。余英時之說，請參：氏著〈現代儒學的回顧與展望──從明清思想基調的的轉換看儒學的現代發展〉，收入：黃俊傑、福田殖主編：《東西文化的探索──近代文化的動向》（臺北：正中書局，1996），頁 60-61。其實，溝口雄三將近代的發展模式，以「外來的近代」與「自生的近代」的雙重架構來說明，頗能符合情實。其中「自生的近代」在「獨具該國特點的發展道路」之說，近於余英時的意見。溝口雄三：《日本人視野中的中國學》（北京：中國人民大學出版社，1996），頁 78-79。

[6] 基本上，我認為任何文化都會面臨到「宗教」經驗的問題，因為「生死」為人所帶來的終極恐懼，絕對會觸發人類思考死後世界的種種問題，而且因此而發展出的解釋模式或行為模式，都會對一個文化傳統的「宗教性」涵義產生影響。只是就中國的思想傳統來說，「宗教性」的議題出現，並不全然是在思想內部的批判中出現。它與西學傳入後，異文化交流時，因著對「世界」的理解差異所造成的文化衝突，有極大的關係。甚至可以說，在異文化交流之初，如韋伯等的西方知識份子眼中的「中國」印象，造就了這個議題的突顯。所以說，這是一個西方式或韋伯式的問題。

　　事實上，多數學者在論及中國近代史的發展，對於西學的引進與影響，喜從社會、政治等制度或思想層面入手分析，此一觀察自有其事實上的根據，但不免有割裂歷史全貌的危險。因此，本文以下的分析，將從此種西方學術分類的「人文學」（humanities）傳統切入，指出西學對於「宗教」的看法，及其對中國文化的最大衝擊，均可由此一傳統所蘊載的內涵窺探。

　　果如論者常指出的一個觀點，西方文明的重要來源可以從希臘文明與基督教文化的內涵中，尋繹而出。其中希臘文明所表現出的「理論的理性」，甚至成爲西方文明的重要特徵。[7]事實上，這種強調「理論的理性」之作法，我們從其古代的教育內容之中，差可得知其梗概。而學者曾指出在古代希臘羅馬的「自由人」教育之中，包含有「trivium」（三文）及「quadrivium」（四藝）兩部份，前者有文法、邏輯、修辭，後者則有算術、幾何、天文、音樂等科。[8]總計這七大類科的設計，可以溯至柏拉圖的理念。值得注意的是此七項通藝（seven liberal arts），與中國的「禮樂射御書數」來相

---

[7]余英時指出形塑西方文化的主要根源，和希臘哲學傳統中對於「理論的理性」或「思辯的理性」，有極爲密切的關係。請參：余英時：〈略說中西知識份子的源流與異同〉，刊於：《九州學刊》第二卷第一期（香港：香港中華文化促進中心，1987年秋季），頁3-4。

[8] Brubacher，J.S. *On the Philosophy of Higher Education*(San Francisco，Calif：Jossey－Bass. 2nd ed. 1982)。

較的話，很明顯地是多出了「理性教育」的成份。[9]由此，
我們可以進一步地推知，雖然西方的古代教育是在「博雅」
教育（liberal education）的成「人」目標下所設計，但就其
學習的內容來看，則教育的目標不僅是要培養一批優雅的社
會菁英，也要培養出一批可以「解釋世界」的領導階層。[10]而
且如果我們再加以分析的話，更可以發現蘊涵在「解釋世界」
的要求背後，正是以「理論的理性」的思考架構為其特色。
於是，不可避免地古代的西方教育顯現出「知識化」的傾向。

　　其實，思考這種「知識化」的傾向，我們絕不能忽略西
方文化是以區分「本體」「現象」為二的「外在超越」型文
化特徵的事實。[11]因為在這種二分的架構下，西方文化認為
透過「現象界」的諸般理解，「本體界」的最後真實，終將
為人所掌握。所以析分「現象界」為諸多的細小單位，以便

---

[9] 傳統中國的教育理念大抵在成「人」的目標要求下，對於追求客觀知
識的興趣，較為缺乏。這也是為何中國的思想傳統中，「知識論」
（epistemology）沒有太大發展的主因，而西方傳統則不然，尤其在近
代哲學之後，「知識論」的研究成果幾成當時西方文明的象徵。有關二
者教育理念的分別，請參：黃武雄：〈通識教育、科學教育與數學教育
（上）——理性的叛逆與解放〉，收入《大學通識教育的理論與實際研
討論文集》（臺北：臺灣大學文學院），頁 104-105。

[10] 余英時：〈略說中西知識份子的源流與異同〉，刊於：《九州學刊》第
二卷第一期，頁 3。

[11] 柏拉圖與亞里斯多德的哲學著作中，對世界的區分方式，即將超越的
本體真理世界與現實世界分離開來，余英時認為此為「外在超越」型文
化的特色。同上註。

研究觀察，乃勢不可免。[12]於是，教育走上知識的「專精化」之途，「理論之理性」成爲「解釋世界」的重要標準。更有甚者的是，十九世紀後的「工業革命」對於上述的教育特色，更是起著推波助瀾的作用。如果我們承認「工業革命」所帶來的社會結構之改革，是基於「工具理性」的昂揚，那麼受到「工具理性」影響的大學教育，恐怕也將以「知識」分化的方式，進行學科分類的工作，其對於思想的影響將無遠弗屆。

綜合上述的說明，我們可以清楚地掌握此種以「知識」爲導向的教育理念，當爲西方文明發展的重要特徵。而以之回來檢驗中國的教育理念，我們應當可以發現其間的巨大不同。《禮記・學記》所載：[13]

> 比年入學，中年考校：一年視離經辨志，三年視敬業樂群，五年視博習親師，七年視論學取友，謂之小成。九年知類通達，強立而不反，謂之大成。

〈學記〉所說的「大成小成」之途，是一種重視「知識」與「人格」相統一的教育，雖然教學的內容並非僅止於「修身」的修養工夫，但即使是「知識」的部份，也是以「道德

---

[12] 這種析分現象爲細小單位的作法，本身就是一種「客觀化」傾向的思維方式。其主要的心態即是對於「世界」採取析離的的宰制態度，這構成西方文化的主要特色。

[13] 孫希旦：《禮記集解》（北京：中華書局，1989），頁959。

知識」爲學習標的，換句話說，是以內在心靈的探索，爲教學的主要重點。這種方式當然與以探索外在世界的西方教育理念，有重大的區別。而且，這種強調「道德知識」的學習方式，恐怕自先秦以來，便成爲歷代的教學重點，學者所爲之事但以成就人格爲要，不以逐外物爲高。甚至在與科舉制度結合之後，更是成爲一股不可逆的主要潮流。

由是觀之，由於東西方文化在教育內涵的差異上，促使雙方在認識「存在」的方式上產生不同，[14]這種不同本來並無孰優孰劣的選擇問題，但在特殊的歷史機緣下，衝突乃成爲異文化交流時的主調。從歷史的現實上觀察，我們可以發現東西方文化交流碰觸之際，誤會多於理解，衝突多於溝通。尤其是在西方列強對中國的諸多資源，進行盡情的掠奪行爲之後，中國人對於西方文化所採取的拒斥態度，可說是由上而下的普遍。不過，值得注意的是，在這樣衝突誤會中，清末民初的讀書人，也非一味地排拒所有的西方文化。對他們而言，力挽傳統文化於既倒之際的對策，恐怕是採取「知己知彼」及「以夷制夷」，方能克竟其功。所以此時最爲困擾知識份子的事情，便是中學與西學的異同問題。從馮桂芬於〈采西學議〉中所指出的開始，他認爲中國的學問立基於「倫常名教」，若能「輔以諸國富強之術」，則當能解時代之問題。自此之後，學者便常陷入此一「中學爲體，西學爲用」的巨大漩渦中。其後的鄭觀應、梁啓超、張之洞，基本上都

---

[14] 教育是形塑文化傳統的一個手段，通常在教育的內容裡，即包括了對於「世界」的解釋方式，這當然會造成該文化對於「存在」的態度。

是以「體用」的方式，解決其中西學異同的問題。[15]如張之洞於〈勸學篇〉所云：「一曰新舊兼學：四書、五經、中國史事、政書、地圖爲舊學，西政、西藝、西史爲新學。舊學爲體，新學爲用，不使偏廢。」

然而中西學之差別，果真以「體用」的方式，便能解決嗎？余英時先生認爲此一問題在當時並無突破性的發展，分析其可能原因，余先生指出是由於當時中國知識份子對於西方知識的攝取是經由日本轉手而來，所以缺乏親切而直接的認識。[16]事實上，正因爲缺乏正確或允恰的理解，所以對於西方文化的挑戰，則仍未有有效的策略。更兼以清廷對列強的割地賠款日甚，知識份子在苦思不得其解的焦慮下，乃至發出盡廢中學，改學西方文化的極端言論了，「全盤西化」逐漸取代「中體西用」的思考框架。[17]

---

[15] 余英時認為此時「中學為體，西學為用」的發展是晚清時人的共同見解。見氏著：〈中國近代思想史上的胡適〉，收入：《中國思想傳統的現代詮釋》（臺北：聯經出版事業公司，1987），頁521-525。

[16] 同上註，頁523。不過，余英時也指出當時的譯家中，嚴復也代表當時介紹西學的最高水準，並且提倡通過西方語文以學習西方文化。所以仍然有些例外，只是這些譯者究竟無法完全扭轉當時人對西學的刻板印象。

[17] 這裡我要指出的並不是「全盤西化」的主張一出，「體用」的想法就從歷史上寂然消失。重要的是指出這「全盤西化」的主張，乃根源於知識份子對於「體用」見解的效果不彰，而顯現在心態上的一個反動。事實上，「體用」的問題迄今恐怕都還沒有得到適當的解決。

這種對西學的不了解與無揀擇式地接受，根源於震懾在西方的科技力量下，以致以爲西學的唯一真義是在於泛科學主義的「啓蒙理性」，並且膚淺地認爲解救中國的災難，必須完全地學習西方的科學。此時，傳統安身立命的儒學已在貶斥之列了。陳弱水先生對此一時期的發展，有一深刻地評論，他認爲：[18]

> 就中國近代史的全面觀點來看，儒家的近代命運影響及的不僅僅是儒家的式微，並且深深關涉到近代中國的思想，文化危機。由於義理傳統的近代命運，加深（如果不是造成）了近代中國的思想危機和精神危機。這兩項危機，綜而言之，就是"（喪失）意義的危機"。所謂"意義的危機"，是指人們對人生、宇宙的基本意義之看法與信仰——即宇宙觀和人生觀——受到衝擊而引起的種種危機。在"意義的危機"反映下的近代中國心靈，是道德價值的混亂，人生存在問題的惶恐和終極信念的失落。一言以蔽之：近代中國失去了意義，失去了基本價值取向。

誠如上文所述，儒學原本提供以認識「存在」的方式，在狂飆式的西風壓境後，已經失去維繫人心的力量，「文本」

---

[18] 陳弱水：〈儒家的近代命運〉，收入：羅義俊編：《評新儒家》（上海：人民出版社，1991），頁 184-185。

在穩定狀態中，所能提供的「意識型態」，亦處於瓦解的邊緣。於是，意義的喪失，危機的來臨，五四以降的中國，正處在一個思想的真空空白階段。[19]此時一切判準既以膚淺認識下的西方「啓蒙理性」爲準，則對於在「啓蒙心態」（Enlightenment mentality）下的可能謬誤，當代的知識份子亦將一併繼承，甚至更爲激烈。

基本上，自馬克斯・韋伯(Max weber)之後，「理性化」（rationalization）成爲「現代化」（modernization）或「現代性」（modernity）討論的重要指標，這種強調「現代化」或「現代性」社會是相對於「古典社會」而出，[20]雖然論者對於時間的斷限，未必有著相同的共識，但主張有一相對的「社會」，則是區分「古典」與「現代」的必要條件。而且由於古典社會的發展，諸如倫理、經濟，甚至是政治活動均受到

---

[19] 余英時：〈中國近代思想史上的胡適〉，收入：《中國思想傳統的現代詮釋》，頁 521。

[20] 做為一個相對存在的「社會」實體而言，若沒有一個自覺意識來和「過去」分開，則「現代」的概念便只是一個模糊的遊戲名詞。但就「現代」的自覺意識裡，「現代」反而因自覺而有意地刻畫出一個「古典」狀態的社會。所以二者之間的關聯性，不可能採取遽然切除的方式來處理。這即是韋伯以「理性化」為「現代化」或「現代性」發展的重要思想基礎。不過，哈伯馬斯（Habermas）對於「現代性」的看法和韋伯未必全然相同，尤其是在「現代」與「古典」的連續性關係上，哈伯馬斯認為「現代化」的發展趨勢，已將二者的關聯分開，而值得令人重新思考。相關討論，請參：黃錦樹：《國學與現代性：經學的終結與近代國學之起源》（新竹：清華大學中文系博士論文，1998），頁 3。

「宗教行為」的影響，因此，「宗教」對「古典社會」的重要性，乃成為韋伯思考「現代化」的起點。[21]

相對於「宗教」對「古典社會」所帶來的「神聖性」或「神祕性」氛圍，韋伯認為「現代性」的社會所能掌握的種種力量與資源,已促使我們得以「解除魔咒」（disenchantment）了，由是「理性化」的工具價值，在此彰明無疑，其與「現代化」的關係，幾成一體。雖然韋伯也指出在這樣的「理性化」過程中，有著內在的矛盾諸如表現在科技發展中的「目的合理性」與「價值合理性」之衝突，表現在政治組織科層化的「形式合理性」與「實質合理性」之衝突。[22]但「現代化」的時代思潮，所帶來的心態之專斷與過分自信，卻使人

---

[21] 有關「宗教」生活對於古典世界的重要性，可參考韋伯《宗教社會學論文集》此一鉅著。其次，中譯本有康樂、簡惠美譯的《宗教與世界》，乃針對論文集中的〈序言〉、〈世界諸宗教之經濟倫理——導論〉、〈中間考察——宗教拒世的階段與方向〉三篇文章，加以翻譯，可於其中翻檢相當多的資料。另外，該譯本所收佛洛因特（Julien Freund）的「導言」也有扼要的說解。

[22] 李明輝：《當代儒學之自我轉化》（臺北：中央研究院文哲研究所籌備處，1994），頁 19。沃夫崗・施路赫特（Wolfgang Schluchter）則在〈理性化的矛盾〉一文，指出「理性化」過程中所產生的諸般矛盾，「不僅給現代社會帶來了所謂操縱控制上的問題，更產生了一個根本上的『意義』問題」，這是從「理性化」角度觀察現代化發展時，必須深加注意的問題。請參 Wolfgang Schluchter 原著・顧忠華譯：《理性化與官僚化——對韋伯之研究與詮釋》（臺北：聯經出版事業公司，1986），頁 2-3。

逐漸鄙棄前現代的「神聖」冀求。因此，學者便指出現代化所帶來的「俗世化」(secularization)意涵，不管是「社會主義所揭櫫的唯物論或資本主義所弘揚的自由思潮都有反宗教的一面」，[23]這種反宗教的心態即是涵括於塑造西方現代精神的「啟蒙心態」中。五四以降的知識份子，既然走上「全盤西化」的路子，又未能深辨此種心態下有著謬誤的判斷，於是在救國必須與時間賽跑的急迫感中，不加揀擇地接受西學的種種，宜乎對於「宗教」也同樣採取貶抑的態度。

其實，民國初年以來，對於「宗教」採取貶抑或厭惡的學者，所在多有。例如懷抱樂觀態度以迎接現代化時代來臨的顧頡剛在其《古史辨》第一冊〈自序〉之中，即不諱言地挑明：[24]

> 理性不受宗教的約束，批評之風大盛，昔時信守的藩籬都很不費力的解除了，許多學問思想上的偶像都不攻而自倒了。

---

[23] 杜維明：〈儒家人文精神的宗教涵義〉，刊於：《鵝湖月刊》第 25 卷第 4 期，總號第 292，頁 25。另外，郭齊勇也提到相同的觀察，見氏著：〈當代新儒家對儒學宗教性問題的反思〉，收入：《中國哲學的詮釋與發展——張岱年先生九十壽慶紀念論文集》（北京：北京大學出版社，1999），頁 331。

[24] 顧頡剛：《顧頡剛古史論文集》（北京：中華書局，1988），頁 75。

　　或者如蔡元培以美育來代替宗教的意見，[25]均可令我們感受到彼時對於「宗教」的「敵意」。當然，反對者有之，「護教者」亦不缺乏，南海康有爲的「儒教」觀點，即其顯例。雖無法撼動一時的風潮，但未自歷史舞臺全面缺席的努力，則代表了另一種意見。

　　經由上述的說明，我們將可發現儒學「宗教性」議題的出現與西方學問東傳有著密切的關係。首先，由於西方列強挾其軍事、科技等強大的優勢力量，恣意對中國侵略與掠奪，當時的中國知識份子從亡國的危機意識中，起而興發對西學的學習，其後因著學習成效不彰，轉而檢討國故，甚至走上「全盤西化」的主張，於是亡國的危機甚至變成文化認同的危機了。在這樣的時代背景下，作爲主導中國文化發展

25　蔡元培在〈對於教育方針之意見〉一文指出「現象世界之事，爲政治，故以造成現世幸福爲鵠的；實體世界之事，爲宗教，故以擺脫現世幸福爲作用。而教育則立於現象世界，而有事於實體世界者也」，又說「在現象世界，凡人皆有愛惡驚懼喜怒悲樂之情，隨離合生死禍福利害之現象而流傳。至美術則即以此等現象爲資料，而能使對之者，自美感之外，一無雜念。例如採蓮煮豆，飲食之事也，而一入詩歌，則別感興趣，火山赤舌，大風破舟，可駭可怖之景也，而一入圖畫，則轉堪展玩。是則對於現象世界，無厭棄而亦無執著者也。既脫離一切現象相對之感情，而爲渾然之美感，則即所謂與造物爲友，而已接觸於實體世界之觀念矣。故教育欲由現象世界而引以到達於實體世界之觀念，不可不用美感教育」從這兩段文字，我們可以清楚地掌握蔡元培乃是想以「美育」來取代「宗教」功能的企圖心。蔡元培之原文，收入：孫常煒編，《蔡元培先生全集》（臺北：臺灣商務印書館，1968），頁 455-457。

的儒家思想，當然成爲檢討的對象，不管他們所持的態度是贊成或反對；其次，當時中國知識份子所接受的西學，乃是自啓蒙運動以來，強調泛科學主義的概念，這種源於對科技力量過分樂觀崇拜的結果，乃將「工具理性」的價值視爲檢證意義的標準，如斯一來，強調個人經驗體證的「宗教」，由於無法通過可操作的檢證程序，亦必視爲「迷信」的表現，應當加以「解除魔咒」，於是「宗教」在當代的中國知識份子眼中，即使不是要完全棄絕，也應當是要加以取代的。至此，儒家是不是「宗教」也變成一個「現代化」是否可能的問題。

此外，值得我們再詳細加以分析的是，除開主導西方文化發展的「理論理性」，對於日後的大學教育有著重大的影響外，基督文化所表現的另一種「實踐取向」要求，[26]同樣也對日後歐洲的大學教育，起著重大的作用。前者誠如我在前述所言，「理論理性」所形成的「知識」分化或專精化的主張，突顯了大學教育的基礎必修科目是以「七通藝」爲主；後者則在「士林哲學」（Scholasticism）或稱爲「教父哲學」的派系論爭後，影響了歐洲「母大學」（mother universities）設立時的教學內容。[27]例如巴黎大學作爲一所強調「神學研

---

[26] 余英時在討論西方知識份子的基本型態中，曾指出基督教文化中的實踐取向，是和希臘哲學的傳統一樣，影響了啓蒙時期後的知識份子，雖然三者未必可以等同，但其臍帶關係是不能割離的。余英時：〈略說中西知識份子的源流與異同〉，刊於：《九州學刊》第二卷第一期，頁 4-5。

[27] 林玉體：《西洋教育史》（臺北：文景出版社，1980），頁 124-125。

究」高居於其他學問之上的母大學而言，其相關制度、教材等內容，均成爲日後歐陸大學模仿的重要對象。

於是西方的文化發展，就在上述的兩條軸線中，形成日後大學教育的規模與架構，雖然日後的演變仍有著些許差異，但基本的框架，則已於此時定型。[28]其中對「神學」的研究與思考，或許在「人文主義」（Humanism）興起之後，以及工業革命帶來的科技崇拜心態下，曾被視爲無意義的研究對象，但在大學中「宗教」的相關課程，並未因爲此種可能「俗世化」的要求中，脫離教育內容的討論行列。

反觀我國在經歷西方文明的洗禮衝擊下，傳統的教育體系已無法培育足以抗衡異文化的人才，甚而在喪失文化自信心後，開始採行西式的教育制度，以期養成足堪救國救文化的時代菁英。[29]初期由新式學堂與派遣留學生的方式，逐步改變了傳統中國的教育方式，雖然從同治開始至戊戌政變爲止，贊成與反對的力量，相互牽制，但西學的盛行，已慢慢成爲此時的主流了。例如光緒二十二年（1896 年）官書局

---

[28] 西方的大學教育受希臘哲學重視「理論理性」的影響，有高度的知識化傾向，尤其於工業革命所帶來的衝擊，改變了大學教育的理念。相關討論，請參：葉啟政〈通識教育的內涵及其可能面臨的一些問題〉，收入：《大學通識教育研討會論文集》（新竹：清華大學人文社會學院，1987），頁 50-53。

[29] 這種改變始自清末，教育制度的改革涵蓋了初等教育、中等教育與高等教育。請參，鄭世興：《中國現代教育史》（臺北：三民書局，1981）。請特別注意其第二篇〈中國國家教育現代化的軔始期〉一文。

議覆開辦京師大學堂摺，將西學分為十科，包括天文、地學、道學、政學、文學、武學、農學、工學、商學、醫學等。光緒二十八年（1902 年）根據「欽定京師大學堂章程」，京師大學堂的制度分為八科，計有經學科、政法科、文學科、醫學科、格致科、農科、工科、商科。從上述的分科看來，我國的教育制度，也採取西方以知識為導向的作法了。[30]

　　民國之後，許多留學西方的學者陸續投入當時的大學教學，挾著當時西方崇拜科學的姿態，他們帶回許多科技至上、知識為尊的思考模式，與大學中其他傳統型的學者，形成了強烈的對比，甚至展開了許多的論戰。而西方的大學教育甚或是自小培養的教育，都有「宗教」的相關課程。則接受西式教育的中國，自必思考「宗教」類型課程的規劃問題，[31]不管是採行正反那一種的意見。然而「宗教」本非中國所固有之概念，「宗教」所擔負之淑世功能亦有傳統儒學所培育的士人可加以取代。又由於當時受西學洗禮的知識份子繼承了啟蒙心態中的「俗世化」傾向，所以在他們的思考架構中，「宗教」應該可以去除或取代的想法，便逐漸顯露。如

---

[30] 同上註，頁 57-61。

[31] 西方文化傳統下的「宗教」課程，常是他們精神生活教育的一環，而且是在正式的學程中，因此有「國教」的色彩。但中國的傳統教育本身即是一種「安身立命」的學問，儒學也有著類似「國教」的地位。所以，接受了西式的教育體制，則精神生活的教育或安身立命的學問，應放置於何處，便成為一個難以解決的問題。也因此之故，對於儒學是否具有「宗教性」的議題，就應運而生了。

同我之前所提及的事實，民國元年蔡元培就任教育總長時所發佈的〈對於教育方針之意見〉中，對「美感教育」的高度重視，即是在以「美育」取代「宗教」的觀點下提出。這樣瀰漫著「啓蒙心態」的時代，對於「宗教」採取貶抑的氣氛，直是當時中國的主調。儒家是不是「宗教」，即是在如此的氣氛中被提出。尤其值得我們重視的是，雖然儒家過去所扮演的穩定政治、社會之意識形態的角色，已瀕臨信用破產的階段，但撇開全面否定儒家的極端人士，儒家學說在學術思想界仍有舉足輕重的影響，所以即便是留學西方的學者，或受到西學洗禮的革新人士，在思考儒家的學說內容時，有時會採取符合「現代性」的理解方式，加以詮解。例如將儒家可能有的「宗教性」內涵，予以世俗的「人文主義」化；以理性的角度，詮解儒家的思想。胡適在美國八年（1919 年）所出版的《中國哲學史大綱（卷上）》對於孔子的討論，即以「孝的宗教」之角度，理解「祭如在，祭神如神在」（《論語・八佾》）的「宗教性」內涵。[32]他所謂的「孝的宗教」雖對儒家的學說也視爲「宗教」，但此一「宗教」恐怕與西學傳統中的「宗教」是大異其趣的。關於此一「宗教」內涵的討論，我將下一節分析，此處不再贅述。

　　因此，總結以上的討論，因著亡國的「歷史危機」，促使民國初年的知識份子必須正面地面對西學東傳後的種種挑戰。這種面對由具體的政經制度到抽象的文化傳統，均在

---

[32]　胡適：《中國古代哲學史》（臺北：臺灣商務印書館，1986），頁129-130。

檢討之列。於是歷史的危機感，從亡國的危機一轉昇高爲「文化認同」的危機，甚至成爲「喪失意義」的危機。土地的歷史記憶，成爲進步的絆腳石，數千年來的文化傳統，也不再爲子孫留戀。在這樣的「危機」中，支撐此一文化傳統的儒家思想，自不免成爲衝擊的第一波對象，而作爲儒家思想的諸聖賢之著作的詮解，也應當重新加以思考。儒家的「文本」也由過去穩定的狀態走入不穩定的狀態了。

其次，「時代意識」也標誌著「啓蒙理性」的烙痕，尊重科學的實證精神，在過分樂觀的思辯理性主導中，蔑視人類其他能力的真實意義。「認知意義」、「科學檢證」橫貫中西，「宗教」的「神祕經驗」成爲前現代社會的標誌。「理性化」的計量能力，展現「工具理性」所能帶來的強大力量，人們迷惑於此，「單面向的社會」反成爲現代化的「鐵籠」。而當時的中國知識份子無揀擇地接受「現代化」的一切，包括了其優點，也包括了缺點。於是「宗教」是應當貶抑的，或是取代的，則成爲不可免的趨勢。但這些受「時代意識」滲透的知識份子，卻無能穿透西方社會中，「宗教」所能起的定型作用；也無能理解在啓蒙理性的影響下的西方社會，雖然有著相當大的反宗教力量，但卻無法將「宗教信仰」完全清除出來的事實。孔德（Comte）的理想信仰也並未在歐洲大陸實現。[33]可是中國卻於此時爲「宗教」問題爭論不休，

---

[33] 孔德認爲歐洲的文明發展，會由「迷信的宗教經過形上的哲學而進入理性的科學」，可是環顧今日的歐洲，「宗教」依然矗立不移。杜維明：〈儒家人文精神的宗教涵義〉，刊於：《鵝湖月刊》第 25 卷第 4 期，總

「儒家是不是宗教」成爲震天價響的議題。

最後，從「歷史危機」與「時代意識」所交織而產生的議題，絕非如表面上的單純。儒家是不是宗教？或儒學有無「宗教性」？其實蘊含著甚爲複雜的問題，有待解決，而非簡單的是非有無問題。因爲其中我們仍待釐清的問題，包括著以下的兩個項目：一、「宗教」涵義的檢討。二、儒學的「文本」既然從「穩定」到「不穩定」的變化之中，則新的解釋果真具有合法性嗎？這種認爲「文本」可以有「內在複雜」可能性的說法，是否可以在不「過度詮釋（over-interpretation）」的情形下，豐富「文本」的多元性，但也同時照應其「脈絡」的一致性呢？關於上述的這些問題，下文將持續深入的檢討。

三、「宗教」涵義的變化及其相關問題

基本上，「宗教」此一名詞並非中國的本土詞語，在我們的文化傳統中，有「宗」也有「教」，但並無「宗教」連用的習慣。不過，民國初年以來對於儒學是不是「宗教」的爭議，並不因爲傳統詞語的缺乏，而影響其實質內容討論的合法性。因此，本段將針對「宗教」涵義的相關問題進行分析，嘗試釐清一些可能的糾結，還原一個可供討論的共同架構，[34]然後進行「文本」的分析。

號第 292，頁 26。

[34] 黃俊傑師曾於〈試論儒學的宗教性內涵〉一文，尋求可能的定義，並提出「剛性定義」與「柔性定義」分別。其說頗值參考。請參：氏著：

　　就人類學的意義而言，「宗教」的研究重點從早期對於「類型學」架構的整理歸納開始，不管是泛靈信仰、圖騰信仰、祖先崇拜、泛生信仰，均是在問「宗教是什麼？」的這類型的問題，[35]但隨著各民族的比較研究愈發普遍之後，這樣的提問，已逐漸不能滿足學者探究生命意義的深層要求，於是問「宗教能做什麼？」以及「宗教何以如此？」等的問題，乃成為現代人類學的研究趨勢。基辛（R. keesing）針對這樣的演變，歸結出三個問題項。首先，他認為「宗教」的第一個作用是要對這個世界進行解釋的工作。其次，他指出宗教應該具有證明和支持這個世界的作用（Validate）。最後，他主張宗教可以強化人類應付人生問題的能力，這些問題包括死亡、疾病、飢荒、洪水、失敗等。[36]因此他說：[37]

> 宗教界定世界之所以然，如此而建立起面對世界的適
> 當態度，即如何來感覺、行動和生活於這個世界中。
> 世界的本質和人類的情緒動機兩者均彼此互相確認
> 和增強。宗教一方面建立起有關世界的理論，另方面
> 又「為了這個世界而建立一套理論」，這種兩面性使
> 得宗教對於人類經驗非常重要。

〈試論儒學的宗教性內涵〉，刊於：《臺大歷史學報》第 23 期（臺北：臺灣大學歷史系，1999），頁 399-400。

[35] 基辛（R. keesing）原著，于嘉雲、張恭啟譯：《當代文化人類學（下冊）》（臺北：巨流圖書公司，1981），頁 560-561。

[36] 同上註，頁 561。

[37] 同上註，頁 562。

　　基辛的說法對我們深具啓發。因爲，過去以來的研究，一向重視「宗教」的外顯行爲，例如強調儀式的重要性，僧侶團體的不可或缺，以及「神聖經典」的「立典」過程或「全然他者」的超越主宰等，但對於後設地設問宗教則常視爲理所當然而不甚重視。事實上，只有透過這種退一步的反省，我們才有可能逼顯出「宗教」的本質。

　　此外，如果就窄義的西方宗教之發展，則經由基督教文化所形成的「神學」研究，是我們不能忽略的世界文化資源。當然，就傳統基督教對於一元上帝觀的不容妥協，恐非一體適用於世界其他文化的宗教研究，所以現代的西方神學也致力於改革的工作。劉述先就曾將基督教思想現代化的努力方面，分成四點：一、解消神話之企圖（Demythologization）。使原始信仰中的宇宙觀神話剔除。二、宗教語言之象徵性。此即田立克（Paul Tillich）區分「記號」（signs）與「符號」（symbols）的深刻用心，因爲解消信仰的迷信，或許可以努力，但與生俱來的神秘感，卻是無法解消的。三、經驗與過程的重視。此一思潮頗受近代西方重視經驗的思想所影響，認爲上帝並非是絕無可知的存在。宰制我們的信仰之架構，應可提供一個認知的途徑。另外，也認爲上帝並非永恆不變，而是處於一個生成變化的過程中。四、宗教之徹底俗世化。宗教的實踐性格絕不能在教義的教理研究中喪失，所以生命的具體實踐，才是體現上帝真理的途徑。[38]。

---

[38] 劉述先：〈由當代西方宗教思想如何面對現代化問題的角度論儒家傳統的宗教意涵〉，收入：《當代儒學論集：傳統與創新》（臺北：中央研

　　劉先生的歸納整理亦提供了一個思考的視角,雖然傳統基督教的信仰,不易在中國的儒學思想傳統裡,尋求相同的質素加以印證,但在現代神學的改革下,卻使東西雙方對於「宗教」內涵的新觀念的比較與對話,成爲一個可能的事實。

　　比觀上述的兩項說明,我在這裡將不從所謂的狹義人類學觀點入手,也就是不以儀式或其他相關的外顯宗教行爲爲分析重點;另外對於傳統基督教的一元上帝觀之判教標準也不擬採用。本文將從儒學「宗教性」(religiosity)的角度入手,並藉前引基辛與劉述先的相關論點,作爲分析的參考架構。不過,在正式進入「文本」的分析之前,我仍然必須先釐清五四以降以及在啓蒙思想中的泛科學主義精神,對於「宗教性」涵義的可能影響,然後由此以建立儒家「宗教性」的可能討論面向。

　　本世紀前期的著名維也納學圈的哲學家石里克(Moritz Schlick)在〈哲學的轉變〉一文中,觀察到一個相當深刻的現象,此即本世紀初近代哲學的研究有一個巨大的變化,他認爲現代數理邏輯的發展,將促使哲學發生最後的轉變,因爲傳統哲學中無法解決的疑難,會在這種邏輯的影響下獲得最後的答案。[39]石里克的說法符合一般西方哲學史的觀

究院中國文哲研究所籌備處,1995),頁 6-13。

[39] 石里克:〈哲學的轉變〉,收入:洪謙主編:《邏輯經驗主義》(北京:商務印書館,1982),頁 7-9。其實,身爲「維也納學圈」中的重量級人物,他的意見相當程度地代表了近代重視「邏輯」解決「客觀知識」的態度,因此,其說法可謂是當時學界的重要主流。但歷史的發展,未

點，此即自古至今的哲學發展是循著「本體論—知識論—語言學」的脈絡而來。[40]基本上，這樣的觀點，雖將著眼點放在「語言學轉向」之後的可能發展，但其對於解決傳統哲學疑難的一廂情願態度，卻可始自「知識論」發展階段的自大心態。如果我們將視角移至所謂「知識論」的發展時期，將可以勾勒出一個鮮明的歷史圖像，亦即貫串近代西方思想的主流，大抵是建立在對於「客觀知識」的樂觀態度上。尤其是科學的長足進步，使啟蒙運動以來強調人本位的積極精神與工業革命後重視量化的工具理性相互結合，人們自以為可以解開宇宙自然的奧祕，而其基本的衡斷標準，即是所有的「存在」均是可以被「客觀化」的知識。符合者視為有意義，不符合者則無意義。如此一來，人的尊貴便在於人們能以符

必會如此樂觀，傅大為在一篇論「科學的哲學」的文章中，就認為此一學派發展到後來的結果是——「客觀知識」諸如自然科學等的「有效性」之檢證標準，化約為邏輯問題。於是傾多數學者的力量，希望解決邏輯與直覺的問題，雖對邏輯的研究有了長足的發展，但對於科學研究與它的關係則未有深刻的檢證。請見：傅大為：〈科學的哲學發展史中的孔恩〉，此文收入：王道還譯：《科學革命的結構》（臺北：遠流圖書事業股份有限公司，1985）之「導言」，頁 2-6。

[40] 相對於本體論的研究是以「存在是什麼？」、「構成世界是什麼？」為中心；知識論則將焦點集中於「知識的起源」、「認識的能力與限度」、「主體在認識活動中的作用」等問題上；語言學則轉而探究「語言的意義」問題。請參：徐友漁、陳嘉映、周國平、尚杰合著：《語言與哲學——當代英美與德法傳統比較研究》（北京：生活、讀書、新知三聯書店，1996），頁 36-41。

合科學的檢證標準，畫出一個可以被量化的「客觀世界」來。所以對於「客觀知識」的追求，乃成爲近代西洋哲學的主要思潮。不過，正是這個對於「客觀知識」幾近膜拜的追求，乃將「宗教」劃歸前現代的產物，此後人們反而以「客觀知識」或「科學」爲新時代的「宗教」，這實是一個相當反諷的變化。

檢討這種反宗教的心態，有助於釐清「宗教」的某部份特性，並進而回來分析五四以降的儒學詮釋中的「宗教性」。因爲當時知識份子所秉持的理念，與上述的思潮是東西輝映著，雖然未必清楚或正確理解，但相同的心態，使得他們面對「宗教」的議題，卻採取了一致的主張。

推索「客觀知識」取向的根柢，除了我在本文起始所分析過「理論的理性」（或「思辯的理性」）的希臘哲學，爲此奠下了定向的作用外，士林哲學之後的「理性論」（rationalism）與「經驗論」（empiricism）則直接地營造了「客觀知識」取向的有利環境。雖然二者在對於「知識」起源的問題上，不盡相同，[41]但強調知識的「客觀性」則無二致。即便是接受理性是「天生的」（innate）的哲學家亦然。Frederick Copleston 在其鉅著《西洋哲學史》第四卷，

---

[41] 基本上，理性論者相信先驗真理的觀念，而經驗論者主張我們一切的知識是以知覺，以對內外事件之直接認識爲基礎的。不過二派學說對於數學、邏輯的肯定，態度上則較爲一致。請參：Frederick Copleston 原著，鄺錦倫、陳明福譯：《西洋哲學史·第四卷》（臺北：黎明文化事業公司，1990），頁 18-33。

就有相當詳細的說明，他說：[42]

> 明顯的，理性論哲學家是受了數學推理底模式之影
> 響，這是說，數學提供一種明白性、確實性和有次序
> 的演繹模式。個人的因素，主觀的成份如感情被消除
> 了，而一個命題（這些命題已被肯定為真的）之組合
> 體已建立起來。若應用一種類比於數學的方法，哲學
> 不就可以獲得一種相類的客觀性和確實性嗎？正確
> 方法之使用能使形上學的哲學甚至倫理學成為一種
> 真正的科學，而不是文字爭論、模糊概念、錯誤推理
> 及互不相容的結論之所在。個人的因素可以消除，而
> 哲學會具有數學所具有的普遍性、必然性和客觀真理
> 之特性。往後會看到，這些考慮對笛卡兒來說尤為重
> 要。

這樣的說法正好點出近代哲學強調「客觀取向」的知識
性格。關於「客觀知識」取向所可能造成的問題，學者有相
當多的檢討，底下我將試加分析並據以釐清其對於「宗教」
的影響。

著名的法國存在現象學大師馬賽爾（Gabriel Marcel）
對於近代哲學強調「客觀知識」所造成的問題，有著相當深
刻的瞭解與批評。這是因為他著眼於人在「存在」中的諸多
行為互動，尤其是面對孤獨與死亡時的體驗，令他對於「客

---

[42] 同上註，頁 20。

觀」的專斷，「抽象精神」的崇拜，保持著高度的警覺。因此，透過他所觀察到的現象，更能針對「客觀知識」對「人」割裂理解所造成的弊害，有一鞭辟入理的討論。

基本上，馬賽爾將其批判的矛頭指向影響近代哲學甚鉅的笛卡兒。這是笛卡兒雖然是要證明「主體」的真實存在，但經過其懷疑方法的驗證後，[43]「主體」卻與「世界」及「自己的身體」都產生隔離，於是「主體」在抽象化的過程中是被證立了，但卻變成一個被推之於外的「客體」。這樣的「主體」如同是一個概念符號而已，沒有內容，所以只是個「空白」的主體或「抽象」的主體。[44]其實，馬賽爾的批評觀點中，最重要的面向應當是在於這種被「客體化」的「主體」，背後有個極具破壞性的預設與結果。此即「主體」的真實，既然是在「隔離」中證立，則「主體」將在失去能所對應的情形下，「變成一個獨在、獨我的超驗我」，[45]這個幾乎空白

---

[43] 請見：Gabriel Marcel 原著，陸達誠譯：《是與有》（臺北：臺灣商務印書館，1983），頁 214。

[44] 陸達誠先生對於馬賽爾的這個想法，有相當深刻的體會，他認為：「從吾思出發到絕對之知的真理系統是一種客觀的科學真理系統；這種系統不給存有保留任何餘地。結果，這類客觀性的知識並不能滿足人對形上學所有的期待。絕對之知建構了一個成功的科學系統，但對於形上需求來表達的人性真理來說，交了一份白卷，甚至包含了可致存有於死地的毒素」，其說可謂深刻。請見：氏著：《馬賽爾》（臺北：東大圖書公司，1992），頁 102。

[45] 同上註，頁 88。

的主體，近乎萊布尼茲的單子。[46]而一個如此封閉的「主體」，面對其他的「存有」活動時，便極有可能造成傷害性的結果。因爲此「主體」既然連「自己」都「客體化」了，則其他存有活動，在主體向外進行接觸活動中，勢必也被「客體化」，成爲一種「客觀知識」的認知活動。如此，成就了「客觀知識」，但卻使「存有活動」淪爲封閉主體充實自我的「工具」，在此情形下，「存有活動」所可能具有的其他意義，將被忽略。[47]而這個被忽略的面向，卻是最「具體」與「整全」的人生現象，諸如審美，道德與宗教等的經驗。[48]

經由以上的討論，我們可以發現一個相當有意義的現象。重視具體經驗的人生現象，諸如具有價值內涵的行爲互動，尤其是主體間的交互活動，如果採取「客觀知識」的理解進路，則主體將被客觀化。此時伴隨著主體而來的整全經驗，會在拆解式的理解過程中，分裂成許多無機的個體。因

---

[46] 萊布尼茲認爲物體之可被觀察，以其是感覺的對象，所以物體是可分的，或聚或複合，構成了複合的實體。而有複合實體亦必有單純實體，萊布尼茲稱之爲「單子」（monads）。單子是構成一切經驗事物的基礎。萊氏的說法與馬賽爾的說法頗爲接近。同上註，頁103。另外，萊氏之說，請參 Frederick Copleston 原著，鄺錦倫、陳明福譯：《西洋哲學史‧第四卷》，頁385。

[47] 陸達誠：《馬賽爾》，頁38。

[48] 包括審美、道德或宗教等經驗，均是不可分割的整全存有，尤其這些經驗都涉及到「主客合一」的思爲模式，以及「互爲主體性」（inter-subjectivity）的體會，根本難以採用「客觀知識」的支解方法。

爲此一空白的認知主體所接觸的對象，只是一組一組滿足於
「認知主體」所預設的「可被理解」的內容，[49]而這些可被
理解的內容，透過「認知主體」有意篩揀，已非對象的原始
真實。人類許多不可被檢證或無法爲知性所掌握的活動，只
能被冠上「無意義的活動」。順是以往，則人之異化其本身，
將帶來「人」本身真實感的消失，人亦將淪落爲如機器的地
位一般，主體不再存在。這樣的世界當然無法容許「宗教」
的活動，也無法明白「宗教性」的深刻內涵。[50]

　　最後，綜結上述的分析，「客觀知識」取向的思潮，既
然對於宗教所能有的經驗，無法提供一個適切的掌握管道，
則還原其可能造成傷害的部份，或許即可提供一個重建「宗
教」體驗的入手。

　　我們知道「宗教」經驗的體會，如果單就形式意義來思
考的話，則不同文化所呈現出的多元樣態是無法區分其高下
的。就此意義而言，強調客觀的形式因素恐怕是無法探觸到
「宗教性」的內涵。而經由「客觀知識」對「存有」可能造
成傷害的危險，乃在於主體被「客體化」的事實上，則研究
「宗教性」的可能切入點，當在於還原宗教體驗中的主體地

---

[49] 認知活動強調可理解的作法，便是將整全存有的處境與感性成分抽
離，使之抽象化。以語言爲例，即是將「存有」化爲一組組的「賓詞」，
這種「賓詞化」的「存有」會被進行「歸類」，並由此解消其特殊性，
獲取抽象的普遍性。如此一來，「存有」將被支解爲冷冰冰的文字屍體，
失去原始的整全真實。陸達誠：《馬賽爾》，頁 92-93。

[50] 同上註，頁 33、74。

位，或者可以提供另一個思考點。

過去以來，當我們提及「宗教」時，人們常會有一種一般性的理解方式，總認為「宗教」是在人類面對死亡的恐懼情感中，發展出的一套儀式行為。基本上，這樣的說法，並無大謬。但如果認為這樣的行為，即足以解釋「宗教」經驗的全部涵義，則正如前述「客觀知識」取向所造成的傷害一樣──「主體」被「客體化」，「存有」失去「價值意義」，淪為一種「功能性」的作用──亦將出現。因此，為避免上述的不安，則還原「主體」到「具體」的「整全」經驗脈絡中，將是我們分析儒學「宗教性」的可能途徑。

誠如前引基辛與劉述先的觀點，我們知道「宗教」經驗體驗者與世界其他存有（包括人與物）的關係，並非是一種分離式的知識認知活動，毋寧說此種心靈的活動是以存在的具體經驗來回證主體感受的真實性。這裡我並非在強調「經驗論」的立場，因為大多數的「宗教」經驗並無法滿足「經驗論」的驗證標準。我要指出的是「宗教」經驗所呈現出的神秘感，是一種「主體」活動的真實經驗，離開了「主體」則所有的敘述都可能被化約為一種功能性的作用。

當然，這樣的說明也並不代表研究「宗教」的可能涵義，只能由此下手，像強調「聖凡」二界的說法，或許在二界是否衝突的議題上，人各言殊，[51]但點出可能超越感之希冀，

---

[51] 韋伯認為中國文化缺乏「聖」、「凡」二界的衝突，使其資本主義的發展條件不夠，「現代化」的可能，也就大有問題。但芬加瑞（Herbert Fingarette）卻認為孔子所代表的儒學對「禮」的高度重視，即是一種

亦應是被重視的部分。甚至更進一步地說，說明「主體」經
驗真實性的切入角度，也未必會與人類對超越感希冀的目標
相互抵觸。關於這點，在劉述先先生所引田立克的主張中，
正可補充上述的觀點。田立克在系統神學的發展過程中，提
出「終極關懷」（ultimate concern）是一種宗教信仰之所繫的
表現。[52] 劉述先進一步闡述說：[53]

> 依田立克的見解，任何人無法避免終極關懷的問題。
> 自然每個人有他自己不同的終極關懷。有的人終生為
> 名，有的人終生為利，有的人終生為國家民族。如果
> 把終極關懷的對象界定為神，那麼每個人都有他自己
> 的神，雖然內容可以完全不同。在這個意義下，乃至
> 一個無神論者也有他自己的神，雖然他的神可以完全
> 不同於一般人所信仰的神。在這一意義下，人的宗教
> 的祈嚮是普遍的，因為每個人必有他自己的終極關
> 懷。

「世俗」與「神聖」合一的表現，所以以 Holy vessel 為喻，並認為
是一種極有智慧的文化傳統。請參：Herbert Fingarette, *Confucius—
the Secular as Sacred*（New York：Harper Torchbook 1971）。

[52] 劉述先：〈由當代西方宗教思想如何面對現代化問題的角度論儒家傳
統的宗教意涵〉，收入：《當代儒學論集：傳統與創新》（臺北：中央研
究院中國文哲研究所籌備處，1995），頁 7-8。

[53] 劉述先：〈儒家宗教哲學的現代意義〉，收入：氏著：《生命情調的抉
擇》（臺北：臺灣學生書局，1992），頁 57。

　　不過，將有限的對象視爲無限的信仰並非真正的「終極關懷」，而是以超越性的付託對象，才是一種「終極關懷」。值得注意的是，此種「終極關懷」並不是單純的思辯活動，「終極關懷」是在具體的實踐經驗中，透過體證而得，所以以客觀知識取向的分析方式，就不適用於此時的討論。

　　最後，總結本節的討論，我們得出如下幾點意見：首先，「宗教」涵義的多元性是來在於人類文化的多元性，在此意義下，外顯行爲的不同只是各民族風俗習慣的差異，不可因此而斷定其他民族沒有「宗教」經驗。其次，「宗教」信仰不可免地，必須對於這個世界有所解釋。不過，這樣的解釋不是以「客觀知識」的角度，將體驗者與世界的關係，分裂爲許多微小的單位，而是立基於對「主體」地位的尊重。最後，「終極關懷」所突顯出的行爲模式與內涵，不必爲一元的外在超越者所獨佔，這種強調與超越者之間具有連續關係的主張，乃是人類共同的「宗教」體驗。[54]因此，在下一節中，我將以上述的基礎對儒學的「文本」詮釋，進行分析，希望能爲儒學的「宗教性」，找到一個「合法性」的討論空間。

---

[54] 杜維明：〈宋明儒學的宗教性和人際關係〉，收入：氏著：《儒家思想》（臺北：東大圖書公司，1997），頁 147-166，尤其在頁 149 的討論。

四、儒學「文本」詮釋中的「宗教性」

歷來許多學者常引《論語・先進》篇中的一段文字，[55]證明孔子對於死亡的問題並不加重視，因此對於鬼神的問題或宗教信仰的態度，是採取迴避的策略。事實上，孔子雖然認為「未能事人，焉能事鬼？」以及「未知生，焉知死？」，但孔子並沒有忽略這個可能的「宗教」問題。相反地，孔子對於生死鬼神的問題，卻是將之置入人的永恆責任之中來檢討的，這是一種積極的態度。所以也有學者認為孔子轉化了古代的「宗教意識」，朝「道德意識」的方向發展。[56]於是「人文的」「理性的」思想特色，又取代了孔子思想中的可能「宗教性」意涵。這個說法言之成理，也能彰顯出孔子在「價值自覺」的立場上，賦予了人的尊貴地位。然而處在「宗教」與「人文」之間，就只能是一種二擇一的單選題嗎？

基本上，說儒家不是一種宗教或儒家不是一種宗教教義學，應該沒有問題，但說儒家沒有「宗教性格」的話，恐怕就不易為人所接受。如同田立克所提出的「終極關懷」之說，「宗教信仰」的定義，就已經不再從宗教的外顯行為來判斷

---

[55] 《論語・先進》云：「季路問事鬼神。子曰：未能事人，焉能事鬼。曰：敢問死。曰：未知生，焉知死？」。見：楊伯峻編著：《論語譯注》（臺北：源流出版社，1982），頁 120。

[56] 徐復觀：《中國人性論史・先秦篇》（臺北：臺灣商務印書館，1987），第四章〈孔子在中國文化史上的地位及其性與天道〉，頁 63-102。尤其是頁 86-90 的討論。

了。因此，儒家雖缺乏相關的宗教形式條件，[57]但並不妨礙儒家也有「宗教性格」的傾向。而且表現在儒家思想中的「超越性」，也絕非將儒家完全界定為一種現實世界的倫理思想，所能充分涵蓋。因此，儒家思想中的「宗教性」就更值得我們深入抉發，期以補足儒家思想可能的全貌。

黃俊傑師曾將儒學「宗教性」的可能意涵，置於文化史與思想史的脈絡中，加以觀察。他指出在文化史的角度下，儒學的「宗教性」脫離不了連續性文明的影響；而在思想史的觀察中，「聯繫性思維方式」也當是儒學「宗教性」的另一根源。[58]並且在這樣的基礎下：「所謂儒學的『宗教性』就是一種『整體性』的『互滲性』的情操，也就是將宇宙秩序與人文秩序視為可以相互溝通的整體」。[59]其言甚是。因為在儒學思想裡，人間世的人文活動，並非是被拋擲於此世的孤獨存有，其與超越本體之間的關係，並不是絕裂的型態。而超越本體的真實意涵，也不是一種虛存的抽象理念，超越本體是要在具體的經驗中，顯發其真實性。所以從具體的人生經驗中，體會與超越本體之間的臍帶關係，將是觀察儒學

---

[57] 事實上，日本學者反而認為儒家也有一些外在的宗教形式。如：池田末利：《中國古代宗教史研究—制度と思想》（東京：東海大學出版會，1981）。其他，如池田秀三在新出版的著作中，也有相當全面的說明。請參：氏著：《自然宗教の力—儒教を中心に》（東京：岩波書店，1998）。

[58] 黃俊傑：〈試論儒學的宗教性內涵〉，刊於：《臺大歷史學報》第 23 期，頁 401-402。

[59] 同上註，頁 402。

「宗教性」的正確路徑。

事實上，有關「連續性」的文明特徵，與儒學「宗教性」的關係，仍有值得詳細論略的地方。我曾在我的博士論文中提及一組很重要的思維概念：1.「應然演繹」（obligative Deduction）。2.「融貫性」（coherence）。[60]我以這兩個概念說明人類學概念的「連續性」文明特徵，如何從一個泛太平洋文化地區所共有的思維模式，轉爲儒家「天道性命相貫通」以及「內聖外王」不斷兩橛的特殊主張。[61]本來「連續性」的文明特徵，主要是點出了「人」與「自然」的關係是處於一種「和諧」的連續關係。張光直就曾說：[62]

> 經過巫術進行天地人神的溝通是中國古代文明的重要特徵；溝通手段的獨占是中國古代階級社會的一個主要現象；促使階級社會中溝通手段獨占的是政治因素，即人與人關係的變化；中國古代由野蠻時代進入文明時代過程中主要的變化是人與人之間關係的變化，而人與自然的關係變化，即技術上的變化，則是次要的；從史前到文明的過程中，中國社會的主要的成份有多面的，重要的連續性。

---

[60] 此一組概念的提出，感謝政大哲學系彭文林教授的建議。

[61] 詳細論述，請參：拙著：《先秦儒法思想中的血緣問題與國家》（臺北：國立臺灣大學中文所博士論文，1995），第四章第三節，〈擴充理論的提出及問題〉。

[62] 張光直：〈中國古代史在世界史上的重要性〉，《考古學專題六講》（臺北：稻鄉出版社，1988），頁13-14。

　　張先生的說法很概要式的勾勒中國古代「天人」問題的特徵，但值得注意是此種對於「天人」問題的主張，在先秦各個不同的家派之中，卻有著不同的內容，是以僅指出「連續性」，或如李約瑟（Joseph Needham）、史華慈（Benjamin I.Schwartz）所言的「聯繫性」（correlative）思維方式，[63]恐怕都尚難以窮盡先秦諸學派的主要特色。此所以我採取「應然演繹」及「融貫性」兩概念，來加以申說儒家在此一問題上的真知卓見。

　　我們知道，從所謂的半自覺的西周人文精神的興起，到孔子自覺人文精神的挺立，[64]多數的學者總以類似「去原始

---

[63] 關於這個連續性的文明特徵，國內外學者均有深入的討論。包括李約瑟（Joseph Needham）的「聯繫性思維」（correlative thinking）或是史華慈（Benjamin I. Schwartz）的「聯繫性的人為宇宙論」（Correlative anthropocosmology），均觸及此一「天人」問題的思考。另外張光直先生更是從人類學的角度出發，認為這是中國文明型態中的最重要特色——連續性的文明型態。請參 Joseph Needham，*Science and Civilization in China*，vol.2：History of Scientific Thought. Cambridge University Press，1956. P.279. Benjamin I. Schwartz，*The World of Thought in Ancient China. Cambridge*，Mass:Harward University Press，1985. P.350.，張光直：〈連續與破裂：一個文明起源新說的草稿〉，收入：《九州學刊》第一卷第一期，1986 年秋季，頁1-8。

[64] 勞思光先生認為西周初年周公的制禮作樂，所代表的是半自覺的精神，真正的自覺精神要等到孔子為「禮」找到新的源頭活水，才有了可能。勞思光：《新編中國哲學史（一）》（臺北：三民書局，1997），頁

信仰」化的論述，頌揚此一時期的表現。基本上，這樣的論斷大致符合歷史發展的現象，但卻有簡化歷史複雜面的問題。此即在原始信仰中對於「超越面向」的祈嚮需求，何由安頓？我們必須瞭解到，就「超越性」而言，是「人」難以在經驗上加以驗證的對象。但是，人們並不甘於被隔離在此一當下的時空中，因此，人們常常在「宗教的信仰」裡，透過「聖界」與「凡界」的二分，以及在消融相對世界的肯認上，保留「聖界」的真實性，進而爲人間開闢了另一個心嚮往之的世界。雖然，充滿原始信仰的宗教經驗，未必要大張旗鼓地宣揚，但是此種源自「人類」內心深處的創造渴求，卻必須被重視。[65]是以當儒家採行自覺的人文精神，以其命維新的態度，重整周文的內涵時，此一可能源自「人」類的普遍需求，亦應當在理論的架構裡，呼應此種具有高度「宗教性」意義的原始呼聲。

　　而正如前文所述，「自覺的人文精神」是儒學的基本特色，則其重點應在於「人」而非「天」，但從孟子之後而言，我們卻可發現在儒學的討論之中，並未將「天」完全排除於論說之外，包括《孟子》、〈中庸〉、《易傳》，甚或某些被歸入於儒家學說的新出土文獻，也都不斷「天人合德」的相關論述。是以包容原始信仰的某些宗教性的原始要求，的確可以在儒家的文獻中找到證據。問題是這種可能屬於各個宗教

105-106。

[65] 相關討論，請參：杜普瑞（Louis Dupré）原著，傅佩榮譯：《人的宗教向度》（臺北：幼獅文化事業公司，1986），頁 13-16。

信仰中，對於「超越者」的祈嚮，如何在以「人」爲本位的新時代學說中安立，才是最值得探討的地方。而這也就是我使用「應然演繹」與「融貫性」二概念的原因之所在了。

基本上，我認爲儒家學說不止在思考到「身、家、國、天下」的「擴充過程」，是一種「應然演繹」的過程，而且重要的是「由人到天」的「連續」，亦是在此一思考角度下進行。換言之，儒家透過彰顯「道德主題」的真實性，化成了本爲「實然」的「人間制度」爲一「應然」的「道德秩序」，而且不僅此一人間的制度秩序在道德主體的開展過程中被「同一化」，就連屬於自然物事的宇宙，也在此心的流轉中，被「同一化」了。這種的改變絕不是在「量」（quantity）的層次進行改變，而是在「本質」（Essence）的地方加以薰染，這種薰染根本性地代表了儒家眼中的「世界」，其本質就是個「道德世界」。日後陽明在論述「靈明」與「天地萬物鬼神」的關係時，就清楚地點明了其中意蘊。陽明說：[66]

> 「人心與物同體，如吾身原是血氣流通的，所以謂之同體。若於人便異體了。禽獸草木益遠以，而何謂之同體？」先生曰：「你只在感應之幾上看，豈但禽獸草木，雖天地也與我同體的，鬼神也與我同體的。」請問。先生曰：「你看這個天地中間，只有這個靈明，人只爲形體自間隔了。我的靈明，便是天地鬼神

---

[66] 王陽明撰，吳光、錢明、董平、姚延福編校：《王陽明全集》（上海：上海古籍出版社，1992），卷三，《傳習錄》下，頁 124。

的主宰。天沒有我的靈明，誰去仰他高？地沒有我的
靈明，誰去俯他深？鬼神沒有我的靈明，誰去辯他吉
凶災祥？天地鬼神萬物離卻我的靈明，便沒有天地鬼
神萬物了。我的靈明離卻天地鬼神萬物，亦沒有我的
靈明。如此，便是一氣流通的，如何與他間隔得！」
又問：「天地鬼神萬物，千古見在，何沒了我的靈
明，便俱無了？」曰：「今看死的人，他這些精靈遊
散了，他的天地萬物尚在何處？」

　　這種認爲天地萬物鬼神因靈明而存在的提法，即是建立
在此一種「應然演繹」的思考邏輯下。明乎此，則牟宗三先
生所謂的「天命的層層下貫於人民，表示一個道德的秩序。
人民在敬德和明德之中，得以正視和肯定天道和天命的意
義。天道與天命不單在人的『敬之功能』（Function of
Reverence）中肯定，更在人的『本體』（Substance）中肯定。
因此，這道德的秩序亦爲『宇宙的秩序』（Cosmic order）」[67]
便能充分理解了。而且，從這裡我們可以注意到儒家的「天
人合德」中，「道德秩序即宇宙秩序」的想法，必然要導向
爲此一人間世作合理的安排，此合理的安排，是人間的最高
「幸福」，也是儒家的最大「承諾」（Commitment）。本文所
論的「宗教性」意涵，便當是從此出發。
　　另外，有關「融貫性」的用法，則是在對於前述「應然
演繹」的說明，因爲「應然演繹」指的是變動的過程，而「融

---

[67] 牟宗三：《中國哲學的特質》（臺北：臺灣學生書局，1984），頁22。

貫性」指的則為「變動」（accidental）的關係。若進一步地
說明，則從邏輯意義而言，有依「A´」經由時間α1到α2
時，「A´」變成「A″」雖有「性質」（quality）或「量」（quantity）
的改變，但二者在「本質」（Essence）上，卻是沒有變動，
而就是在這個「不變」之中又有「變動」的情形下，我們可
稱「A´」到「A″」才產生「融貫性」（coherence）的關係。
因此，「融貫性」的說明可以彰顯出「應然演繹」在聯繫「人
天」之間時的「同一化」現象。此所以儒學可以由「天」以
論「人」，亦可得以以「人」論「天」。這是一個雙向的關係，
而非直線的線性思考模式。

　　觀乎上述討論，底下對於儒家「宗教性」的相關意涵之
討論，便可從「承諾」的角度切入，而《論語》「三年之喪」
的討論，即是一個不錯的入手處。《論語・陽貨》云：　　[68]

　　宰我問：「三年之喪，期已久矣。君子三年不為禮，
　　禮必壞；三年不為樂，樂必崩。舊穀既沒，新穀既
　　升，鑽燧改火，期可已矣。」子曰：「食夫稻，衣夫
　　錦，於女安乎？」曰：「安」。「女安，則為之！夫君
　　子之居喪，食旨不甘，聞樂不樂，居處不安，故不
　　為也。今女安，則為之！」宰我出。子曰：「予之不
　　仁也！子生三年，然後免於父母之懷。夫三年之喪，
　　天下之通喪也，予也有三年之愛於其父母乎？」

---

[68] 楊伯峻編著：《論語譯注》（臺北：源流出版社，1982），頁195。

　　在這段對話中，傳統學者或注意「三年喪」是否為殷制？[69]或針對三年時間的計算方式詳加討論，[70]甚或檢討了三年喪流行的區域。[71]不過，當代的學者較無上述考證事實的興趣，而將注意焦點放在道德倫理的層面立說。其間雖也有許多針鋒相對的意見，但較少從「宗教性」的立場發言。例如李明輝先生就曾針對三位天主教學者的觀點，進行深刻的批判，並突顯了「存心倫理學」（Gesinnungsethik）的精義。[72]值得深入思考。

---

[69] 如《孟子・滕文公》：「滕定公章」朱子注云：「滕與魯俱文王之後，而魯祖周公為長，兄弟宗之，故滕謂魯為宗國也。然謂二國不行三年之喪者，乃其後世之失，非周公之法本然也。」見：朱熹：《四書集註》（臺北：漢京文化事業公司，1981），頁 595。朱子以為是周制。但傅斯年與胡適則認為是「殷之遺禮」。傅斯年：〈周東封與殷遺民〉，收入：氏著：《傅孟真先生集》（臺北：臺灣大學，1952），頁 27-28。胡適：〈說儒〉，收入：《中央研究院歷史研究所集刊》第四本第三分，1934 年，頁 233-284。

[70] 有關「三年」的時間計算方式，並非以三十六個月來計，其中以「二十七個月」及「二十五個月」的爭議，為經學研究之焦點。相關討論，請參：劉寶楠：《論語正義》（臺北：臺灣中華書局，1981）卷二十，頁 14-15。

[71] 孔德成師則以為此為「東夷之俗」。轉引自：章景明師：《先秦喪服制度考》（臺北：臺灣中華書局，1986），頁 12-15。

[72] 李明輝：〈論語「宰我問三年之喪」章中的倫理學問題〉，收入：《傳承與創新——中研院文哲所十週年紀念論文集》（臺北：中央研究院中國文哲研究所籌備處，1999），頁 523-542。

基本上，「存心倫理學」與康德倫理學有極爲密切的關係。[73]李明輝先生曾指出「存心倫理學」的主要特色是「一個行爲的道德價值是取決於行爲者底存心」，而不是該行爲的結果。[74]並且進一步地指出，康德的倫理學不僅是一種「存心倫理學」，更是「形式倫理學」與「自律倫理學」。[75]上述的說明相當重要。因爲如果忽略了康德倫理學是一種「自律倫理學」與「形式倫理學」的話，則康德倫理學對於「存心」的強調，可能會流於謝勒（Max Scheler）等人所批評的「虛假的存心倫理學」。[76]如此一來，「存心」的強調就只是一種

---

[73] 李明輝曾指出以「存心倫理學」來界定康德倫理學的說法，可以上溯到 1902 年特洛爾屈（Ernst Troeltsch）的一篇論文。並指出直到謝勒（Max Scheler）將康德倫理學視爲是一種「虛假的存心倫理學」之後，此一名詞才逐漸流行起來。詳細說明，請見：李明輝：〈存心倫理學、責任倫理學與儒家思想〉，刊於：《臺灣社會研究季刊》第 21 期（1996 年 1 月），頁 222。

[74] 同上註，頁 223-224。

[75] 李明輝在〈存心倫理學、責任倫理學與儒家思想〉一文後，又撰寫〈存心倫理學、形式倫理學與自律倫理學〉一文，申說三者的關係。文中他指出「存心倫理學」涉及「道德價值如何界定」的問題，「形式倫理學」則關乎「道德行爲底原則及其目的之關係如何界定」的問題，另外「自律倫理學」主要有關「意志之服從道德法則及道德法則是我們的意志爲自己制定的事實」。三者各有層次的不同，不可混淆。請參：李明輝：〈存心倫理學、形式倫理學與自律倫理學〉，刊於：《國立政治大學哲學學報》第 5 期（1999 年 1 月），頁 9、13。

[76] 李明輝：〈存心倫理學、責任倫理學與儒家思想〉，刊於：《臺灣社會

「合於義務」的行爲，亦即是此種「存心」的倫理行爲只是滿足於「合法性」的要求而已，而不是一種「出於義務」，亦即是滿足於「道德性」的倫理要求。[77]但是，康德倫理學卻是在強調「合法性」之外，更是強調「道德性」，所以其「存心倫理學」當不致於只淪爲「空話」式的主張，而會是突顯了「道德法則」爲我們「意志」所制定的這個事實。另外，在強調「存心」的純粹性之同時，康德並不會排斥行爲所帶來的後果之「善」，也就是說，二者的關係不是對立的二分，而是從屬的關係。由此可知，康德不會排斥「幸福」的追求，只是要求對於「幸福」的追求必須從屬於「道德」而已。[78]

　　以之來思考儒家思想的特色，尤其是孔孟陸王一系的儒家學說，當更覺親切。因爲儒家思想在重視一個道德行爲的價值部分，同樣是強調其「存心」的重要性，而且在「非行仁義，由仁義行」以及「思則得之，不思則不得」的主張下，儒家彰顯了道德自主自律的特色。是以，康德嚴分「理性」與「情感」的主體性間架，雖然與孔孟陸王一系的儒者不同，

研究季刊》第 21 期，頁 222-225。

[77] 李明輝：〈存心倫理學、形式倫理學與自律倫理學〉，刊於：《國立政治大學哲學學報》第 5 期，頁 5-6。

[78] 詳細說明，請見：李明輝：〈從康德的「幸福」概念論儒家的義利之辨〉，收入：氏著：《儒家與康德》（臺北：聯經出版事業公司，1990 年），頁 159-160。

但並不妨礙他們同屬「自律倫理學」的型態。[79]因此，從「存心倫理學」的角度來論述儒家學說，應當可以相互發明。

當然，康德倫理學與「宗教性」有關的部份，即是在於「幸福」概念的抉擇上。作爲一個偉大的哲學家，康德不會忽視追求「幸福」乃是人的天性之一。是以，當我們在行爲中強調「存心」的重要，並符合意志底自律下，且順從「定言令式」的法則之後，「我們還可不可以『希望』些什麼？」乃成爲人們接下來想問的一個問題。此一問題依康德來說，所關涉的層面已經無法從「內在」的角度予以解答，而必須從「外在」的力量來加以保證。於是「上帝」的概念，乃引進其倫理學中。這時「上帝」即是促使「幸福」成爲可能的最後保證。在「最高善」的概念下，「福德一致」的「承諾」，乃是「上帝」對「人」的「永恆責任」。李秋零曾說：[80]

> 由於人作爲有限的理性存在不可能不考慮道德行爲的後果，從而使僅注重動機的道德法則在現實中的可執行性成了問題。在時代的處境中，康德不得不在保留道德自律的前提下，與經驗主義的幸福原則做出某種妥協，這種妥協的保障就是上帝。因此，「道德本

---

[79] 有關儒家思想與康德倫理學的差異，根據李明輝的討論主要是在於「主體」架構的不同。不過，這並不影響他們同屬「自律倫理學」的事實。請見其〈儒家與自律道德〉一文的分析。同上註，頁 11-45。

[80] 請見：李秋零為其譯著所作的〈導言〉。康德著，李秋零譯：《單純理性限度內的宗教》（香港：漢語基督教文化研究所，1997 年），頁 xxvi。

來並不是教我們怎樣使自己幸福的學說,而是教我們怎樣才**配享**幸福的學說。只有加上宗教之後,才有希望有朝一日依照我們努力使自己配享幸福的程度而分享幸福」追求幸福的「**希望只是隨著宗教才開始**」信仰上帝成為道德實踐的必要前提,道德法則以上帝的誡命的面目出現。

從上述的討論中,我們發現康德倫理學爲了將「道德」與「幸福」這兩個異質的概念結合起來,於是訴諸一個「超越」的力量來作爲「承諾」的保證。可是,在儒家的思想裡,「永恆責任」的「承諾」卻是由「人」一肩挑起,而其關鍵點就在於人「心」上。這種承擔「永恆責任」的「承諾」,即是儒家的「終極關懷」。儒家的「宗教性」也就必須由此來索尋。因此,底下的討論將針對儒家「三年之喪」說法中的「承諾」思想,進行分析。以敘明此一「承諾」之「超越性」與「絕對性」是在「具體經驗情境」中彰顯,進而說明儒家「宗教性」的內涵。

人自離開母體之後,具體的生命經驗便從父母的對待關係中成長。從這個角度來看,所有日後之可能的關係建立,都與「我」有無法分割的聯結,甚至天地萬物與「我」的聯結,都是促使「我」之爲「我」的基本條件。人是在這樣的一張網絡中成長。如此一來,我與諸關係的聯結,就存在著一種無可逃避的責任,因爲任何一個關係的破壞,都可能導致「我」或「他者」,甚或是「物」的完成之不可能。所以

勞思光就說：[81]

> 此節雖只就「三年之喪」而言，其實代表孔子所持之
> 人倫觀念之重要涵義。此一意義，用現代語言表述，
> 亦不難瞭解。每一個人自出生起，即接受社會中各種
> 直接間接之助力；其中以父母之撫養為最基本；故人
> 自有生時起，即已受社會之恩惠，因此，人必須對社
> 會有一酬恩之態度；此一態度在孔子時，即通過人倫
> 觀念表示。人既有對社會酬恩之責任，故人亦可說是
> 終身有一種對他人之普遍責任。此責任落在具體關係
> 中，乃有具體內容，此即通往「理分」觀念；但就其
> 本身說，則可說是一種 "commitment"。

　　勞先生的說法相當精采而深刻。除了剖析出具體關係對
於完成一個完整的人，所應注意的「理分」責任；更重要的
是回歸於「人」本身時，一個接受社會或天地萬物培育而成
的「人」，對這個社會或天地萬物也必須有「終極關懷」的
「承諾」。此一「承諾」，對我們而言具有一種永恆的責任需
要擔當，因為我們從生到死，均受此一關係網絡的諸種助
力，所以終我們一生都不可能逃離此一「承諾」對我們的要
求，即使我們可以拒絕它，但我們無法令其不向我們內心深
處持續要求。

---

[81] 勞思光：《新編中國哲學史（一）》，頁145。

當然，這裡所言的「承諾」，並非如同契約賣買的交互誓約，或是日常生活中的一般「承諾」行爲，因爲這些「承諾」常是建立在一些條件系列的關係中，因此，當條件關係消失，「承諾」也就失去效用。[82]可是此處的「承諾」具有一種更高位階的效力，它不容我們閃避。誠如陸達誠先生對於馬賽爾哲學的分析，他指出在類似肯定「人」與「存有」合一的經驗中，有一種「致死跳躍」（saltus mortalis）的過程，[83]必須經歷。這種肯定「我」與各種存在關係的連續性的體證，決不是客觀知識的思辯說明能夠理解的，而應在具體的各種關係經驗中，方能達成，所以存在著一個跳躍的過程，應該突破。突破之後，方才使「人」如其「自己」。更進一步講，也方使「物」如其「物」。[84]這樣的說法，實在與儒家的想法相當接近。不過，馬賽爾的想法也非止於此，他更注意到「致死跳躍」過程中的深層意義。關於這一點，陸先生

---

[82] 譬如買賣房屋的過程中，「契約」所載明的條件，如「海砂屋」、「輻射屋」為否定的條件，一旦事實出現此否定要件時，則「契約」的「承諾」便可宣告無效。但本文所指的「承諾」卻是一種無條件的承擔，不管人心世道如何險惡，一日為人，則「成己成物」的要求，便無一日須臾離也。

[83] 陸達誠：《馬賽爾》，頁 160。

[84] 杜維明說儒家的「為己之學」就是目的，而非手段。當儒者在學習過程中，將自己拓展出去，及至成就天地萬物。所以儒者的立命乃意味著被邀約於「存有」，且對此世界有一永恆的「責任」。杜維明：〈儒家論做人〉，收入：氏著：《儒家思想》，頁 51-67。

有更詳盡而清晰的說解，他說：[85]

> 用宗教的術語來說，從另一面來的助力便是恩寵
> （grace）。恩寵雖另有其源，但它的效力是通過與自
> 力結合而才發生的，因此，表面上看來可以解釋成自
> 力，實質上不然。恩寵從廣義來說，不限於信仰的歸
> 依，而是在人生平面上一切突破和化險為夷等存有化
> 時刻，以及一下子的茅塞頓開，豁然開朗。在自力
> 與他力（神力或存有之工）的交叉點，即有這一點開
> 放出的力量，馬賽爾稱之為「捉握」（cette prise）。
> 存有在我身上所作之工不單開放出我的深度（le
> profond），也保證了持久性（le permanent），因此主體
> 可謂進入絕對時間（le présent absolu）之中；這個層
> 面達到的境界已超越了變遷中的實存性，因此，可以
> 成為承諾的基礎和條件。

　　從陸先生的分析中，我們可以清楚地發現馬賽爾認為
「致死跳躍」的完成，必須有某種外來的超越性力量的協
助，而且只有在這個過程完成後，真實的「承諾」方有可能。
這個說法相當值得注意。因為有關外來超越力的介入，正說
明「承諾」的終極意義，絕不像是在相對的條件關係中，我
們可以任意毀棄已經「承諾」的誓約。在這種情形下，人與
超越者之間的連結及可能的「承諾行為」，顯現了深刻的「宗

---

[85] 陸達誠：《馬賽爾》，頁 160-161。

教性」意義。不過,進一步分析這個說法,我們發現孔子在
「三年之喪」的討論裡,倒是有兩個地方,值得注意。

首先,馬賽爾指稱透過外來的超越性力量(即上帝),
可以保證「承諾」的真實性,這應當是西方「外在超越」型
文化的「宗教」內涵。但是這點卻明顯地與儒家的想法不同。
例如孔子面對宰我在「三年之喪」中的態度,就非常不以為
然。他譴責宰我心中的「安」,正反映出「不仁」的事實。
此處孔子以「仁不仁」來綜結「三年之喪」的討論,重點並
不在於「三年」的時間能不能改變的枝節上,而應當注意在
人子對父母間的「承諾」,不能化約為外在功能世界的考慮。
但宰我正是以外界的制度文化之功能來設想,並認為「三年」
太久。基本上,我相信孔子對於「三年」時間的久暫及是否
可以改變的想法,未必是個不可碰觸的硬核(hard core)問
題。但是他卻無法接受宰我以功能性的考量之後,又能感到
「心安」的態度。正是在這點上,孔子突出了「存心倫理學」
的思考特色。[86]

---

[86] 宰我的「心安」究竟是否真心,還是掩飾之語,我們不得而知。但從
其前後文的脈絡來看,宰我顯然沒有顯現出「道德主體」在這件事情上,
所起的判斷作用。反而是以「功效倫理學」的立場,強調效果的功利性。
而孔子詢以「心」安否?正是要其順從「道德主體」的角度重新思考。
這就明確地突出其「存心倫理學」的特徵了。相關意見,請參李明輝:
〈論語「宰我問三年之喪」章中的倫理學問題〉,收入《傳承與創新——
中研院文哲所十週年紀念論文集》,頁 532-537。

　　從「存心倫理學」的角度來看，道德行為的界定應由行為主體的存心來觀察，而孔子對於「三年之喪」的態度，會對宰我加以譴責，即是基於宰我的「存心」考量，並沒有建立在對父母的「承諾」上。因此，「承諾」的最終基礎必須以「心」的判斷來建立，所以「儒學」的想法明顯和馬賽爾的觀點不同。但是，從這個地方，我們正好可以發現孔子將「心」的位階，拉到了可能具有了超越性的地位。因為，「心」作為此一永恆誓約的最後裁判，正如馬賽爾宣稱上帝是使終極承諾真實的最後保證一樣，都具有某種「超越」的性質。當然，在孔子時代，儒學的發展雖是指向「內在超越」型態的傾向，但是在具體的文字敘述中，尚未有更為清楚的記載。關於這點，就必須到思孟的學說時，才能較為清楚地補強。由於這個論題相當地重要，下文我將進行更詳細的分析。

　　其次，從「終極關懷」的「承諾」角度來看，「人」的「成己成物」之事功，必須置於「關係網絡」中來判定。而且在這些相對的關係中，我們才能體會「承諾」的終極真實。其說雖然沒有大誤，但亦即由於強調具體情境的重要性，於是「承諾」所可能有的終極真實意義卻著落於具體關係的完成上。因此，隨著經驗關係的改變，「承諾」就變成是有條件的。關於這個可能的誤解，並非虛構。馬賽爾對此說採取斷然否定的態度，他認為終極的「承諾」行為，必須在相互性與持久性，以及無保留的全心投入中，使時間「絕對化」，於是時空中的一切變數，在主體刻意加以抽象的過程裡，「主

體」才真正回歸「主體」。[87]不過，這種抽象作用，不是指「對事物本質從其整體中抽象，而指主體對自己在未來時間中所能遇到的內外一切變素加以抽象」。[88]所以「承諾」的終極意義是在「主體」的判斷中，形構其自我認同的「同一性」，而非只成就其關係的完滿。[89]這實是一個重要的面向，因為「宗教性」的終極意義，除開完滿關係的建立外，更根本及更深刻的意義，便是在關係的建構中，認識「自己」，認識「主體」。

　　馬賽爾在此強調了「主體」判斷的重要性，相當具有智慧。事實上，儒家在「成己成物」的過程中，從來沒有忽視具體關係經驗的重要性。尤其是注意情境本身的形塑作用，代表了儒家在「社會實踐」上的努力。[90]不過，同樣的，儒

---

[87] 馬賽爾說：「然而在我的決意行動中，我給我已保留從這些事件中加以抽象的權利和權力。作這種抽象的權力就在我作之承諾的核心之中：就是這種權力給予承諾它的特殊的份量與價值。」請見：Gabriel Marcel 原著，陸達誠譯：《是與有》（臺北：臺灣商務印書館，1983），頁 43。

[88] 陸達誠：《馬賽爾》，頁 218。

[89] 這裡所說的「主體」並非指一般社會關係中的經驗行為，而是指與超越者合一的絕對經驗中的「主體」。以西方宗教而言，是與上帝照面或聖靈感動的經驗時的「主體」；而就儒學而言，則是在與「良知」、「良能」合一下的「主體」，才有終極的「承諾」行為。此時「主體」才真正認識到或體會到「主體」為何。

[90] 關於具體情境在儒學思想傳統中的重要性，楊儒賓有一篇文章，相當值得注意。參：氏著：〈人性、歷史契機與社會實踐——從有限的人性論看牟宗三的社會哲學〉，刊於：《臺灣社會研究季刊》，第一卷第四期，

家在相互關係的實踐裡，也是有優先性的主張，而不是墮入相對的條件關係中。這點可以在「仁」與「禮」的緊張關係下，獲得印證。[91]《論語・八佾》中清楚地指出：「人而不仁，如禮何？人而不仁，如樂何？」，「仁」作為「成己成物」的重要判準，無庸置疑。當然，強調「仁」的作用，並非減殺具體實踐情境中的重要。因此，如果單單主張「仁」的種種判斷作用，而無具體實踐的過程（禮），也將只是一種「空頭」的「道德主體」，所以劉述先分析說：[92]

> 人之所以愛人，所以崇禮實因這些在人之生命之中有一自然之基礎。人必在此處克服自己非禮的傾向，才能顯發出內在道德生命的意義。如果我們借用田立克的術語，則我們可以謂人人內在有一「深層」（Depth Dimension）可以相應。對於此一「深層」之體現使我們首先肯定自己的生命的意義。

事實上，如果我們更進一步地分析，孔子在這裡所關注的「具體實踐過程」，當可發現其所強調者絕非止於形式關

（1988 年冬季號），頁 139-179。

[91] 杜維明雖注意兩者有相當程度的緊張性，但「仁」的優先地位，並不容懷疑。杜維明：〈「仁」與「禮」之間的創造緊張性〉，收入：氏著：《人性與自我修養》（臺北：聯經出版事業公司，1992）。

[92] 劉述先：〈儒家宗教哲學的現代意義〉，收入：氏著：《生命情調的抉擇》（臺北：臺灣學生書局，1992），頁 61。

係的滿足而已，也非單憑一空頭的道德法則便能成就道德實踐。孔子注意到聯繫形式關係與道德法則，使之成為一項具體而整全的道德行為，還必須以一「道德情感」的深刻透顯，上述的聯繫才能成為一種相互滲透的有機體關係。我們知道，人們在具體的道德實踐過程中，「判斷」能促成「實踐」的發動。但是「道德」如果只是一種空懸的客觀法則，則只能是一種形式的法則，並無法提供具體的力量來決定其行為之所向。可是若有一「實質的原則」作用於其中，則可協助此一法則決定其道德行為。此即「道德情感」。[93]這種情感的發動，可促使我們面對行為之決定，而有快與不快的感覺，甚至返過來重新決定行為之所區。因此，只有「道德情感」的真實存有，「道德法則」的存在才有意義，道德行為的然否，也才能判斷。

在〈陽貨〉的討論中，宰我率爾應答以「安」，便是孔子直探宰我的「道德情感」是否發動？其存「心」是否以「道德法則」為判斷依歸？所以朱子在回答亞夫問宰我短喪處

---

[93] 基本上，「善」必然蘊涵著「應當」的概念。但「應當」一詞，只指出「做應當的事，不做不應當的事」，並無法說明「應當」有何具體「內容」。因此，討論「道德判斷」而只停留於「應當」的意識上，是無法決定具體實踐的義務。所以李明輝指出康德的「道德法則」就必須要有「實質原則」作用其間，並且是「行為底道德性質皆為道德情感所認可；由於這種直接性（不可化約性），道德情感才能保證道德底絕對性」。請見：李明輝：〈孟子的四端之心與康德的道德情感〉，收入氏著：《儒家與康德》（臺北：聯經出版事業公司，1990），頁109。

時，便直陳「此處聖人責之至嚴。所謂『予之不仁』者，便謂他之良心已死了也」。[94]朱子直挑「良心已死」來為孔子加注，即是明白失去道德情感的作用，則道德法則根本無法發動，是故責之以「良心已死」。

孔子從喪俗中所體察到「道德實踐」之「深層」，便是「道德情感」與「道德法則」合一的「真實主體」。其後學繼承者─孟子，也注意到這個面向，在《孟子・滕文公上》便提及：[95]

> 蓋上世嘗有不葬其親者，其親死，則舉而委之於壑，他日過之，狐狸食，蠅蚋姑嘬之。其顙有泚，睨而不視。夫泚也，非為人泚，中心達於面目，蓋歸反蘽梩而掩之。掩之誠是也，則孝子仁人之掩其親，亦必有道矣。

「泚」不管是指汗出，或是強調疾首之意，都說明了不愉快的感覺。[96]孟子在這裡就很深刻也很具體的注意到，上

---

[94] 黎靖德編：《朱子語類》（臺北：華世出版社，1987），第四冊，卷47，頁1190。

[95] 焦循：《孟子正義》（臺北：文津出版社，1988），頁404-405。

[96] 趙岐注孟子「墨者夷之」章云：「泚，汗出泚泚然也。見其親為獸所食，形體毀敗，中心慚，故汗泚泚然出其額。」焦循：《孟子正義》則注云：「其顙有疵，謂頭額病，猶云疾首也，趙氏本作『泚』，《毛詩・

古人類面對血親亡故時，若無適度的安葬，則在面對屍首被
禽獸所食時，內心的「道德情感」必然會露出因違反道德法
則而生的不快之感。就是此種不愉快的感覺，「人」才真正
體現了「人」的「主體」之真實，也才真正地顯豁出「道德
意識」的深邃。正如康德（Immanuel Kant）說的：[97]

> 沒有人是完全無道德情感的，因為如果他真對於這「
> 感覺」是完全無感受的，他必應道德上死亡的；而若
> 以物理學家底語言說，如果道德的活力不再能在此情
> 感上產生任何結果，則他的人之為人之人性必瓦解成
> 為純然的動物性（好像是因著化學法則化解為純然的
> 動物性），而且不可挽回地必與其他物理存有之質量
> 相混合。

　　因此，從以上的討論，我們歸結出兩個重要的觀點，可
以對儒學「宗教性」的內涵，有所彰明。一、「仁」在「終
極關懷」下所承擔的「承諾」，不是一種自了漢的自我完成
而已。「人」如果不能與他人及天地萬物共同完成「如其自

邶風》『新臺有泚』，傳云：『泚，鮮明貌。』《說文》作『玼』，而訓泚
為清。蓋顏色鮮明，名為汗漬，故以為汗出泚泚然。《說文・心部》云：
『慚，媿也。』人媿則汗出於額，故以為慚，然以為慚，不如以為長痛
而疾首，泚宜為疵之借耳。」同上註，頁405-406。
[97] 牟宗三譯注：《康德的道德哲學》（臺北：臺灣學生書局，1982），頁
438-439。

己」的工作，則「人」的真實意義會在其他人或天地萬物未完成的情況下喪失。這種「成己成物」的「一體」關懷，當然具有深刻的「宗教性」意涵。而值得注意的是，其中強調「承諾」的真實意涵時，不管是馬賽爾或孔子都必須正面肯定「超越性力量」的作用與判斷，否則「承諾」將失去「絕對性」而淪爲「相對性」的誓約。這正可體現出「人」與「絕對者」的關聯。由此觀之，「宗教性」的祈嚮，並未從人文化、理性化的世代之後消失。二、當我們在強調「宗教性」經驗的「超越」作用與判斷時，並不能將之虛懸，否則會把「宗教性」涵義淪爲思辯方式下的「客體化」對象。所以，具體情境經驗的臨在感，便是「主體」成爲「主體」的一個重要起點，任何割裂「主體」與其他存在關係的想法，都容易失去「主體」的真實性與豐富的內容。而此一「臨在感」的具體顯現，在儒學的思想傳統中，便是建立在「道德情感」的實質原則上。也因爲此情感的具體顯現，「主體」才不致淪爲被「客體化」的認識對象。

　　基本上，上述對於「超越性」在「終極關懷」中所起的作用，儒家學說是在論述「成己成物」的「一體」觀裡，樹立其深蘊的「宗教性」意涵。因此，討論儒學思想的「超越性」根源，就成爲相當重要的課題。另外，具體情境經驗的臨在感，使儒學可能有的「宗教性」面向，不會變成一堆冰冷的文字屍體，而是能具有真實無妄的生命之音。是故，對於彰明儒學的「宗教性」涵義，乃成爲不可或缺的基本工作。所以下文再針對以上兩點，從儒家的「文本」中，索尋適切的說明。

就「超越性」的特質而言，儒學所表現的傾向是「內在超越」的型態。這種「內在超越」的思維傾向，必須從前述「連續性」的文明特徵中，來加以索解。誠如前面所說到的「天人合德」的思考方式，是建立在一個「應然演繹」的理論架構中，因此，「道德主體」的真實，證實了「天」的真實。是以外在超越的「天」，即是由「人」來證成。而「人」的真實性又由「心」來保證，於是「以心證天」的模式，不可避免地成為儒學的主要特色之一。檢討這種將超越性的根源歸之於「心」的觀點，在思孟的思想中，已有較清楚的展示，而其更為深刻的發展則在宋明儒學家手中完成。《孟子·盡心》曾云：[98]

> 盡其心者，知其性也。知其性，則知天矣。存其心，
> 養其性，所以事天也。夭壽不貳，修身以俟之，所以
> 立命也。

孟子的這段話，主要的焦點是指明要瞭解「超越性」意義的「天」，不必外求，只當求之於內在的心性，即可達成瞭解的目的。這是一個很有意義的主張。從古老的人格天傳統發展以來，孟子掃盡巫術意義下的「天」之內涵，但並不否認「天」的超越性，只是將這樣的超越性歸回內心上，充分展現了人文精神的創造性轉化。這種強調「既內在又超越」

---

[98] 黎靖德編：《朱子語類》（臺北：華世出版社，1987），第四冊，卷47，頁 877-878。

的思想型態，雖與「外在超越」型的文化傳統，相當不同，但是對於「宇宙本體」的祈嚮，並無二致。所以，在時空變遷的人間世中，透過超越性的力量，保證了「人」的永恆真實，而不受條件關係的約束。而且，從另一方面來說，這個幽微難徵的「超越性」本體，亦可透過「人」的主體之樹立，而證實了其存在。所以「天人」之間是「合一」的關係，而非分裂。《中庸》對此，就有很清楚的說明，在〈二十章〉中有云：「誠者，天之道也，誠之者，人之道也」[99]即道出「天人不二」的觀點。

此外，這種超越性的本體不止是要「成人」，也蘊涵著「成物」的必然性。西方文化透過一個外在的「全然他者」，保證了「成物」的可能。儒學則依舊由此一內在心性的價值顯發，而保證存在世界的秩序之可能。所以孟子在〈盡心〉篇中又說：「萬物皆備於我矣，反身而誠，樂莫大焉。」[100]《中庸》在〈二十二章〉中也說：「唯天下至誠，為能盡其性；能盡其性，則能盡人之性；能盡人之性，則能盡物之性；能盡物之性，則可以贊天地之化育；可以贊天地之化育，則可以與天地參矣。」[101]在這樣的觀點下，「人」與「天地萬物」之間，自然是「一體」的關係。宋明儒者，相當深刻地發揮

[99] 宋天正註釋：《中庸今註今譯》（臺北：臺灣商務印書館，1982），頁37。

[100] 黎靖德編：《朱子語類》（臺北：華世出版社，1987），第四冊，卷47，頁882。

[101] 宋天正註釋：《中庸今註今譯》，頁47。

了這樣的道理，王陽明在〈大學問〉中就說：[102]

> 大人者，以天地萬物為一體者也。其視天下為一家，
> 中國猶一人焉。若夫間形骸而分爾我者，小人矣。大
> 人之能以天地萬物為一體也，非意之也，其心之仁本
> 若是，其與天地萬物而為一也。豈唯大人，雖小人之
> 心，亦莫不然，彼顧自小之耳。是故見孺子之入井，
> 而必有怵惕惻隱之心焉，其仁之與孺子而為一體也。
> 孺子猶同類者也，見鳥獸之哀鳴觳觫，而必有不忍之
> 心焉，是其仁之與鳥獸而為一體也。鳥獸猶有知覺者
> 也，見草木之摧折，而必有憫恤之心焉，是其仁之與草
> 木而為一體也。草木猶有生意者也，見瓦石之毀壞，
> 而必有顧惜之心焉，是其仁之與瓦石為一體也，是其
> 一體之仁也，雖小人之心，亦必有之。

　　陽明這種強調「仁心」的感通過程中，「成己成物」的
「一體」觀，顯露無遺。「內在」與「超越」綰合成一種成
就萬物的至真實存在。關於「一體」觀的問題，本書的第五
章有更深入的討論，此處不再贅述。

　　另外，就具體經驗情境的重要性來說，儒家學問正是要
還真理於具體脈絡的學術傳統。在儒家學者的論述中，絕少
以「思辯」的「理論」體系入手，他們最喜歡在「情境」中，

---

[102] 王陽明著，吳光、錢明、董平、姚延福編校：《王陽明全集（下冊）》
（上海：上海古籍出版社，1992），頁968。

整全地保留真理所可能留下的「紋跡」。因爲在體系化的過程中，人們將採取拆解的方式與存有對話，其結果無非是被「客體化」爲一種抽象的知識體系，而失去其真實感。所以在具體情境中探詢真理，即是儒學思想的一大特色。《論語·八佾》中，孔子就曾提到「祭如在，祭神如神在。子曰：『吾不與祭，如不祭。』」的說法。前文曾指出許多對「宗教」的論述，常著眼於「儀式」行爲的重要作用，因此，經常以「儀式」的有無來作爲判定標準。雖然這樣的觀點，未必合於今日對於「宗教」意涵的新看法，但伴隨在儀式行爲中的臨在感，卻是一種極真實的「主體」經驗。少了這種經驗，「宗教」所能提供的「神聖感」，將蕩然無存。所以孔子對於祭祀時的虔敬之心，便相當重視。其實，《禮記·祭義》中的一段文字，正可以說明儒者主張的情境脈絡，是實踐與神秘超越本體感通的重要條件。〈祭義〉說：[103]

> 致齋於內，散齋於外。齋之日，思其居處，思其笑語，思其志意，思其所樂，思其所嗜。齋三日乃見其所爲齋者。

孫希旦針對這段文字，有很好的發揮，他說：「愚謂致齋於內，專其內之所思也，散齋於外，防其外之所感也。所樂、所樂爲之事。所嗜、所嗜飲食之物也。齋三日，必見所

爲齋者,由其專精之至也。」[104]這些說解,無非都告訴我們一個事實,那就是要使超越性的神秘力量,可以與我們相照會,必須在具體情境脈絡的體會中,完成照會的工作。斷不可能在「主客二分」的思維架構中,可以掌握整全的真理。

其實,孔子對於「禮」的看法,在相當的程度內,便是在強調此種情境所能提供的「滲透性」作用,乃是用以化解「主客二分」的重要手段。因爲他注意到失去了「禮」,則主體價值自覺會由於失去實踐的場域,而淪爲一無掛搭的空說。於是,主體的真實性亦必然成爲一種空頭的虛懸概念。所以強調具體情境的「禮」,便能突顯主體實踐的真實性。《論語·顏淵》云:「克己復禮爲仁」,便是最好的說明,甚至,因此之故,孔子有時也會爲保存「禮」的形式,而顯得與當時的風氣格格不入。如〈八佾〉就記錄了子貢因爲統治者對於告朔餼羊的虛應故事,而希望將此「禮」廢除,卻引發了孔子的不悅,責以「爾愛其羊,我愛其禮」。這些無非都顯示了孔子對於「具體情境」的重視。

因此,總結本節所有的討論,我們可以證實儒學的「文本」詮釋中,確實可以包括著「宗教性」的內涵,其中最值得注意的,便是在「終極關懷」的角度下,「人」以著對天地萬物所應有的永恆「承諾」,締結了自我與超越本體的合一。這種深刻的體驗,除了可從「存心倫理學」的角度,抉發其「道德意識」的諸般面向。事實上,也充分體現了「人」面對無限、永恆等終極性對象的「宗教意識」。

---

[104] 同上註。

五、結論

　　作為一個受時空限制的存有者而言，人是否只是被拋擲於此世的棄嬰，抑或人是在森羅萬象之中，顯現法身的見道者，常常只是一線之隔而已。而這種面對超越者的敬畏、恐懼或是喜樂之情，絕對不是某些單獨個人的需求與體驗而已。它其實是一種普遍的感受，雖然這些感受在表現的方式，會因著文化的差異，而有不同的表現。但擁有這種可能的「宗教感」，卻是一致的。

　　從以上數節的討論，我們可以發現儒學是不是具有「宗教性」的內涵，是在特定的歷史時空中發展出來的。西學的傳入，就是一個重大的刺激關鍵。尤其是其中對於教育內容的理念上，更是在二十世紀初期，衝擊著無數中國當代知識份子的心靈。雖然其後，對於上述議題有著「是非」、「有無」的爭議，但意識的產生絕對會是在具體的「生活世界」中，經由溝通、對話而產生，「宗教意識」的問題，也是如此。所以，在經歷五四以來的西風大軍，儒家學者也在「儒門淡薄」的世風中，力守本業的精髓，甚至巧妙地運用「歷史危機」的刺激作用，透過「時代意識」的重新檢討，為儒學的思想內涵，開創新局。如同 1958 年的諸君子在〈為中國文化告世界人士書〉中所指稱「道德實踐」與「宗教」的關聯，更是值得我們深加思量。所以一個詮釋危機已產生的時代，容或會使「詮釋文本」的工作，受到各種的挑戰，但正因為挑戰所允許的「文本」內容鬆動，新詮釋的契機才可能出現。

其次，強調外緣的偶然因素對新詮釋可能起的重要作用，若無「文本」本身也存在一個相應的「召喚」結構，則新詮釋的產生，將會是對「文本」的一種重大災難。檢視儒學的「文本」內涵，我們可以發現在「內在超越」的思想傳統下，儒學的「文本」並非只能專守倫理道德的層面而已，透過對「成己成物」的終極關懷。儒學認為「人」對於「天地萬物」有著一種永恆的「承諾」。這種「承諾」的莊嚴，猶如地藏王菩薩的宏願，「地獄不空，誓不成佛」。所以儒學「文本」的詮釋，相應於「宗教性」的議題而言，是開放而非封閉，是「召喚」而非「拒止」。

最後，我們可以將以上的說明，歸結如下幾點「詮釋」內涵，頗值參考：一、就儒學宗教性的議題之產生，外在的助緣力量，是絕對不能忽視的，假如歷史的危機沒有急切的壓迫到文化的認同，則此一議題的出現，是否會發生於此時，不無疑問。由此我們可以進一步推知，外緣因素對於新詮釋的產生，常常扮演著「動力因」的角色。二、就被詮釋的「文本」而言，若無相應的「召喚」結構，則新詮釋的出現，可能會與文本脈絡不符，而使詮釋活動，淪為自說自話，甚至是產生「過度詮釋」的現象。三、經由這個議題的說明，我們更可以發現「歷史危機」的外緣條件與「文本」的召喚結構必須經由「境域的融合」的過程，才能使當代人的「宗教意識」顯題化，任何缺乏融合過程的詮釋活動，恐怕是無法創新意義的。也就是任何一個「意識」的產生，絕無法脫離歷史情境與文本詮釋世界的相互交流，相互滲透。

第五章

儒家思想中的「一體觀」

與現代化的發展

一、前言

　　就中國的文化傳統而言，儒家思想殆爲其中最大的主脈，雖然其間猶有不同的學派觀點，也曾起著形塑傳統的作用，但是儒家的學說依然在歷經各種學說的挑戰，或政治勢力的扭曲之下，對精英階層或庶民階層都可以起著決定性的影響。由此，我們甚至可以進一步地指出這個事實，中國文化傳統的意義與價值取向，正是由儒家思想所構成。[1]

　　不過，在十九世紀末、二十世紀初的中西遭遇，儒家思想卻面臨著最爲嚴酷的考驗，隨著西方列強以著駭人的軍事

---

[1] 一個民族通常在歷史的發展過程中，逐步形成對於外部客觀世界與內在價值世界的諸種信念，並依照這些信念判斷行為的意義與價值，我們認為這些即是此民族文化傳統的根本精神取向。在傳統中國，儒家思想所扮演的角色，正是在經歷時間的積澱後，主導了此一區域的精神取向，其涵蓋層面自精英分子以至於庶民階層，無不依循儒家思想的內涵判定行動的意義與價值。

力量的展示，中國的天朝尊嚴，早已蕩然無存。於是在一片救亡圖存的呼聲中，被視爲是立國精神的儒家思想，自是在檢討之列。自此之後，儒家的學說逐漸失去影響力，尤其是在當代急切救國的中國知識份子眼中，儒學所代表著正是落伍、過去；而西學所象徵的則是進步的、光明的未來，其間雖仍有些許讀書人，大聲疾呼傳統的重要，但拋開儒學舊傳統，迎接西學新現代的心態，才是時代的主流。綜觀這樣的歷史發展，我們實可說儒學在近代中國的命運，是代表著當代中國人在意義與價值的基本取向上，完全地否定了自己傳統的作用，其結果無非是造成了中國「意義危機」時代的來臨。[2]

　　然而，儒學是否真的只是適合在農業社會結構的環境裡，才能起著思想的作用？又或者西方在現代化的發展過程中，是否完全可以由自身的文化傳統裡，克服工業社會結構所可能產生的時代新問題？我想上述的質疑，以今日的眼光

---

[2] 陳弱水先生曾很深刻地指出：「就中國近代史的全面觀點來看，儒家的近代命運影響及的不僅僅是儒家的式微，並且深深關涉到近代中國的思想、文化危機。由於義理傳統的近代命運，加深（如果不是造成）了近代中國的思想危機和精神危機。這兩項危機，綜而言之，就是〝（喪失）意義的危機〞。所謂〝意義的危機〞，是指人們對人生、宇宙的基本意義之看法與信仰──即宇宙觀與人生觀──受到衝擊而引起的種種危機。在〝意義的危機〞反映下的近代中國心靈，是道德價值的混亂、人生存在問題的惶恐和終極信念的失落。一言以蔽之：近代中國失去了意義，失去了基本價值取向。」請見：陳弱水：〈儒家的近代命運〉，收入：羅義俊編：《評新儒家》（上海：人民出版社，1991），頁 184-185。

來看，恐怕是有待商榷的。不過，即使上述的質疑未必可以成立，但這是否即意味著儒學在現代化發展的工業社會裡，也能有所作用？我想這是一個值得深思的問題，而本文的撰寫也就是希望釐清這個問題。因此，本文首先將就現代化發展所產生的問題作一梳理分析，其次再指出儒學思想的「一體觀」所提供的思考方向，對現代化的發展，究竟可以有什麼借鑑作用？進一步釐清儒學思想在現代化的發展過程中所扮演的角色。

二、現代化發展及其問題

事實上，有關「現代」（modern）、「現代化」（modernization）、「現代性」（modernity）的討論，在今日的學界裡，是充斥許多不同且令人眼花撩亂的觀點。[3]因此，

---

[3] 多數的學者觸及「現代」、「現代化」或「現代性」的論述時，不可避免地必須涉及斷代的問題，其中「古典」、「現代」、「後現代」的區分成為研究此一論題的複雜時間性問題。另外，又由於「現代化」的發展與西方社會近代發展密不可分，於是從「歐洲中心主義」到「全球化」的複雜空間性問題，乃成為此論題的另一個糾結處。因此，從古典社會學家馬克斯·韋伯（Max Weber）的「理性化」與「現代化」的討論，到紀登斯（Anthony Giddens）的「高度現代性」（high modernity）或「基進現代性」（radicalised modernity）；哈伯馬斯（Jurgen Habermas）認為「現代性」已偏離啟蒙時代的規劃，成為一個「未完成的計畫」（An unfinished project）；或是李維（M. J. Levy）將「現代性」對全球的影響稱為「普遍性的社會溶解劑」（universal social solvent）。以上所述，也僅僅是這些不同看法的一小部分而已。請參：Wolfgang

要概約一個眾人皆可同意的定義，恐怕並不是一件容易的工作。而且這些具有高度爭議性內涵的詞彙，相互間又有著錯綜的關聯，我們試圖釐清的結果，可能在未解決問題前，又將衍生出更多的爭議焦點。所以本文並不打算在這樣篇幅的文章中，思考並處理這個複雜的問題，我所要指出的是，即使學者對於這些詞彙間的關係，有著不同的主張與論點，其間的差異也可能大於相同。[4]但是他們對於「現代化」的過程與歐陸「理性主義」（rationalism）之間的關聯，卻都有一致的共識。從這樣的共識取徑，我們將可以發現自十七世紀的「古典」與「現代」之論爭後，「理性化」（rationalization）

Schluchter 原著，顧忠華譯：《理性化與官僚化——對韋伯之研究與詮釋》（臺北：聯經出版事業公司，1986）；Anthony Giddens, *The Condequenses of Modernity* , Cambridge:Polity Press，1990.；Maurizio Passerin Dentreves & Seyia Benhabid eds，*Habermas and the Unfinished Project of Modernity*，Cambridge Mass：MIT press，1996.；M. J. Levy，*Modernization and the Structure of the Societies*，Princeton University Press，1966.；黃瑞祺：《現代與後現代》（臺北：巨流圖書公司，2000）。金耀基：〈現代化與世界問題〉，收入：氏著：《中國現代化與知識分子》（臺北：時報文化公司，1991）。
[4] 如同前註所指出的複雜的時空因素，使得學者的討論共識不易建立。舉例而言，對於「現代化」的評價，從肯定到否定，學者的看法就相當分歧。

恐怕是可以視為「現代化」的重要特徵。[5]而值得我們特別加以關注的正是自十九世紀「工業革命」之後，「現代化」發展的重要特徵──「理性化」，更是挾著「工業革命」所帶來的物質文明之昌盛，而主導了其後的西方歷史發展。

這個發展相當地重要，本來「理性化」並不必然只著眼於某一定型化的方向，但是隨著科學的長足進步，人類以著前所未有的樂觀心態，視自然界的奧秘終將為人所解開，以及進一步地掌握。於是配合著強調人本位的啟蒙運動的積極精神與工業革命後重視量化的工具理性，[6]「現代化」所表

---

[5] 相對於「古典社會」在「宗教生活」中所表現出的「神聖性」，「現代社會」與其最大的區別，便是建立在「解除魔咒」的「理性化」世界圖像。這種「理性化」的發展，在精神領域上，批判了宗教神聖性的不可違逆；在物質文明上，則對於「工業革命」的出現，起著推波助瀾的作用。因此，從精神生活與物質文明生活兩方面來說，「理性化」的確可以被視為是「現代化」的重要特徵。

[6] 基本上，「啟蒙運動」（The Enlightenment）並不是一種單一的哲學改造運動，其涉及的層面至廣，包括宗教、歷史、哲學、藝術、科學，無不曾在此一運動的籠罩下，有了新風貌的出現。因此，要對此一多樣化的時代心靈改造運動，下一個定義，並不是件容易的事。不過，如果我們將視角置於十八世紀的知識背景中，將可以發現從航海、宇宙等的新發現開始，人們積極樂觀的進取精神，除了表現在新事物的發現外，也漸漸滲入「宗教」領域的詮釋工作，甚至在西蒙（Pierre Simon）對聖經經文的重新解釋中，「天啟」作為上帝的真實言語的權威性，逐漸受到鬆動。乃至於到了哲學的領域，打破舊型態的哲學知識（形上學體系），推翻「體系之精神」（spirit of systems）的作為，都表現出新

現出的明顯性格，便是將所有的「存在界」劃分為可以被量
化的「客觀世界」，一切「意義」的判準，乃以可否納入計
量的檢證體系之中，為基本的標準。在這樣的「理性世界」
之中，不要說「宗教」被視為必須「除魅」（disenchantment）
的對象、「形上學」被歸入囈語之流，即使連「倫理」的生
活，恐怕都可能會在過份的強調「形式合理性」的操控之中，
遭到瓦解。[7]「理性化」的過份片面強調，已造成了「目的

的「戡天役物」的新精神，突顯出了「人」的優先性地位。請參：漢普
森（Norman Hampson）原著，李豐斌譯：《啟蒙運動》（臺北：聯經出版
事業公司，1984），〈導論——十八世紀的知識背景〉，頁 1-28。卡西勒
（Ernst Cassirer）原著，李日章譯：《啟蒙運動的哲學》（臺北：聯經
出版事業公司，1989），〈前言〉，頁 3。此外，Wolfgang Schluchter
對於事事強調量化的現代發展，也有相當深刻的分析。其言：「相對於
二元論的、神中心主義的『世界』，一個解除了魔咒的『世界』乃是一
個事理化了的『世界』，其各部分秩序的運作有著相對的自主性，並且
依據著『自己的』法則。這種新的情況使得人類在他與世界關係上對『可
預測性』的需求達到了歷史上空前未有的滿足程度。我們可以說，這種
可預測性植基於可計算性，亦即人們確信原則上可以『預計』到現世秩
序裡的種種規則。」請參：沃夫崗（Wolfgang Schluchter）：《理性化
與官僚化》，頁 37-38。

[7] 基本上，孔德（Comte）認為近代歐洲的發展將循「宗教——形上學
——科學」的軌跡，不過，現實的歷史發展並未如孔德的預言，反而在
片面強調形式合理性的情況下，傷害了原本的倫理生活，表現在「科層
化」的建制上，而科層化所強調的統治特徵即是基於「形式合理化」的
「純形式的法律規範或程序」，於是由「某些特定價值衍生出來的法律
或倫理原則」將不再是措意之所在。請參：李明輝：《當代儒學之自我

合理性」與「價值合理性」的衝突、「形式合理性」與「實質合理性」的對立。[8]這實是韋伯（Max Weber）在研究現代化過程中的最大憂慮。誠如史馬特（Barry Smart）在論及「現代性及其後果的問題」時，所指出的：[9]

> 自從十八世紀以來，就出現了一個有名的假定：日益增進的理性有益於秩序與控制的促進，具有助於提昇社會理解的層次、道德進步、正義與人類的幸福程度。追求秩序、提高可計算性，製造與頌揚「新」的事物以及保持對「進步」的信心，這些都被認為是現代性的樞紐特質。然而，現代性接下來在二十世紀，已經逐漸變成批判反省的焦點。原先被假定為現代性發展必然結果的許多利益與承諾，現在已經成了可疑的事情。現代性實現的可能性（若非其可欲性），在對於進步說的信心消失殆盡以後，也變成了質疑和批判的對象了。

從史馬特的評論看來，其實是相當令人意外的。原來對於「理性化」或「現代化」所抱持的樂觀心態，在經過歷史

轉化》（臺北：中央研究院中國文哲研究所籌備處，1994），頁19。

[8] 同上註。

[9] 史馬特（Barry Smart）原著，李衣雲／林文凱／郭玉群合譯：《後現代性》（臺北：巨流圖書公司，1997），〈現代理性與後現代想像〉，頁126。

時間的考驗之後,不止沒有完全解決過去人類文明所發生的問題,甚至是製造了更多的問題,我想這遠超乎人們原先的預期。但是對於「現代化」的批評也不能失之於氾濫,我們除了指出人們對於「進步」的期望落差之事實,也應該針對其間的「問題性」再加釐清,以期能產生對治的焦點。因此,以下本文將就「人與自然的關係」、「倫理生活的轉變」兩面向,說明「現代化」發展所帶來的時代新課題。

　　首先,就「人與自然的關係」而言,「古典社會」對於「神聖」的追求與堅持,在「現代化」角度的檢視下,是相當愚昧而可笑的原始心態。因為人們將自己的理性置放於不受理性檢證的被崇拜物之前,便是最大的荒謬,如同羅馬「萬神殿」的構築,雖欲以「圓形」的拱頂建築表現人的偉大力量,「人」的至極表現本應是對「人」的最大讚美,但其結果卻是對「神」的最高禮讚。[10]種種古典社會的發展,在委屈自己「理性」情況下,被視為是束縛於「魔咒」下的時代。

---

[10] 建於西元 118-125 年的羅馬萬神殿（pantheon）是目前羅馬建築中,相當令人驚異的成果之一。其圓頂的設計中,留有一圓形天窗,可供日光射入室內。這隻「圓窗眼」（oculus）離地有 143 英呎。此一高度正好是與室內圓周直徑相同,亦即是圓頂高度與圓股直徑的尺寸相同,因此非常平衡。置於其內所供奉的神,雖以 pan 為名,有「所有的神」之意思,但較正確地說是專為行星系裡的七個神而設,所以室內有七個壁龕。相關討論,請參:H. W. Janson 著,曾堉／王寶連譯:《西洋藝術史》（臺北:幼獅文化公司,1980）,〈一、古代藝術〉,頁 153-154。Ratrick Nuttgens 著,張百年／顧孟潮合譯:《建築的故事──世界建築發展史》（臺北:博遠出版有限公司,1992）,頁 104。

相對於「古典社會」對於「神聖」的追求，「現代化」社會則標誌著「解除魔咒」的「理性化」世界。不過，問題就出在人們樂觀地相信「理性化」所帶來的美好世界，不需要「神聖」的宗教信仰作為背後支撐的依據，[11]人們庸俗地以為只要依著「理性」而行，人即是世界的主宰。殊不知此種對「神聖性」近乎嘲弄揶揄的主張，背後卻是伴隨著科技主義橫行的自大心態，「理性」不過是其自大心態的外在包裝。

於是，在毀棄人們對於「神聖性」追求的渴望之後，人們自作主宰，表現得最為極致的便是「人」與「自然」的關係受到破壞。本來，當人們對於「神聖性」的事物仍然保持著一定的敬意的時代，人們通常會在「宗教信仰」的形式下，與「自然」保持著「和諧」的關係。可是，一旦人們視自己有如「神」一般的地位時，人與自然的關係，馬上由「和諧」的「平行關係」，立刻轉變為「衝突」的「對立關係」，甚至是上下的「支配關係」。此時，「自然」不再具有「奧秘」，人們自大的心態相信透過人類「理性」的長度拓展有多長，則「自然」的「奧秘」便將隨其長度之拓展而一日接一日地

---

[11] 一個很有趣的歷史發展，當「科學」的發展日益昌明，則原本解釋「世界」（包括事實與意義）的工作，乃逐漸由「宗教」的手中轉到「科學」上。而且，相當有意思的是，「科學」在取代「宗教」成為新的「魔咒」之後，其扮演的功能，幾乎可以全面涵蓋宗教原有的功能。雖然，仍有人對於「宗教」採取信仰的態度，但這些人所遭遇到「現代人」的嘲諷與責難，一如「古典社會」中，「異教徒」相互攻詰的對待方式，沒有絲毫遜色。

減少，終究有一日人們將完全勘破「自然」的神秘性質，並進而使之成為造福人類的工具。

然而，透過現代化發展的歷史來觀察，我們卻可得到不同的答案。例如在「人定勝天」的意志下，科技力量的進步未必受到合乎「理性」的運用，反而是在「工具理性」的心態下，人們利用科技力量在對大自然進行運用的過程中，卻造成了對大自然最無情的破壞。從世界各地層出不窮的污染事件，我們對於如此「理性」的作為，恐怕將難以認同。尤其是其中所暴露出的一種強調片面價值的方式，更令人感到憂心。例如在這些污染事件的背後，我們可以發現污染的製造者並非沒有「理性」的思考，他們通常「知道」，也「瞭解」污染對於環境破壞的嚴重性，但在其創造利潤的「目的」（包括增加收入以養活員工的崇高目的）下，其以鄰人為壑的作法似乎是合乎其「理性」的盤算，並且在科技力量的助長之下，污染製造者也似乎更能「合理地」對大自然進行合乎科學判斷的掠奪。[12]於是「現代化」的發展，像是僅提供

---

[12] 舉例來說，世界各國的「核能政策」均號稱由學者專家進行最嚴格的科學鑑定後，方才定案。從其選擇何種硬體設施到軟體程式，從地區擇定到核廢料的處理，世界各國的政府無不宣稱是在合乎科學的判斷下，安全絕對毫無問題。可是人類不僅在科學技術上，尚無法對於核能所可能造成污染與破壞，加以控制，事實上，在政策制定的過程中，特定團體的利益，反而常常是其中的重點。因此，許多不同類型的污染製造者，其關心的焦點是利益，「科學」只是其逐行意欲的外衣而已，所傷害的卻是被「科學」催眠的人與無辜的大自然。

了人們對大自然具有合法的任意使用權，而不必理會所帶來的破壞，或是可以運用科學知識以進行合理的規避行為。

其實，檢討這樣的問題，正是我在前文所指出的「目的合理性」與「價值合理性」衝突的顯例。本來科技的力量乃是價值中立的事物，其間不須涉及價值好壞的判準，尤其科技發展只須在「手段」與「目的」之間作合理的評估即可，所以其著眼乃在於如何透過「手段」以達成「目的」，[13]而不在於思考「目的」本身的「價值合理性」。但是過度強調「目的合理性」的結果，卻可能違背原來科技發展是要創造最高幸福的目的。晚近環境倫理學的研究，便意識到現代化的發展強化了「人類中心論」的觀點，[14]以致所有的存在物被工

---

[13] 李明輝：《當代儒學之自我轉化》（臺北：中央研究院中國文哲研究所籌備處，1994），頁 19。

[14] 基本上，「人類中心論」可分為兩三層涵義來說：一、就認識論（事實描述）的意義而言：人類在思考環境倫理時，是根據自己的思考角度出發，而非也無法從動物之立場發言。二、就生物學的意義而言：人是生物，人必須維護人的生存與發展，且囿于生物邏輯的限制，人必以人為中心。三、就價值意義而言：其中又可分為三：1.道德只規範人與人的關係，而人的利益則是道德原則的唯一相關因素；2.人是唯一的道德代理人（moral agent），也是唯一的道德顧客（moral patient），只有人才有資格獲得道德關懷；3.人是唯一具有內在價值的存有物，其他存有物都只有工具價值；大自然的價值只是人們情感投射的產物而已。詳細說法，請參見：楊通進：〈整合與超越：走向非人類中心主義的環境倫理學〉，收入：徐嵩齡編：《環境倫理學進展：評論與闡釋》（北京：社會科學文獻出版社，1999），頁 18。

具化，這種發展恐將導向破壞自然而不利人的局面。因為「人類中心論」認為只有「人」才具有內在的價值，「自然」所突顯出的價值，只是人類情感的投射而已，因此「自然」也只具有工具價值而已。所以當人們面對「自然」的時候，思考如何利用最大工具價值的手段，一再地翻新與精進，便是充分表現科技主義的理性層面。至於「目的」本身的「價值性」問題，卻常常因其不易劃入「量化」式的理性檢證標準中，而不為人所措意。於是人們一方面在「工具價值」的導向思考中破壞了自然的永續生存，使得人類反而嚐到自然反撲的惡果；另一方面則在過份強調「目的合理性」的取向上，使得「目的」的「價值」選擇，淪為相對性的價值抉擇，並形成了「價值衝突」的矛盾而不可解消。[15]

　　由此觀之，「人」與「自然」的關係被化約到僅存「征服」、「支配」與「利用」的「工具價值」而已，過去所重視的「和諧共存」的共同體式思考消失，取而代之的是一連串的「破壞」與「剝削」；值得重視的是由於「現代化」所突出的科技至上心態，不只「自然」被視為被「我」所用的「工具」，甚至由此而導出的「自大」心態，使得人們面對「價值」的選擇上，常因本位主義的思考導向，產生種種「價值

---

[15] 這種價值衝突的事例，在實際的生活上，屢見不鮮。譬如「美濃水庫」與「三峽大壩」的興建與否，涉及到環境保護、歷史文物、聚落生活等相當複雜的價值性問題，並不是只停留在如何在如何興建的科學技術而已，而且當上述的這些價值因「目的」的選擇，產生了衝突時，我們應當如何解決，在在都不是將之「相對化」之後，便能克服所有的困難。

衝突」的困境。事實上，假如我們更進一步地分析，我們會發現這些「現代化」所帶來的困境與問題，其實應該是種因於——對「神聖性」追求的喪失。由於人們依恃著「啓蒙」以來的「人本位」心態，與「工業革命」以來的物質文明、計量理性之昂揚，對於構成「古典社會」的重要支柱——「宗教信仰的神聖性」，總認爲是非理性的行爲，應該去除。然而對於「神聖性」的追求與堅持，並非僅僅只是原始人無知的表現，其背後尚有著對於「超越性」、「普遍性」的祈嚮，如果剝除人們對於「超越性」與「普遍性」的追求及其可能代表的意義，[16]則對於因缺乏「普遍性」價值追求的動力，而產生「相對化」的價值主張，就不會僅是紙上言論，而爲經驗之事實。以此衡諸今日現代化的發展，上述的問題已經一一應驗了。

其次，若從「倫理生活」的角度來思考的話，我們可以發現「現代化」發展所帶來的人與人之間的「疏離」（Alienation）感受，幾成現代生活的主調。而且不只是人與

---

[16] 就「超越性」與「普遍性」而言，是「人」難以在經驗上經驗的對象。但是，人並不甘於被隔離在此一時空中，於是在「宗教的信仰」裡，人們由「聖界」與「凡界」的二分，以及在消融相對世界的肯認上，保留了「聖界」的真實性，進而為人間開闢了另一個心嚮往之的世界。雖然，充滿原始信仰的宗教經驗，未必要大張旗鼓地宣揚，但是此種源自「人」類內心深處的創造渴求，亦應值得珍視。相關討論，請參：杜普瑞（Louis Dupré）原著，傅佩榮譯：《人的宗教向度》（臺北：幼獅文化事業公司，1986），頁 13-16。

人之間的疏離，更且是人與自我的疏離，以致每個人似乎是退縮至原子般自我的狀態一樣。而這樣的發展，與強調「客觀理性」的近代西方哲學有極密切的關係。

我們知道現代化的發展所突出的重要特徵，既然是以科技的發展為主軸，則根源於科技發展的背後理念，也應該是構成「現代化」的重要核心。而綜觀西方哲學的轉變，我們可以注意到支撐十九世紀以來科技主義橫行的主要哲學理念，便是以突出「理性」為標誌，這自然與「理性論」（rationalism）的思維傾向密不可分。而「理性論」本身重客觀性，強調排除個人主觀性的作法，勢必會影響到了整個現代化的發展。誠如 Frederick Copleston 所指出的：[17]

> 明顯地，理性論哲學家是受了數學推理底模式之影響，這是說，數學提供一種明白性、確實性和有次序的演繹模式。個人的因素，主觀的成分如感情被清除了，而一個命題（這些命題已被肯定為真）之組合體已建立起來。若應用一種類比於數學的方法，哲學不就可以獲得一種相類的客觀性和確定性嗎？正確方法之使用能使形上學的哲學甚至倫理學成為一種真正的科學，而不是文字爭論、模糊概念、錯誤推理及互不相容的結論之所在。

---

[17] Frederick Copleston 原著，鄺錦倫、陳明福譯：《西洋哲學史‧第四卷》（臺北：黎明文化事業公司，1990），頁 20。

　　事實上，「理性論」希望達到確實性和明白性的作法，表現得最為明顯的哲學家可以笛卡兒（Decartes）為代表。笛卡兒相當膾炙人口的名言「我思故我在」雖然是想通過懷疑方法的驗證後，證明「主體」的真實存在，但由於他採取的方法是以「客觀的」、「抽象的」精神為主導，將「主體」與「世界」及「自己的身體」都相互隔離起來。[18]此時的「主體」雖被證實成立，但也在抽象化的過程中，淪為一個「空白的」或「抽象的」主體。此時「主體」並沒有內容，只是一個概念符號而已。而且當「主體」的真實，是在隔離中證立，則「主體」亦會再失去能所對應情形，變成是一種獨在、獨我的超驗我。[19]笛卡兒的作法看似證立了「主體」的真實性，但卻將「主體」所可能涉及的諸多面向，化約成「客觀知識」的認知活動。如此一來，不免將觸及「具體」或「整全」的「主體」活動，如倫理生活，美學感受，宗教經驗等，

------

[18] 關於笛卡兒的懷疑方法論證，馬賽爾（Gabriel Marcel）有深刻的體會，在《是與有》中，他就說：「現代哲學思想從一開始就相信能用方法懷疑來取代驚訝，把前者看成一切推理的絕對出發點。然而這個現象已經明顯地指出基本的形上關係已在此時期被破壞掉了。懷疑，說真的，只能是哲學思考的『第二步驟』（a second a priori），如果我能如此說。這是一種反應的現象，是一種反跳（recoil）。只當我們的內在生命受到一種習慣性的對存有抱不信任的態度影響而產生分裂情形時，才會有上述現象。」這種的分裂現象，乃將「主體」在隔離過程中「客體化」，其結果反而使「主體」淪為「客體」。請見 Gabriel Marcel 原著，陸達誠譯：《是與有》（臺北：臺灣商務印書館，1993），頁 214。

[19] 請見：陸達誠，《馬賽爾》（臺北：東大圖書公司，1992），頁 102。

相對地忽略。於是人反而被孤立成如萊布尼茲所說的「單子」（monads）一般。[20]

笛卡兒的想法相當程度地影響了日後西方哲學的轉變，不管是支持「理性論」者，或是強調英國「經驗論」（empircism）者，對於排除主觀，迎向客觀的基本調子，並無太大的分別。而這樣的思考傾向，結合了「工業革命」以來的泛科學主義化，「人」乃逐漸遠離「人」本身的「整全」與「具體」性質，成為在實驗室下，可被分解、拆離的客觀對象，甚至「人」都可以變成一連串的「數字」來加以分析與計量。當代著名的哲學家耶斯培（Karl · Jaspers）相當憂慮如此的時代精神處境，他認為如此重視「分化」的時代精神，不可能從教育中促使兒童接觸到「整體的本質」（substance of the whole），教育所提供的只是技能的訓練與實用知識的取得。[21]杭之針對這種憂慮，進一步地指出盛行「分化主義」（ruductionism）的知識體系，不可能造成「統整知識」的學習條件，其結果便是不再造就「完整的人」。[22]

---

[20] 萊布尼茲認為物體之可被觀察，以其是感覺的對象，所以物體是可分的，或聚或複合，構成了複合的實體。而有複合實體亦必有單純實體，萊布尼茲稱之為「單子」（monads）。單子是構成一切經驗事物的基礎。請參：Frederick Copleston：《西洋哲學史·第四卷》，頁 385。

[21] 請參：雅斯培（Karl Jaspers）原著，黃藿譯：《當代的精神處境》（臺北：聯經出版事業公司，1985），頁 89-97。

[22] 請見：杭之：〈通識教育的一些問題──記「大學通識教育研討會」〉，收入：《大學通識教育研討會論文集》（新竹：清華大學人文社會學院，1987），頁 237。

因是以往，倫理生活的穩定，將只是古老式的牧歌傳唱，不必頌揚，亦無須緬懷。而「去人性化」（depersonalization）的過程，更是大大降低了倫理生活的可能性。[23]這實是現代化發展在今日所出現的一個重大的時代危機。

綜觀上述的兩個問題面向，我們可以歸結出「斷裂」、「分離」、「衝突」、「對立」等特徵，橫亙在「人與自然」、「人與人」之間，並且成為今日世界許多動亂的根源。當然，我們也並非天真地（naïve）以為針對「現代性」的侷限所做的反省，便可合法地宣稱「後現代性」（postmodernity）時代的來臨，或以為我們已經可以「超越現代性」，並進而勾畫出一個新的時代生活方式。我們只想從相應於「現代化」社會的對照而有了「古典社會」的世界圖像中，找尋「古典」與「現代」可能的連續性關係，並期待「古典」社會中的某些「原始」智慧，可以提供一個照鑑的引導作用，而非誇誇然地以為恢復完全地古典質素，才是未來走向的唯一方案。至於某些針對「現代性」的反動，如宗教運動中，為了重新恢復對「神聖」的崇敬，進而採取完全地回歸基本教義派的作法，則非本文的立場，底下試引儒家學說的思想以為攻錯的取向，亦當放在這個脈絡中來加以思考。

---

[23] 史馬特在研究韋伯與現代性的相關議題上，就曾指出「去人性化」的結果，將使倫理生活受到破壞。所以他說：「現代社會愈理性，要過一種事事遵循倫理的生活就愈不可能」，其說法相當中肯。史馬特：《後現代性》，頁 119。

三、儒家思想中的「一體觀」

基本上，儒家思想側重於「人生實踐」的傾向是相當的明顯，所以許多的立論大抵不脫倫理生活的教誨與言說，但是儒家思想所牽涉的層面，亦非僅僅限於「俗世」的生活而已，儒家學說對於「超越面向」的關注，常常是隱涵於討論倫理生活的字裡行間。也就是說，儒家將其對於「超越面向」的祈嚮，寄寓於「俗世生活」的論述之中，進而使得「俗世」的生活亦分享了「神聖」的性質，此時「世俗即神聖」、「神聖即世俗」。《孟子・盡心》云：[24]

> 盡心者，知其性也。知其性，則知天矣。存其心，養其性，所以事天也。天壽不貳，修身以俟之，所以立命也。

在這段話中，孟子很清楚地表明強調「超越性」的「天」，不需從外求之，如果我們能從內在的「心性」功夫做起，再透過孟子所謂「擴充」的實踐，[25]則俗世生活中的「人」終究要與「神聖的」、「超越的」——「天」，取得聯繫，甚至融合成為不可分的「一體」。其實孟子在本段文字所觸及的

---

[24] 焦循：《孟子正義》（臺北：文津出版社，1988），頁 877-878。

[25] 在孟子的想法中，「擴充」的過程是實踐功夫，非常重要的一環。不管是指「心——身」、「內——外」、「人——天」的任一個層次，「擴充」是極為重要的。

問題，並非將焦點完全著落在「一體觀」的討論上，毋寧說這是基於中國古來的「天人」問題意識傳統而立說。誠如論者所指出的，表現在「天人」關係背後的中國思維特徵，是一種「聯繫性的思維方式」，[26]因此「人」與「天」不是一種「斷裂」兩端的關係模式，而應是一種有機整體的關係。順著這個線索，我在另篇文章中以「融貫性」（coherence）的思維方式，來表現這個「整體觀」的關係是兩向迴旋的可逆模式，而非線性活動的推導關係。[27]如果將此觀念代換以古典的用語，此即「天人合一」、「天人不二」、「天地萬物一體」的「一體化」思想。

　　事實上，古代「天人合一」的想法，並非是儒家的專賣品，[28]但由於儒家思想的「一體觀」，不是一種形式主義式底

---

[26] 請參 Joseph Needham，*Science and Civilization in China*，vol. 2：History of Scientific Thought. Cambridge University Press，1956. P. 279. Benjamin I. Schwartz，*The World of Thought in Ancient China. Cambridge*，Mass:Harward University Press，1985. P. 350. ，張光直：〈連續與破裂：一個文明起源新說的草稿〉，收入：《九州學刊》第一卷第一期，1986 年秋季，頁 1-8。

[27] 我在博士論文中曾提出「應然演繹」（obligative Deduction）與「融貫性」（coherence）等兩個原則來判斷儒家思維中的這種「聯繫性思維」的特色。請參：拙作：《先秦儒法思想中的血緣問題與國家》（臺北：國立臺灣大學中文所博士論文，1995），尤其是其中第四章第三節〈擴充理論的提出及問題〉，頁 151-157。

[28] 張亨師曾將「天人合一」分為（A）天──自然與人的關係；（B）天──帝神與人的關係；（C）天──道與人的關係。這三種關係的思考，

論述策略，他們是在「人」與「天」的聯繫之中，彰顯出「價值」的「超越性」與「普遍性」，且進一步地「化成世界」，因此，「價值」不致淪爲「空頭」的概念名詞，而是具有「人性」的真實感。此外，這個難以徵知的「超越性」本體，亦當由於「人」的主體的徵實，而在俗世的具體經驗中被證驗，人天不斷，天人合一。所以透過儒家「一體觀」的分疏，更能掌握古代思想家在古老的文明傳統中，既繼承而又有開創的人文活動。

　　其實，儒家這種強調化成世界的「一體觀」，從先秦到宋明以來，或隱或顯，不過，這基本調子並無鉅大的改變。我們試觀從孟子主張「盡心知性知天」的過程中，其導出「萬物皆備於我矣，反身而誠，樂莫大焉」[29]的想法，應是再自然不過了。其後的《中庸》也清楚地將「天地萬物一體」的觀點繼承，其言：[30]

　　　　爲天下至誠，爲能盡其性；能盡其性，則能盡人之性；能盡人之性，則能盡物之性；能盡物之性，則可以贊天地之化育；可以贊天地之化育，則可以與天地參矣。

在古代中國的思想家中各有不同的偏重點。請參：張亨師：〈「天人合一」觀的原始及其轉化〉，收入：沈清松編：《中國人的價值觀——人文學觀點》（臺北：桂冠圖書股份有限公司，1983）。

[29] 焦循：《孟子正義》，頁 882。

[30] 宋天正註譯：《中庸今註今譯》（臺北：臺灣商務印書館，1982），頁47。

　　被視爲是繼承孟子學說的《中庸》，會在「天、人、物」之間的論述上，與孟子同調，本非奇怪之事。然而，值得注意的是過去孟子論述「天、人、物」時，雖仍可從理論上導出其間「不二」、「合一」的關係，但孟子在論述時，仍然是將「天與人」「人與物」作分別的說明。可是到了《中庸》階段，卻能清楚地將「天、人、物」聯繫在一起來加以討論，可見強調其「一體化」的問題意識，已經逐漸顯題化了。而到了宋明儒者的手上，這個問題的深度與廣度，更是到達相當高的程度。以下試引張載〈西銘〉及王陽明〈大學問〉的兩段文字爲例，剖析其間所涉的問題及其可能彰顯的意義內涵。

　　張載在〈西銘〉中，對於「一體觀」有相當精采的揭示，其言：[31]

　　　　乾稱父，坤稱母，予茲藐焉，乃混然中處。故天地之
　　　　塞，吾其體；天地之帥，吾其性。民吾同胞，物吾與
　　　　也。

　　王陽明在〈大學問〉中則說：[32]

---

[31] 張載：《張載集》（北京：中華書局，1978），〈乾稱篇第十七〉，頁 62。

[32] 王陽明著，吳光、錢明、董平、姚延福編校：《王陽明全集》（下冊），（上海：上海古籍出版社，1992），頁 968。

> 大人者，以天地萬物為一體者也。其視天下為一家，
> 中國猶一人焉。若夫間形骸而分爾我者，小人矣。大
> 人之能以天地萬物為一體也，非意之也，其心之仁本
> 若是，其與天地萬物而為一也。豈唯大人，雖小人之
> 心，亦莫不然，彼顧自小之耳。是故見孺子之入井，
> 而必有怵惕惻隱之心焉，其仁之與孺子而為一體也。
> 孺子猶同類者也，見鳥獸之哀鳴觳觫，而必有不忍之
> 心焉，是其仁之與鳥獸而為一體也。鳥獸猶有知覺者
> 也，見木之摧折，而必有憫恤之心焉，是其仁之與草
> 木而為一體也。草木猶有生意者也，見瓦石之毀壞，
> 而必有顧惜之心焉，是其仁之與瓦石為一體也，是其
> 一體之仁也，雖小人之心，亦必有之。

　　當然，討論到「一體觀」的儒者甚多，並非只有張、王
二人而已，但由於日後宋儒對於「一體觀」的討論與張橫渠
有極密切的關係，而陽明又在此問題上接著明道之說，[33]突
顯了「仁」與「一體」的聯繫。因此，本文僅取二氏之說為
主，其他各家說法，當在文中隨文間引。基本上，張、王二
氏的說法，涉及了相當複雜的意涵，為了釐清眉目，以下的
討論乃就「內在超越的和諧」與「自我認同的實踐」來加以
分析。

---

[33] 明道曾撰〈識仁篇〉論述了「天地萬物與我同體」之說，可由「仁」
體的體會出發，其說對陽明而言，應有啟發之功，詳細說明，請見後文。

　　首先，就「內在超越的和諧」而言，我們可以發現儒家這種強調「整體」的「一體觀」思想，背後所反映的世界圖象，便是建立在「和諧」的基礎上。我們試觀〈西銘〉所揭示的世界觀，指出同樣處在經驗界的「人」與「物」，均以「天地」為父母，於是「人」與「物」當如同手足同胞一般。雖然這種擬血緣的論述方式，誠如學者所云，是強調了「同為一體」的關係，[34]但如果不能從根源上或超越的面向加以肯定其「一體」的關係，則「同為一體」的說法，不免會有落入形式主義的意願問題。其實，張橫渠在〈西銘〉中雖點出「天、人、物」一體的宏大格局，不過，支持這個格局的重要依據，我們卻可在其論述宇宙本質的〈太和〉篇中，窺知端倪，他說：[35]

　　　　太和所謂道，中涵浮沈，升降、動靜、相感之性，是生絪縕，相蕩、勝負、屈伸之始，其來也幾微其易，其究也廣大堅固，起知於易者乾乎！效法於簡者坤乎！散殊而可象為氣，清通而不可象為神。不如野馬、絪縕、不足謂之太和。

---

[34] 林月惠先生在〈一本與一體：儒家一體觀的意涵及其現代意義〉一文中，指出〈西銘〉之說乃強調「同為一體」的面向。雖然從邏輯上來看，「同一本體」可蘊涵「同為一體」的觀念，但重點應是著眼於「同為一體」。林月惠文，收入：《傳承與創新——中央研究院中國文哲研究所十週年紀念論文集》（臺北：中央研究院中國文哲研究所，1999），頁 547。
[35] 張載：《張載集》（北京：中華書局，1978），〈太和篇〉，頁 7。

　　這段話實指出了其〈西銘〉中「一體觀」思想的重要根據，因爲在橫渠的觀點下，此一宇宙不管其運轉之中有多少的相對性，如浮沈、升降、動靜、屈伸等，其最後的狀態無非是在交融的過程中，產生了「和諧」。[36]而有了「和諧」，也才有生生不息的世界；有了生生不息的世界，化成世界的理想，也才有可能實現。是故，當橫渠以乾健坤順的「宇宙」，視爲是「人與物」的父母時，「太和」的基本預設也必須滲入其「一體觀」的思維方式中。

　　橫渠強調宇宙存有間的「和諧」自有其個人的體會與主張，但值得我們注意的卻是此種視「和諧」爲最後狀態的思考模式，並不是一個可以隔離開來單獨討論的對象。「和諧」必須置於「內在超越」的儒學傳統中來加以檢視，其真正的意蘊，才能顯露出來。牟宗三先生說：[37]

---

[36] 成中英曾對「和諧」與「衝突」作了一個詳細的說明，他說：「任何兩個可區分，但仍然有伴存（co-existing）或繼存（succeeding）關係的力量、歷程或抽象思考對象（entities），如果它們各自的耐力、具體性、能產力及價值（strength，actuallity，Productiveness，Value）有賴於對方的支助，則我們可以說這二者形成了一個和諧的整體（Harmonious whole），或一種有機的統一（organic unity）。相反地，兩個可區分別的力量、過程或抽象思考對象之間缺乏和諧，乃至相互抵觸傷害，甚至摧毀對方的狀態，便是『衝突』」。請參：成中英：〈邁向和諧化辯證觀的建立〉，收入：氏著：《知識與價值──和諧、真理與正義之探索》（臺北：聯經出版事業公司，1986），頁 7。

[37] 牟宗三：《中國哲學的特質》（臺北：臺灣學生書局，1974），頁 26。事實上，有關儒家思想「內在超越性」的討論議題，在近年來的學界裡

> 天道高高在上，有超越的意義。天道灌注于人身之
> 時，又內在于人而為人的性，這時天道又是內在的
> （Immanent）。因此，我們可以康德喜用的字眼，說
> 天道一方面是超越的（Transcendent），另一方面又是
> 內在的（Immanent 與 Transcendent 是相反字）。天道
> 既超越又內在，此時可謂兼具宗教與道德的意味，宗
> 教重超越義，而道德重內在義。

　　牟先生的說法相當深刻地表達傳統儒學的「內在」與「超越」兩面向的連續性，[38] 其中「內在」的面向表現為「道德」生活，「超越」則顯現為「宗教」信仰的活動，因此，「道德」與「宗教」不可視為孤立的兩種領域。換句話說，因為「道德」與「宗教」的可能相涉，會使俗世的人間生活充滿「神

並不陌生。從當代新儒家提出後，繼承者眾，批評者亦不少。其中較值得注意的論點，殆以郝大維（David Hall）與安樂哲（Roger T. Ames）二位的說法，相當具有挑戰性。而國內學者則以李明輝先生的一系列文章之回應，值得參考。另外，劉述先先生有〈論宗教的超越與內在〉一文，相當清晰地說明了「內在超越性」的意涵。請參：劉述先：〈論宗教的超越與內在〉，收入：氏著：《儒家思想意涵之現代闡釋論集》（臺北：中央研究院中國文哲研究所，2000），頁 157-177。有關這些論點的整理分析與評論，請參：李明輝：〈再論儒家思想中的「內在超越性」問題〉，該文發表於 2000 年 7 月的「中央研究院第三屆國際漢學會議」。
[38] 杜維明先生對於這種連續性則稱之為「存有的連續性」。請參：杜維明：〈存有的連續性：中國人的自然觀〉，收入：氏著：《儒家思想——以創造轉化為自我認同》（臺北：東大圖書公司，1997），頁 33-50。

聖感」的浸潤，進而對於天地萬物的存在，產生一種休戚與共的共感生活；而「神聖」的「超越」層面，也因俗世的真實體驗加入，使得原本看似空洞的領域，透出一種生機盎然的趣味。如此相滲相入，融合無間，天生人成，自然是最後的「和諧」狀態。能如此，則人生的順逆之境不亦自然，死生之事當無掛礙於心，所以橫渠在論述了由孝以逐步拓展窮神知化的「一體化」功夫後，便明言：「富貴福澤，將厚吾之生也；貧賤憂戚，庸玉女於成也。存，吾順事；沒，吾寧也」。[39] 這實在是已經體會到「人」與「天」的和諧關係，因此，死生不必怨天，順逆非關尤人，「天地萬物」與「我」實爲一體。

由此我們更可進一步地推知，將「和諧」建立在「內在超越」的架構型態中，是至爲緊要的事。因爲從超越的角度而言，「和諧」涉及到了對於萬物的終極承諾（ultimate commitment）。超越者保證了所有存有物的真實存在，包括其中所有的自然時間之歷程，而且最終要指向「成己成物」的境界。《中庸·第二十五章》：「成己，仁也；成物，知也。性之德也，合內外之道也，故時措之宜也」，此境界在成就自己的同時，沒有忽略物的完成，實已表現出無上的「神聖性」。任何缺乏了這樣基本架構的「和諧」，都會在「相對化」的流轉中，成爲一種虛無式的主張與口號。因爲我們都可能在求得某一層次的「和諧」中，破壞了原有的「和諧」；或是因爲妥協而破壞了另一個相對的「和諧」。我們只有在「超

---

[39] 張載：《張載集》，頁 63。

越」的「絕對」「普遍」中，求得最終極的「和諧」境界。另外，從「內在」的角度而言，「普遍」不會只是一種形式的空頭概念，透過「人性」內在的真實具體性，「成己成物」的終極責任，不致淪為話頭。更重要的是，肯定了人對物的責任，並非是以「人」為中心，而是以「物我合一」為起點，勾畫出一個「順天理地」的和諧之境。下文論及「自我認同的實踐」時，將針對此點作更深入的分析。

其次，就「自我認同的實踐」而言，儒家所展露的「仁民愛物」之精神，在某種意義上可以克制今日因強調「人類中心論」所引發的諸多問題。本來，就生物學與認知的立場上來看，以「人類」生存為首出目標的中心論者，以及在認知事物的程序上立足於人的角度，都是無可避免的事情。但誠如前文所述的，在價值的層次裡，當我把其他存有物視為「外」於我的存在時，以「分化」為基調的思考方式，將在「工具價值」觀點的推波助瀾下，由「去物性」導致「去人性」的結果，如此的「疏離」當破壞了「人與人」、「人與物」甚至是「人與天」的和諧關係。

儒家的「自我認同」則在「一體觀」的思想下，正視了天地萬物的內在價值，所以在民胞物與的「同體」中，「我」與「物」並非「異類」而為「一體」。前引陽明的〈大學問〉，便由人而鳥獸、草木、瓦石，層層逼進，終至論及天地萬物同一。事實上，陽明的說法中，雖然明白地揭示「人」在身份的認同上，不能自別於「物」，但人在實際的生活上，卻很難擺脫「人類中心論」的基本立場。即使在理智上，清楚理解應該正視「物」與「我」之間，可以「推導」出「同類」

的關係，可是在「情感上」如何強化「一體」的認同，則是儒家學說必須克服的難題。

基於這個實際上的難題，我們可從明道的「識仁」索解起，明道經由「仁」的道德情感之發動，明白地論述此種具有普遍性意義的道德情感，才是「一體觀」的真實基礎。其云：「學者須先識仁。仁者渾然與物同體。義禮智信皆仁也。識得此理，以誠敬存之而已。不須防檢，不須窮索。」[40]明道此說雖仍不免由「人我」出發，看似仍陷入「人類中心論」的立場，但是這是在認知的過程中，無可避免的限制。因為，我們無法在認知的程序上，宣稱有一種「物」的認知立場可以經由「人」來代替宣達。反而，值得注意的是，明道從「仁」的道德情感之真實，驗明了「人」的真實主體，再擴大此種道德情感乃一切存在的真實性基礎，他說：「天地之大德曰生，天地絪縕，萬物化醇，生之謂性。萬物之生意最可觀，此元者善之長也，斯所謂仁也。人與天地一物也，而人特自小之何耶？」[41]於是作為主體真實性的依據──「仁」，同時也是其他存有物的真實性依據，此時「主體」與「客體」不再二分，「倫理」與「存有」亦泯其分野。因此，在理論上迴避了「人類中心論」對於「物」的「認同」困擾。所以「仁」乃成為「一體」的論述起點，任何區別萬物己我的行為，都將被視之為「不仁」。「不仁」不止物我二分，甚至連「己我」

---

[40] 程顥、程頤：《二程集》（臺北：漢京文化事業公司，1983），〈河南程氏遺書〉，卷2上，頁16-17。

[41] 同前註，頁120。

都在區分的過程中，疏離了自我，變成了另外的客體。明道舉醫書爲例的說法，最能明此道理。其言：[42]

> 醫書言手足痿痺爲不仁，此言最善名狀。仁者以天地萬物爲一體，莫非己也。認得爲己，何所不至？若不有諸己，自不與己相干。如手足不仁，氣已不貫，皆不屬己。

　　陽明在明道的論述基礎上，更進一步地點出「物我一體」的想法，絕非形式主義式地空頭概念，「仁」也不應當被視爲概念遊戲的裝飾品。因此，陽明乃就道德主體發動其情感的惻怛處，具體地驗證了「仁」的活動義，誠如杜維明所指出的，陽明在〈大學問〉的說法，乃是一種對於道德情感的普遍訴求，其發抒雖有生物學的根基，但不應僅歸諸遺傳之決定。[43]而是在「仁」的具體感通之中，顯真立教。是以當孺子入井、鳥獸哀鳴、草木摧折、瓦石毀壞時，「仁心」乃自然發動，其間不容毫髮，更惶論在意向中，區別「同類」、

---

[42] 同前註，頁 15。

[43] 杜維明：《儒家思想——以創造轉化爲自我認同》，頁 28。其實，儒家在論證此一具有普遍性意義的「道德情感」，雖然不得不從「孝」此類看似有生物血緣性的關係著眼，但儒家從來就不認爲只論「血緣」上的親疏就可以盡了「仁」的最終極責任。我們反而應該由此推出、擴充出去。而且，正是此種切近的感悟，使得普遍性不會只淪爲一種抽象的概念遊戲，而是在具體中體現那最終的真實性。

「異類」。

　　事實上，陽明的說法除了可由道德情感的普遍性意義證明「天地萬物一體」的主張外，其中更有一種積極性的預設，值得我們仔細思考，此即——「成己成物」的要求。我們知道世界上許多動亂災難的根源，常常與「認同」有著密切的關係，大到國家間的戰爭、民族間的衝突，小到個人與個人的對立，無不與身份的認同，習習相關。甚至，即使在身份的認同上已經沒有爭議時，也不必然意謂著相互提攜或相互完成。可是，在陽明的論述中，不僅「人」的沒有完成是我們的責任，連「物」的沒有完成，我們也應當分攤責任。這種強調「成己成物」的崇高理想，當然並非始自陽明，從孟子在敘述「萬物皆備於我」，《中庸》在論「盡物之性」的時刻，便已隱涵此一具有終極關懷(ultimate concern)的思考傾向了。《中庸・第三十三章》就曾引《詩》來說明一個君子仁人必須完成此一具有終極關懷的永恆承諾，其言：「《詩》曰：『不顯惟德，百辟其刑之。』是故君子篤恭而天下平。《詩》云：『予懷明德，不大聲以色。』子曰：『聲色之于化民，末也。』《詩》曰：『德輶如毛』，毛猶有倫；『上天之載，無聲無臭』」。因此，就這樣的理想而言，我們實可以說儒學在身份的自我認同中，不僅突破「人類中心論」的狹隘觀點，更在積極進取的意義上，由「物我同一」轉進到「成己成物」，這不可不謂為儒學的極精彩之處。

　　綜觀以上的分析，我們可以發現強調「連續」、「和諧」的傾向，是構成傳統儒學的基本特徵，並且以此結合「俗世」與「神聖」的相即關係，甚至深化了「內在」與「超越」的

「一致性」，這樣的人類文明智慧，不應只限於特定時空，才有意義；而應在異時、異代、異地均能起著相當的作用才是。

四、結語——古與今的對話

如前所述，現代化的發展所造成的種種巨大的破壞性作用，令今日的人們必須承受嚴重的傷害，但現代化的發展亦非一無是處，其可觀可取的地方也早已被人們所運用，是以說明現代化的問題，剖判舊傳統的智慧；論述西學的可能危機，分析東方文明的精彩內涵，並非是主張一種簡單的取代關係。毋寧是在古與今，東方與西方的智慧靈光間，找尋一個可能對話的語境，並希望能因此而提供一個參照的途徑，解決今日人們所遭遇的困境。

當然，這種古今中外的對話語境，不僅不是一種簡單的取代關係，如復古主義一般；更重要的是其中乃有一定的積極性因素在內，因為在「宗教」色彩所勾動的「古代世界」，容或在「神聖性」與「超越性」的祈嚮中，代表了人的謙卑自牧，但儒學卻是在保有此種「神聖性」與「超越性」的敬意裡，突顯出一種健康的「人文主義」之關懷。此種關懷不是迷信式的原始信仰之表現，而是一種活潑潑的「人性」、「天地之性」的自然演出，其指引的方向，值得我們深加省思。

首先，從「人與自然」關係的變化而言，人們過度強調「工具價值」所造成的破壞，不僅危及自然界的物種，甚而

是危害了人類自身。追本溯源，可知是在科技發展中片面強調「目的合理性」所造成的自大心態所導致，於是在「衝突」、「征服」、「支配」的三部曲下，建立了以「人類為中心」的主張，「自然」被竭澤而漁式地利用，其結果將是帶來一連串的災難。這樣現代化發展的困境，如果從儒家思想中的「一體觀」來加以對照，我們可以注意到重視「物我一體」的思想，是以「和諧」為基調所構築而成的人類文明。其間強調「人天」、「人我」、「人物」的連續性關係，在打破主客二分的僵化架構上，可以起著相當的作用。而且「成己成物」所表現出的崇高神聖感，以及謙退自持的心態中，視萬物如己的平等觀，應可化解視己如神的自大狂妄，避免「人類中心論」的可能危害，提供現代文明一條新的生機路線。

其次，從「倫理生活」的轉變來說，現代「分化主義」所帶來的「抽象化」危機，導致人倫之間的關係架空；重視「形式合理性」的結果，以為「倫理生活」也可被量化為穩定秩序的控制手段。這種現代化的危機，若推至極端，將會在「去人性化」的過程中，「異化」了人本身的尊嚴。甚至導致一個機械式的社會圖像出現，這將會是人類歷史上的另一大災難。而從儒家思想的「一體觀」中，我們卻可提供一套新的源頭活水。儒家「一體觀」的重要精神在於「愛人如己」「成己成物」的終極關懷上，這種最至極的「承諾」(commitment)不是從形式上加以 肯定，而是從人的具體道德情感的普遍性意義著眼，所以不是一種架空的形式理論。而且由於強調活潑潑的生命力的感染，因此對於「人性」的真實性，有著深刻的肯定，於是「人倫」之際便不是冷冰冰的

形式關係，「人性」是「人倫」的基礎。推而至極，如此的人性將在「倫理生活」的實踐中，起著相互完成的作用，成己意謂著成人，成人意謂成物，物我合一，成己即成物，其間不再有絲毫的分別，這即是儒家透過自我認同的實踐後，所完成的理想境界。

總而言之，我們提出儒學傳統的慧見，以濟現代化的可能困境，並不是義和團式的民族復興運動，毋寧是站在東方西方「一體化」的思想中，相濡以沫，如果我們貿然地採取彼是我非或我是彼非的堅決立場，豈不逃得了「買辦」心態又墮入於「義和團」的幽靈中嗎？更何況在「一體觀」的想法裡，連「物」、「我」都能從「一體」出發，而求得和諧的出路，東西方的對話又何能自外於這樣的思考呢？如果有，也許明道斥為「不仁」的責難，不亦恰當！

徵引書目

一、 書目：

（中文）

王陽明撰，吳光、錢明、董平、姚延福編校：《王陽明全集》。
　　　　上海：上海古籍出版社，1992 年。

王夫之：《讀四書大全說》。北京：中華書局，1989 年。

方東樹：《漢學商兌》。臺北：臺灣商務印書館股份有限公司
　　　　1978 年。

方祖猷：《清初浙東學派論叢》。臺北：萬卷樓圖書有限公司，
　　　　1996 年。

皮錫瑞：《經學歷史》。臺北：漢京文化事業有限公司，1983
　　　　年。

北京大學中文系、湖北省文物考古研究所編：《望山楚簡》。
　　　　北京：中華書局，1995 年。

牟宗三：《中國哲學十九講》。臺北：臺灣學生書局，1983
　　　　年。

牟宗三：《心體與性體（一）、（二）》。臺北：正中書局，1989
　　　　年。

牟宗三：《從陸象山到劉蕺山》。臺北：臺灣學生書局，1990
　　　　年。

牟宗三：《中國哲學的特質》。臺北：臺灣學生書局，1984
　　　　年。

牟宗三：《才性與玄理》。臺北：臺灣學生書局，1983 年。

朱　熹：《四書集註》。臺北：漢京文化事業公司，1981 年。

朱　熹：《周易本義》。臺北：學海書局，1983 年。

朱睦㮮：《授經圖》。臺北：新文豐出版公司，《叢書集成新
　　　　編》第十冊。

李紀祥：《明末清初儒學之發展》。臺北：文津出版社，1992
　　　　年。

李紀祥：《兩宋以來大學改本之研究》。臺北：臺灣學生書局，
　　　　1988 年。

李明輝：《當代儒學之自我轉化》。臺北：中央研究院文哲研
　　　　究所籌備處，1994 年。

李明輝：《孟子思想的哲學探討》。臺北：中央研究院中國
　　　　文哲研究所籌備處，1995 年。

李明輝：《儒家與康德》。臺北：聯經出版事業公司，1990
　　　　年。

宋天正註譯：《中庸今註今譯》。臺北：臺灣商務印書館，1982
　　　　年。

沈清松編：《中國人的價值觀——人文學觀點》。臺北：桂冠
　　　　圖書股份有限公司，1983 年。

余英時：《中國思想傳統的現代詮釋》。臺北：聯經出版事業
　　　　公司，1987 年。

余英時：《猶記風吹水上鱗》。臺北：三民書局，1991 年。

余英時：《歷史與思想》。臺北：聯經出版事業公司，1976
　　　　年。

余英時：《論戴震與章學誠——清中期學術思想史研究》。臺北：華世出版社，1980 年。

余英時：《中國知識階層史論》。臺北：聯經出版事業公司，1984 年。

成中英：《知識與價值——和諧、真理與正義之探索》。臺北：聯經出版事業公司，1986 年。

阮元著，鄧經元點校：《揅經室集》。北京：中華書局，1993 年。

杜維明：《現代精神與儒家傳統》。北京：生活·讀書·新知三聯書店，1997 年。

杜維明：《儒學第三期發展的前景問題》。臺北：聯經出版事業公司，1989 年。

杜維明：《人性與自我修養》。臺北：聯經出版事業公司，1992 年。

杜維明：《儒家思想》。臺北：東大圖書公司，1997 年。

來知德：《周易來注》。臺北：成文出版社，收入《無求備齋易經集成》。

胡　適：《中國古代哲學史》。臺北：臺灣商務印書館，1986 年。

林玉體：《西洋教育史》。臺北：文景出版社，1980 年。

林慶彰：《清初的群經辨偽學》。臺北：文津出版社，1990 年。

金耀基：《中國現代化與知識分子》。臺北：時報文化公司，1991 年。

洪謙主編：《邏輯經驗主義》。北京：商務印書館，1982 年。

姚際恆著，林慶彰主編，簡啓楨輯佚，江永川標點：《姚際
　　　恆著作集（第三冊）》。臺北：中央研究院中國文哲
　　　研究所籌備處，1994年。

姚鼐輯，王文濡校註：《大字本評註古文辭類》。臺北：華正
　　　書局，1982年。

唐君毅：《中國哲學原論——導論篇》。臺北：臺灣學生書局，
　　　1984年。

孫希旦：《禮記集解》。北京：中華書局，1989年。

孫詒讓：《周禮正義》。北京：中華書局，1987年。

孫詒讓：《墨子閒詁》。臺北：華正書局，1987年。

徐友漁、陳嘉映、周國平、尚杰合著：《語言與哲學——當
　　　代英美與德法傳統比較研究》。北京：生活、讀書、
　　　新知三聯書店，1996年。

徐志銳：《周易大傳新注》。濟南：齊魯書社，1989年。

徐復觀：《中國人性論史》。臺北：臺灣商務印書館，1987
　　　年。

高明等、陳大齊著：《孔子思想研究論集》。臺北：黎明文化
　　　事業公司，1982年。

商承祚：《戰國楚竹簡匯編》。濟南：齊魯書社，1995年。

凌廷堪：《校禮堂文集》。北京：中華書局，1998年。

章景明：《先秦喪服制度考》。臺北：臺灣中華書局，1986
　　　年。

焦循：《孟子正義》。臺北：文津出版社，1988年。

陸九淵撰，王宗沐編，楊家駱主編：《陸象山全集》。臺北：
　　　世界書局據明嘉靖江西刊本校印，1990年。

陸達誠：《馬賽爾》。臺北：東大圖書公司，1992年。

陸世儀：《思辨錄輯要》。臺北：廣文書局，1977年。

陸寶千：《清代思想史》。臺北：廣文書局，1978年。

張光直：《考古學專題六講》。臺北：稻鄉出版社，1988年。

張　亨：《思文之際論集——儒道思想的現代詮釋》。臺北：
　　　允晨文化，1997年。

張知寒主編：《墨子研究論叢》。濟南：山東大學出版社，1991
　　　年。

張　載：《張載集》。臺北：漢京文化事業有限公司，1983
　　　年。

張壽安：《以禮代理——凌廷堪與清中葉儒學思想之轉變》。
　　　臺北：中央研究院近代史研究所，1994年。

梁啓雄：《荀子簡釋》。臺北：木鐸出版社，1983年。

黃俊傑編：《孟子思想的歷史發展》。臺北：中央研究院中國
　　　文哲研究所籌備處，1995年。

黃俊傑編：《孟學思想史論（卷一）》。臺北：東大圖書公司，
　　　1991年。

黃俊傑、福田殖主編：《東西文化的探索——近代文化的動
　　　向》。臺北：正中書局，1996年。

黃進興：《優入聖域：權力、信仰與正當性》。臺北：允晨文
　　　化實業公司，1994年。

黃宗羲：《南雷集》。臺北：藝文印書館，《百部叢書集成》
　　　影印清咸豐伍崇曜校刊本《粵雅堂叢書》。

黃瑞祺：《現代與後現化代》。臺北：巨流圖書公司，2000
　　　年。

傅斯年：《傅孟真先生集》。臺北：臺灣大學，1952 年。

陳奇猷校注：《韓非子集釋》。臺北：河洛圖書出版社，1974年。

陳榮捷著：《朱學論集》。臺北：臺灣學生書局，1988 年。

陳　確：《陳確集》。北京：中華書局，1979 年。

郭慶藩輯：《莊子集釋》。臺北：華正書局，1980 年。

程顥、程頤撰：《二程集》。臺北：漢京文化事業股份有限公司，1983 年。

勞思光：《新編中國哲學史（一）（二）（三上）》。臺北：三民書局，1988 年。

樓宇烈校釋：《老子周易王弼注校釋》。臺北：華正書局，1983。

蔣禮鴻撰：《商君書錐指》。北京：中華書局，1996 年。

董浩編，陸心源補輯拾遺：《全唐文及拾遺》。臺北：大化書局，1987 年。

萬斯同：《儒林宗派》。臺北：新文豐出版公司，《叢書集成續編》影印四明叢書約園刊本，第十五冊。

楊伯峻編著：《論語譯注》。臺北：源流出版社，1982 年。

費密著：《弘道書》。臺北：藝文印書館，原刻景印叢書集成續編，怡蘭堂叢書。

鄭世興：《中國現代教育史》。臺北：三民書局，1981 年。

鄭宗義：《明清儒學轉型探析——從劉蕺山到戴東原》。香港：中文大學出版社，2000 年。

鄭家棟：《當代新儒學史論》。南寧：廣西教育出版社，1997年。

劉寶楠撰，高流水點校：《論語正義》。北京：中華書局，1988
　　　年。

劉述先：《黃宗羲心學的定位》。臺北：允晨文化實業股份有
　　　限公司，1986 年。

劉述先：《生命情調的抉擇》。臺北：臺灣臺灣學生書局，1992
　　　年。

劉述先：《儒家思想意涵之現代闡釋論集》。臺北：中央研究
　　　院中國文哲研究所，2000 年。

劉宗周：《劉宗周全集・第一冊》。臺北：中央研究院中國文
　　　哲研究所籌備處，1996 年。

黎靖德編：《朱子語類》第四冊。臺北：華世出版社，1987
　　　年。

錢　穆：《中國近三百年學術史》。北京：中華書局，1986
　　　年。

戴　震：《戴震全集》。北京：清華大學出版社，1997 年。

顏元著，王星賢、張芥塵、郭征點校：《顏元集》。北京：中
　　　華書局，1987 年。

顧炎武：《亭林詩文集》。臺北：臺灣商務印書館，《四部叢
　　　刊初編集部》。

顧炎武著，徐文珊點校：《原抄本顧亭林日知錄》。臺北：文
　　　史哲出版社，1979 年。

顧頡剛：《顧頡剛古史論文集》。北京：中華書局，1988 年。

顧憲成撰，馮從吾校對：《小心齋劄記》。臺北：廣文書局，
　　　1975 年。

（外文譯作）

加達默爾（Hans-Georg Gadamer）著，洪漢鼎譯：《真理與方法（第一卷）》。臺北：時報文化出版公司，1999年。

卡西勒（Ernst Cassirer）著，李日章譯：《啓蒙運動的哲學》。臺北：聯經出版事業公司，1989年。

史馬特（Barry Smart）著，李衣雲／林文凱／郭玉群合譯：《後現化性》。臺北：巨流圖書公司，1997年。

列維・布留爾（Levy Burhl）著、丁由譯：《原始思維》。北京：商務印書館，1997年。

佛洛姆（E. Fromm）著、葉頌壽譯：《被遺忘的語言——夢的精神分析》。臺北：志文出版社，1988年。

沃夫崗・施路赫特（Wolfgang Schluchter）著、顧忠華譯：《理性化與官僚化－對韋伯之研究與詮釋》。臺北：聯經出版事業公司，1986年。

杜普瑞（Louis Dupré）著、傅佩榮譯：《人的宗教向度》。臺北：幼獅文化事業公司，1986年。

派深思（Talcott Parsons）著、章英華譯：《社會的演化》。臺北：遠流圖書事業股份有限公司，1991年。

馬凌諾斯基（Bronislaw Malinowski）著、朱岑樓譯：《巫術、科學與宗教》。臺北：協志工業叢書出版股份有限公司，1984年。

舒茲（A. Schutz）著、盧嵐譯：《舒茲論文集——社會現實的問題》。臺北：桂冠圖書公司，1992年。

姚斯（Hans Robert Jauss）、霍拉勃（Robert C. Holub）著，
　　周寧、金元浦譯：《接受美學與接受理論》。瀋陽：
　　遼寧人民出版社，1987 年。

康德（Immanuel Kant）著，牟宗三譯注：《康德的道德哲學》。
　　臺北：臺灣臺灣學生書局，1982 年。

康德（Immanuel Kant）著，李秋零譯：《單純理性限度內的
　　宗教》。香港：漢語基督教文化研究所，1997 年。

特雷西（David Tracy）著，馮川譯：《詮釋學、宗教、希望
　　——多元性與含混性》。香港：基督教文化研究所，
　　1995 年。

馬賽爾（Gabriel Marcel）著，陸達誠譯：《是與有》。臺北：
　　臺灣商務印書館，1983 年。

基辛（R. Keesing）著，于嘉雲、張恭啓譯：《當代文化人
　　類學（下冊）》。臺北：巨流圖書公司，1981 年。

雅斯培（Karl Jaspers）著，魏楚雄、俞新天譯：《歷史的起
　　源與目標》。北京：華夏出版社，1989 年。

雅斯培（Karl Jaspers）著，黃藿譯：《當代的精神處境》。臺
　　北：聯經出版事業公司，1985 年。

榮格（C. G.Jung）著、楊儒賓譯：《東洋冥想的心理學——
　　從易經到禪》。臺北：商鼎文化出版社，1993 年。

漢普森（Norman Hampson）著，李豐斌譯：《啓蒙運動》。
　　臺北：聯經出版事業公司，1984 年。

柯普斯登（Frederick Copleston）著，鄺錦倫、陳明福譯：《西
　　洋哲學史・第四卷》。臺北：黎明文化事業公司，
　　1990 年。

羅素著、張金言譯：《人類的知識》。北京：商務印書館，1993
　　　年。

H. W. Janson 著，曾堉／王寶連譯：《西洋藝術史》。臺北：
　　　幼獅文化公司，1980 年。

Ratrick Nuttgens 著，張百年／顧孟潮合譯：《建築的故
　　　事——世界建築發展史》。臺北：博遠出版有限公
　　　司，1992 年。

（日人著作）

小野和子：＜東林黨考＞，收入《日本學者研究中國史論著
　　　選譯》。北京：中華書局，1993。

加地伸行，《儒教とはなにか》。東京：中央公論社，1990
　　　年。

池田末利：《中國古代宗教史研究——制度と思想》。東京：
　　　東海大學出版會，1981 年。

池田秀三：《自然宗教の力——儒教を中心に》。東京：岩波
　　　書店，1998 年。

溝口雄三：《中國前近代思想的演變》。北京：中華書局，1997
　　　年。

溝口雄三：《日本人視野中的中國學》。中國人民大學出版
　　　社，1996 年。

（西文）

Anthony Giddens,*The Condequenses of Modernity*,Cambridge
　　:Polity Press,1990.

Maurizio Passerin Dentreves &Seyia Benhabid eds,*Habermas
　　and the Unfinished Project of Modernity*,Cambridge
　　Masss:MIT press,1996.

M.J.Levy,*Modernization and the Structure of the Societies*,
　　Princeton University Press,1966.

Herbert Fingarette, *Confucius—the Secular as Sacred* New
　　York:Harper Torchbook,1971.

Brubacher, J.S. *On the Philosophy of Higher Education* San
　　Francisco,Calif:Jossey—Bass. 2nd ed. 1982.

Benjamin I. Schwartz, *The World of Thought in Ancient China.
　　Cambridge,*Mass:harward University Press,1985.

Max Weber,*The religion of China:Confucianism and Taoism*
　　New York:The Free Press,1964 .

Jonathan Dancy: in *Introduction to the Contemporary
　　Epistemology* New York,1985.

Joseph Needham,*Science and Civilization in China*,vol.2
　　History of Scientific Thought. Cambridge University
　　Press, 1956.

二、 單篇論文：

王德威：〈「考掘學」與宗譜學——再論傅柯的歷史文化觀〉，
　　　　收入：米歇·傅柯著，王德威譯：《知識的考掘》。
　　　　臺北：麥田出版有限公司，1993 年。

石里克：〈哲學的轉變〉，收入：洪謙主編：《邏輯經驗主義》。
　　　　北京：商務印書館，1982 年。

杜維明：〈儒家人文精神的宗教涵義〉，刊於：《鵝湖月刊》
　　　　第 25 卷第 4 期，總號第 292。

余英時：〈略說中西知識份子的源流與異同〉，刊於：《九州
　　　　學刊》第二卷第一期。香港：香港中華文化促進中
　　　　心，1987 年秋季。

余英時：〈現代儒學的回顧與展望——從明清思想基調的轉
　　　　換看儒學的現代發展〉，收入：黃俊傑、福田殖主
　　　　編：《東西文化的探索——近代文化的動向》。臺
　　　　北：正中書局，1996 年。

余英時：〈中國近代思想史上的胡適〉，收入氏著：《中國思
　　　　想傳統的現代詮釋》。臺北：聯經出版事業公司，
　　　　1987 年。

李明輝：〈存心倫理學、形式倫理學與自律倫理學〉，刊於《國
　　　　立政治大學哲學學報》第 5 期，1999 年 1 月。

李明輝：〈存心倫理學、責任倫理學與儒家思想〉，刊於：《臺
　　　　灣社會研究季刊》第 21 期，1996 年 1 月。

李明輝：〈論語「宰我問三年之喪」章中的倫理學問題〉，收
　　　　入：《傳承與創新——中研院文哲所十週年紀念論

文集》。臺北：中央研究院中國文哲研究所籌備處，
1999 年。

李明輝：〈再論儒家思想中的「內在超越性」問題〉，該文發
表於 2000 年 7 月的「中央研究院第二屆國際漢學
會議」。

杭　之：〈通識教育的一些問題──記「大學通識教育研討
會」〉，收入：《大學通識教育研討會論文集》。新竹：
清華大學人文社會學院，1987 年。

林毓生：〈五四新文化運動中的反傳統思想〉，刊於：《中外
文學》，三卷十二期。臺北：中外文學月刊社，1975
年 5 月。

林滿紅：〈明清的朝代危機與世界經濟蕭條──十九世紀的
經驗〉，刊於：《新史學》，第一卷第四期，1990 年。

林啟屏：〈孟子思想中道德與文學的關係〉，收入李明輝編：
《孟子思想的哲學探討》。臺北：中央研究院中國
文哲研所籌備處，1995 年。

林啟屏：〈論「言」、「文」、「辭」研究先秦文學觀念的合法
性〉，《文史哲學報》第三十八期。臺北：臺灣大學
文學院，1990 年。

林啟屏：《先秦儒法思想中的血緣問題與國家》。臺北：國立
臺灣大學中文所博士論文，1995 年。

胡適：〈說儒〉，收入：《中央研究院歷史研究所集刊》第四
本第三分，1934 年。

陳弱水：〈儒家的近代命運〉，收入：羅義俊編：《評新儒家》。
上海：人民出版社，1991 年。

陳弱水：〈「內聖外王」觀念的原始糾結與儒家治思想的根本疑難〉，《史學評論》第三期。臺北：華世出版社，1981 年 3 月。

郭齊勇：〈當代新儒家對儒學教性問題的反思〉，收入：《中國哲學的詮釋與發展——張岱年先生九十壽慶紀念論文集》。北京：北京大學出版社，1999 年。

黃俊傑：〈儒家論述中的歷史敘述與普遍理則〉，《臺大歷史學報》第 25 期。臺北：國立臺灣大學歷史系，2000 年 6 月。

黃俊傑：〈試論儒學的宗教性內涵〉，刊於：《臺大歷史學報》第 23 期。臺北：臺灣大學歷史系，1999 年。

黃錦樹：《國學與現代性：經學的終結與近代國學之起源》。新竹：清華大學中文系博士論文，1998 年。

黃武雄：〈通識教育、科學教育與數學教育（上）——理性的叛逆與解放〉，收入：《大學通識教育的理論與實際研討論文集》。臺北：臺灣大學文學院。

葉啓政：〈通識教育的內涵及其可能面臨的一些問題〉，收入：《大學通識教育研討會論文集》。新竹：清華大學人文社會學院，1987 年。

張光直：〈連續與破裂：一個文明起源新說的草稿〉，收入：《九州學刊》第一卷第一期，1986 年秋季。

張政烺：〈書六十四卦跋〉，《文物》第三期。1984 年。

張鼎國：〈「較好地」還是「不同地」理解〉，刊於：《中國文哲研究通訊》第九卷，第三期。臺北：中央研究院中國文哲研究所籌備處，1999 年。

莊耀郎:《王弼玄學》。臺北:國立臺灣師範大學國文研究所博士論文,1991 年。

許倬雲:〈論雅斯培樞軸時代的背景〉,收入:《中央研究院歷史語言研究所集刊》第五十五本第一分。臺北:中央研究院,1984 年 3 月。

楊儒賓:〈人性、歷史契機與社會實踐──從有限的人性論看牟宗三的社會哲學〉,刊於:《臺灣社會研究季刊》,第一卷第四期。1988 冬季號。

楊儒賓:〈厄言論:論莊子如何使用語言表達思想〉,《漢學研究》第 10 卷第 2 期。臺北:國家圖書館,1992 年 12 月。

楊儒賓:〈榮格的同時性原理與《易經》的感通觀念〉,國科會研究成果、計畫編號:NSC083-0301-H003-026

楊儒賓:《中國古代天人鬼神交通之四種類型及其意義》。臺北:國立臺灣大學中文研究所博士論文,1986 年。

楊通進:〈整合與超越:走向非人類中心主義的環境倫理學〉,收入:徐嵩齡編:《環境倫理學進展:評論與闡釋》。北京:社會科學文獻出版社,1999 年。

傅大為:〈科學的哲學發展史中的孔恩〉,收入:王道還譯:《科學革命的結構》。臺北:遠流圖書事業股份有限公司,1985 年。

蔡元培:〈對於教育方針之意見〉收入:孫常煒編,《蔡元培先生全集》。臺北:臺灣商務印書館,1968 年。

劉述先：〈由當化西方宗教思想如何面對現代問題的角度論儒家傳統的宗教意涵〉，收入：《當代儒學論集：傳統與創新》。臺北：中央研究院中國文哲研究所籌備處，1995 年。